KB157096

HANGIL
GREAT BOOKS

인류의위대한지적유산

HANGIL
GREAT BOOKS
19

시간의식

에드문트 후설 지음 | 이종훈 옮김

한길사

HANGIL
GREAT BOOKS
19

Edmund Husserl
Zur Phänomenologie des inneren Zeitbewußtseins 1893~1917

Translated by Lee Jonghoon

Published by Hangilsa Publishing Co., Ltd., Korea, 2018

에드문트 후설

스승 바이어슈트라스(왼쪽)와 브렌타노 그리고 연구조교 슈타인
후설은 베를린대학교에서 바이어슈트라스에게 수학을 배우고
'변수계산'에 관한 박사학위를 받은 후 그의 조교로 있었다.
이후 후설은 브렌타노에게 철학과 심리학을 배운 후 철학자의 길을 걸었다.
후설의 첫 번째 연구조교 슈타인은 철학적 관점의 차이와
종교적 이유로 후설을 떠나기 전까지 2년간 『시간의식』을 비롯해
많은 원고를 정리하고 검토했다. 사진은 괴팅겐대학교 시절의 모습이다.

후설과 하이데거
1921년 사진으로 당시 후설은 휴가 중이었다.
하이데거는 후설의 휴가에 동행해 현상학에 관한 철학적 논의를 이어갔다.
『후설전집』제10권에 실린『시간의식』역시
하이데거가 최종 편집해 발표한 것이다.

1917년 9월 후설이 여름휴가를 보냈던 베르나우

베르나우에서 후설은 슈타인과 함께
『시간의식』의 모체인 '1905년 강의 초안'을 집중적으로 검토했다.

시간의식

에드문트 후설 지음 | 이종훈 옮김

한길사

시간의식

제2부 1905~1910년 시간의식의 분석에 대한 부록과 보충

일러두기

1. 이 책은 뵘(R. Boehm)이 편집해 1966년 출판한 『후설전집』(*Husserliana*) 제10권
『내적 시간의식의 현상학』(*Zur Phänomenologie des inneren Zeitbewußtseins 1893~1917*) 가
운데 하이데거가 최종 편집해 1928년 『철학과 현상학 탐구 연보』(*Jahrbuch für Philo.
und phäno. Forschung*) 제9집에 발표한 내용, 즉 『내적 시간의식의 현상학 강의』 제1부
「1905년 강의수고」와 제2부 「1905~1910년 시간의식의 분석에 대한 부록과 보충」
을 번역한 것이다.

따라서 1893년경부터 1911년 말까지 작성된 시간의식에 관한 다섯 개의 자료를 묶
은 「문제의 발전을 제시하는 보충원문」은 포함시키지 않았다. 그 분량이 1928년 출
간된 내용보다 더 많을 뿐만 아니라 내용상 중복되는 것이 많기 때문이다.

『후설전집』의 편집자 뵘의 제법 긴 「편집자 서문」도 이 책의 내용을 압축해 이해시
키기보다 그 성립사(成立史)를 자세히 설명한 것이기 때문에 번역에서 제외했다.

2. 번역하는데 처칠(James S. Churchill)의 영역본 *The Phenomenology of Internal Time-
Consciousness*(Indiana Univ. Press, 1964)을 참조했다.

3. 원문에서 격자체나 이탤릭체 또는 겹따옴표(" ")로 묶어 강조된 부분은 일괄적으
로 고딕체로 표기했다. 그리고 긴 문장 가운데 일부나 중요한 용어 또는 몇 가지 말
로 합성된 용어는 원문에 없는 홑따옴표(' ')로 묶었다.

4. 긴 문장은 문맥과 의미를 고려해 새로운 단락으로 처리했고, 길게 수식하는 종속절
은 원문에는 없는 — 속에 넣었다.

본문 중 괄호는 후설 자신의 표현이며, 꺾쇠괄호([ ])는 독자의 이해를 돕기 위해
옮긴이가 보충한 것이다.

5. 옮긴이는 현상학에 대한 예비지식이 없는 독자를 염두에 두고 주석을 달았다. 이 책
은 분량이 짧지만 결코 쉽지 않은 주제를 다루고 있고 후설 현상학, 특히 발생적 현
상학을 정확히 이해하는 데 매우 중요하기 때문이다.

발생적 분석의 길잡이인 시간의식의 지향성

이종훈 춘천교육대학교 교수·윤리교육과

왜 후설 현상학인가

후설과 현상학 운동

현상학(Phänomenologie)의 창시자인 에드문트 후설(Edmund Husserl)은 1859년 4월 8일 독일의 메렌 주(당시 오스트리아의 영토) 프로스니츠(현재 체코의 프로스초프)에서 유대인으로 태어나 1938년 4월 27일 프라이부르크에서 사망했다. 할레대학교 강사(1887~1901), 괴팅겐대학교 강사(1901~1906)와 교수(1906~1916), 프라이부르크대학교 교수(1916~28)를 역임한 그는 은퇴 후에도 죽는 날까지, "철학자로서 살아왔고 철학자로서 죽고 싶다"는 유언 그대로, 진지한 초심자의 자세를 지키며 끊임없이 자기비판을 수행한 말 그대로 '철학자'였다.

후설은 (이론·실천·가치를 설정하는) 보편적 이성으로 모든 학문과 삶의 의미와 목적을 해명해 진정한 인간성을 실현할 철학을 추구했다. 이 현상학의 이념은 모든 학문이 타당할 수 있는 조건과 근원을 되돌아가 물음으로써 궁극적 자기책임에 근거한 이론적 앎과 실천적 삶을 정초하려는 '엄밀한 학문'(strenge Wissenschaft)으로서의 제일철학, 즉 '선험철학'(Transzendentalphilosophie)이다. 그리고 이 것을 추구한 방법은 기존의 철학에서부터 정합적으로 구성해 형이 상학적 체계를 구축하는 것이 아니라, 모든 편견에서 해방되어 의식 에 직접 주어지는 '사태 그 자체'(Sachen selbst)를 직관하는 것이다.

현상학은 20세기 철학에 커다란 사건으로 등장하여 '현상학 운동' 으로 발전하면서 실존주의, 인간학, 해석학, 구조주의, 존재론, 심리 학, 윤리학, 신학, 미학, 사회과학 등에 강력한 영향을 미쳤다. 셸러 (M. Scheler), 하이데거(M. Heidegger), 야스퍼스(K. Jaspers), 마르셀 (G. Marcel), 사르트르(J.P. Sartre), 메를로퐁티(M. Merleau-Ponty), 레비나스(E. Levinas), 리쾨르(P. Ricoeur), 마르쿠제(H. Marcuse), 인가르덴(R. Ingarden), 가세트(José Ortega y Gasset), 가다머(H.G. Gadamer), 슈츠(A. Schutz) 등은 직접적으로, 이들의 다음 세대인 하 버마스(J. Habermas), 데리다(J. Derrida) 등은 간접적으로, 후설과 밀접한 관계를 유지하면서 자신의 철학을 형성시켜나갔다.

그러나 이들은, 암묵적이든 명시적이든, 모두 선험적 현상학을 비 판하고 거부했다. 후설은 이들이 현상학적 방법으로 풍부한 결실을 얻을 수 있다는 점을 알았고 그 성과를 높게 평가했지만, 이에 만족 하지 않았다. 더구나 충실한 연구조교였던 란트그레베(L. Landgrebe) 와 핑크(E. Fink)도 그의 사후에는 선험적 현상학에 적지 않은 회의 를 표명했다.

그런데도 후설은 선험적 현상학을 결코 포기하지 않고 끝까지 견 지했다. 왜 그럴 수밖에 없었을까?

후설 현상학은 방법론인가, 철학인가

오늘날 현상학은 새로운 방법론으로 간주되든 독자적 철학으로 간 주되든 간에, 적어도 인문사회과학에서 낯선 분야는 아니다. 우리나

라에도 관련된 논문이나 입문서가 적지 않으며, 원전도 제법 많이 번역되어 있다.

그러나 후설 현상학에 대한 이해는 극히 보잘것없다. 그 이유로,

첫째, 그의 저술이 매우 난해하다는 점(그러나 일단 그의 논지를 파악하면, 애매하고 신비적 개념들로 일관된 저술보다 명확하게 이해할 수 있다),

둘째, 그가 남긴 방대한 유고(유대인저서 말살운동으로 폐기될 위험에서 구출된 약 4만 5,000장의 속기원고와 1만 장의 타이프원고)가 1950년 이후에야 비로소, 그것도 지금까지 드문드문 출간되고 있다는 점을 들 수 있다.

다른 한편 후설의 주장과는 전혀 상관없이, 아니 어떤 경우에는 전혀 근거 없이 정반대로 후설 현상학이 해석되는 데 있다.

첫째, 흔히 후설사상이 '기술적 현상학(심리학)에서 선험적(관념론적) 현상학, 다시 생활세계(실재론적) 현상학'으로, 또는 '정적 현상학에서 발생적 현상학'으로 발전했다고 한다. 이처럼 분명한 근거 없이 단절된 도식의 틀에 얽매인 해석만으로는, 마치 여러 가닥의 생각이 부단히 떠오르고 가라앉으며 의식의 흐름이라는 전체 밧줄을 형성하듯이, 각 단계의 특징이 서로 뒤섞여 나선형의 형태로 부단히 발전해나간 선험적 현상학의 총체적 모습을 결코 밝힐 수 없다.

둘째, 그의 철학은 의식의 다양한 관심영역(층)에 주어지는 사태 그 자체를 분석한 일종의 '사유실험'(Denkexpeiment)이기 때문에, 이에 접근하는 문제의식에 따라 제각기 해석될 수 있다. 그래서 후설 현상학은 대부분 그 자체로 충실하게 파악되기보다, 이들이 단편적으로 비판한 (동시대인이면서도 단지 후학後學이라는 이유만으로 정당화된) 견해에 따라서만 일방적으로 평가되고 있다.

이러한 결과로 판단중지, 환원, 본질직관에 따라 이성(선험적 주관

성)을 강조한 '선험적 현상학은 관념론(합리론, 주지주의)'으로, 귀납에 따라 유형을 형성하고 경험의 지평구조를 분석한 '생활세계 현상학은 실재론(경험론, 주의주의)'으로 파악되고 있다. 심지어 '실천이 모든 진리의 규준'이라는 마르크스-레닌주의적 사회철학이 풍미하던 1980년대 출간된 사전은 "실천을 떠난 부르주아사상" "주관적·관념론적으로 왜곡된 플라톤주의의 현대판"(한국철학사상연구회 엮음, 『철학 대사전』, 동녘, 1989, '후설' 및 '현상학' 항 참조할 것)으로까지 규정하고 있다.

과연 후설은 어제는 선험적 현상학에, 오늘은 생활세계 현상학에 어정쩡하게 두 집 살림을 차렸는가? 도대체 선험적 현상학이란 무엇인가?

후설이 최후의 저술 『위기』에서 '생활세계'를 문제 삼은 것도 오직 '선험적 현상학'(목적)에 이르기 위한 하나의 길(방법)을 제시하기 위해서였다. 방법(method)은, 어원(meta+hodos)상 '무엇을 얻기 위한 과정과 절차'를 뜻하듯이, 목적을 배제할 때 방황할 수밖에 없다. 후설 현상학 역시 마찬가지다. 그리고 '관념론(주관주의)인가 실재론(객관주의)인가' 하는 논의는 후설 현상학을 총체적으로 파악하기 이전에 그 출발점이자 중심문제인 '의식의 지향성'조차 이해하지 못한 데서 비롯된 것이다. 물론 그가 '부르주아'라는 용어를 사용한 적도 없으며, 그렇게 해석될 수 있는 문구도 (아직까지는) 발견할 수 없다. 만약 의식을 강조하고 분석한 것이 주관적 관념론이고 부르주아사상이라면, 불교의 가르침도 그러하다. 그러나 아무도 불교의 가르침이 그렇다고 주장하지 않는다. 또한 '실천을 떠난 이론'이라는 몰이해는 그가 선험적 현상학을 추구한 근원적 동기만 공감할 수 있으면 자연히 해소된다.

결국 후설 현상학(선험적 현상학)은 그 참모습을 파악하기도 쉽지 않지만, 근거 없는 피상적 비난 속에 파묻혀 외면당하고 있다. 유대인이었던 그로서는 아우슈비츠 수용소에서 비참하게 희생당하지 않은 것만으로도 크게 위안을 삼아야 할지 모른다. 그러나 우리는 이미 현대의 고전(古典)으로 자리 잡은 후설 현상학의 참모습과 의의를 올바로 규명해야 한다.

후설의 사상발전

후설 현상학의 출발인 동시에 얼개: 심리학주의 비판

라이프치히대학교와 베를린대학교에서 공부하고 변수계산(變數計算)에 관한 학위논문을 발표하여 수학자로 경력을 쌓기 시작한 후설은 빈대학교에서 브렌타노(F. Brentano)의 영향을 받아 철학도 엄밀한 학문으로 수립될 수 있다는 확신을 얻었다. 그래서 1887년 제출한 교수자격논문 「수 개념에 관해(심리학적 분석)」에서 심리학의 방법으로 수학의 기초를 확립하고자 했다(이것은 1891년 『산술철학』으로 확대·출판되었다).

그러나 그는 곧 이것이 충분치 못함을 깨달았다. 여기에는 그의 시도를 '심리학주의'라고 비판한 프레게(G. Frege)와 나토르프(P. Natorp), 판단작용과 판단내용을 구별하여 순수논리학을 추구한 볼차노(B. Bolzano)가 영향을 미쳤다. 수학과 논리학의 형식상 관계를 밝히려는 후설 본인의 문제의식이 확장된 것도 이유였다.

그래서 후설은 1900년 『논리연구』 제1권에서 심리학주의를 비판함으로써 보편수학(mathesis universalis)의 이념을 추구하는 학문이론으로서의 순수논리학을 정초하고자 했다.

1) 논리학에 대한 상반된 견해

논리학은 아리스토텔레스가 체계화한 이래 그 자체로 완결된 학문으로 보였으나, 근대 이후 논리학의 성격과 원리에 관해 논리학주의와 심리학주의가 대립했다. 논리학주의는 논리학이 순수한 이론의 학문으로, 심리학이나 형이상학에 독립된 분과라고 주장했다. 반면 심리학주의는 논리학이 판단과 추리의 규범을 다루는 실천적 기술(技術)의 학문으로, 심리학에 의존하는 분과라고 주장했다.

후설에 따르면, 논리학의 이 두 측면은 서로 대립된 것이 아니라 오히려 긴밀한 관계를 맺고 있다. 이론의 학문은 존재의 사실에 관한 법칙이고, 규범의 학문은 존재의 당위에 관한 법칙이다. 그런데 가령 '모든 군인은 용감해야만 한다'는 실천적 당위의 명제는 '용감한 군인만이 훌륭한 군인이다'라는 아무 규범도 갖지 않는 이론적 사실의 명제를 포함한다. 거꾸로도 마찬가지다. 따라서 규범의 학문 속에 내포된 이론적 영역은 이론의 학문으로 해명되어야 하고, 이론의 학문 역시 실천적 계기를 배제하는 것이 아니기 때문에 규범적 성격을 지닌다. 그러나 규범의 기초는 이론에 근거하므로 규범의 학문이 학문적 성격을 지니려면 이론의 학문을 전제해야 한다는 점을 고려해볼 때, 논리학은 본질적으로 이론의 학문에 속하고 부차적으로 규범적 성격을 띤다.

그런데 논리학을 올바른 판단과 추리를 결정하는 규범의 학문으로만 바라볼 경우, 그 과정은 심리활동의 산물이라는 점에서 논리학의 기초는 심리학, 특히 인식의 심리학에 있다고 주장하는 심리학주의가 된다.

2) 심리학주의의 주장

논리법칙이 심리적 사실에 근거한 심리법칙이기 때문에 논리학은 심리학에 속하는 하나의 특수한 분과다. 따라서 논리법칙은 심리물리적 실험을 반복해 일반화한 발생적 경험법칙으로서 사유의 기능 또는 조건을 진술하는 법칙이며, 모순율(가령 '이 선분은 직선이다'와 '이 선분은 직선이 아니다')도 모순된 두 명제를 동시에 참으로 받아들일 수 없는 마음의 신념, 즉 두 가지 판단작용이 실재적으로 양립할 수 없다는 신념에서 비롯된다.

3) 후설의 비판

순수 논리법칙은 대상(예를 들어 '둥근 사각형' '황금산' '화성의 생명체')의 존재를 함축하거나 전제하지 않는다. 모순율도 모순된 명제들이나 상반된 사태들이 이념적으로 양립할 수 없다는 것을 뜻한다. 확률적 귀납에 따라 맹목적 확신으로 마음이 느낀 인과적 필연성과 명증적 통찰에 따라 직접 이해된 것으로 어떠한 사실로도 확인되거나 반박되지 않는 보편타당한 논리적 필연성은 혼동될 수 없다.

따라서 심리학주의의 인식론에서 진리의 척도를 개별적 인간에 두는 개인적 상대주의의 주장 '어떠한 진리도 없다'는 '어떠한 진리도 없다는 진리는 있다'는 명제와 똑같은 진리치를 지닌 가설로서 자신의 주장을 바로 자신이 부정하는 자가당착이다. 그 척도를 인간 종(種)에 두는 종적 상대주의의 '동일한 판단내용이 인간에게는 참인 동시에 다른 존재자에게는 거짓일 수 있다'는 주장 역시 모순율에 배치된다. 물론 인식한 객관적 판단의 이념적 내용과 인식하는 주관이 다양하게 판단하는 실재적 작용은 혼동될 수 없다. 또한 진리를 인식할 수 있는 조건이 곧 진리가 성립한다는 것을 입증하는 것도 아니다.

이와 같은 심리학주의의 상대주의는 논리적 원리를 우연적 사실에서 도출하기 때문에, 사실이 변하면 원리도 달라져서 자기주장을 자신이 파괴하는 자기모순과 회의주의의 순환론에 빠진다.

논리학에서 인식론으로

이러한 심리학주의 비판은 후설에게 '심리학주의에 결정적 쐐기를 박은 객관주의자'라는 인상과 함께, 철학계에서의 확고한 지위를 부여했다. 그 비판의 핵심은 이념적인 것(Ideales)과 실재적인 것(Reales) 그리고 이념적인 것이 실천적으로 변형된 규범적인 것(Normales)의 근본적 차이를 인식론적으로 혼동한 기초이동(metabasis)을 지적한 (물론 주관적 심리학주의뿐 아니라, 주관에 맹목적인 객관적 논리학주의도 철저하게 비판한) 것이다. 경험론의 추상이론을 포기해야만 이들의 관계가 올바로 분명히 드러날 수 있다고 파악한 그는 경험이 발생하는 사실(事實)이 아니라 객관적으로 타당하기 위한 권리(權利), 즉 '어떻게 경험적인 것이 이념적인 것에 내재하며 인식될 수 있는지'를 해명할 필요가 있었다.

그래서 그는 곧이어 1901년 출간한 『논리연구』제2권에서 이 문제를 해명하고자 지향적 의식체험을 분석했다. 즉 궁극적 근원을 찾아 형식논리와 모든 인식의 전제인 순수 의식(선험적 주관성)을 분석하는 선험논리의 영역을 파고들었다. 모든 세계의 객관적 타당성과 존재의미는 선험적 주관성에 근거해서만 성립되고 이해될 수 있기 때문이었다.

1) 표현과 의미

그는 의식의 지향성을 전제해야만 가능한 언어를 분석해 의미의 지향적 구조를 밝혔다. 언어를 통한 표현이나 기호의 구조는 이것에 의미를 부여해 생명력을 불어넣는 생생한 체험을 분석해야 이해될 수 있기 때문이다.

언어는 언제나 '무엇에 대한' 기호다. 그러나 모든 기호가 그 기호로써 표현된 의미를 갖는 것은 아니다. 따라서 기호는 기호와 그것이 지적한 것이 필연적으로 결합된 '표현'과 이것들이 협약이나 연상에 따라 어떤 동기로 결합된 '표시'로 구분된다. 이때 표현 속에 주어진 것을 분석해보면, '표현 자체' '그 표현의 의미' 그리고 '표현의 대상성'이 있다.

그런데 표현에서 가장 기본적 기능은 '통지기능'이다. 표현은 의사를 소통하는 심리적 체험(형식)과 문자나 음소, 즉 물리적 체험(내용)으로 구성된다. 물론 듣는 사람은 통지받는 것을 그가 그것을 다른 사람에게 통지하는 양상으로 이해하기 때문에, 말하는 사람이 더 근본적이다.

이렇게 통지하고 통지받는 것이 일치되어 표현에 생생한 의미를 부여하고 대상성을 직관하는 것이 곧 '의미기능'이다. 여기에는 의미를 부여해 표현된 대상성과의 관계를 지향하는 '의미지향'과 이 의미지향을 확인 · 보증 · 예증해 대상성과의 관계를 성립시켜 충족시키는 '의미충족' 두 계기가 있다. 이때 표현은 대상에 직접 관계하지 않고 의미작용으로 표현되고 사념된 대상성, 즉 논리적 대상들에 우선 관계한다. 이 대상성은 동반된 직관에 따라 현재화되어 나타난다. 이것이 대상성을 지시하는 '명명기능'이다.

그러나 표현의 본질은 의미기능에 있기 때문에 통지기능은 의미기능의 보조수단이다. 통지기능이 없어도 (예를 들어 표정 · 몸짓 · 독백 등) 의미는 있을 수 있지만 의미기능이 없는 표현은 불가능하고, 의미로 표현된 대상성은 비록 가상(假象)이라도 그 표현을 무의미하게 만들지 못하기 때문이다. 즉 의미기능에서 의미지향은 의미충족에 선행하고 의미충족이 없어도 표현을 이해시켜주기 때문에 의미충족보다 더 본질적이다.

이러한 의미론은 상상이나 동화, 문예작품, 미래의 소망처럼 지시하는 대상이 현존하지 않아도 의미지향을 지닌 표현에 의미가 있다고 본다. 그래서 유의미의 기준을 원자명제와 사태의 1:1 대응에 둔 비트겐슈타인(L. Wittgenstein)의 '그림이론'이나 논리적 실증주의(Logical Positivism)가 그 기준을 명제를 관찰하고 진위를 검증할 방법에 둔 '검증원리'보다 더 포괄적이며 강한 설득력을 지닌다.

2) 지향적 분석에 대한 편견과 오해

그러나 이러한 의식체험의 분석은 순수논리학보다는 체험심리학이나 인지심리학에 적절한 관심사로 비쳤다. 그래서 동시대인들은 주관성에로 되돌아가 묻는 후설의 작업을 심리학주의로 후퇴한 것으로, 심지어 '단순한 의식철학' '주관적(절대적) 관념론'으로까지 해석했다. 그는 이러한 오해가 소박한 자연적 태도로 전락하기 때문에 발생한다는 점을 여러 번 해명했지만, 이미 깊이 뿌리내린 두꺼운 편견을 해소할 수는 없었다.

경험의 대상과 그것이 주어지는 방식 사이의 보편적 상관관계의 아프리오리(Apriori)에 대한 생각이 처음 떠오른 것(『논리연구』가 마무리된 1898년경)에 깊은 충격을 받아, 그 이후 나의 전 생애에 걸친 작업은 이 상관관계의 아프리오리를 체계적으로 완성하는 것이었다. ……선험적 환원으로 새로운 철학을 체계적으로 소개하는 첫 시도는 『이념들』 제1권(1913)으로 나타났다. 그 후 수십 년간 철학은—이른바 현상학파의 철학도—구태의연한 소박함에 머물곤 했다. 물론 삶의 자연적인 방식 전체를 총체적으로 변경하는 것이 맨 처음 등장하기란 매우 어렵기 때문에 충분한 근거를 바탕으로 서술될 수 없었다. 특히…… 자연적 태도로 다시 전락함으로써 일어나는 끊임없는 오해들이 발생하는 경우 더욱 그러했다.

그가 『위기』에서 자신의 철학을 되돌아보며 많은 아쉬움을 표명하면서 진술한 것에서도 알 수 있듯이, 이미 1898년경 완성된 이 두 책이 동시에 출간되었다면, 처음부터 '(제1권의) 객관주의 대(對) (제2권의) 주관주의'라는 논란은 일어나지 않았을 것이다. 물론 "현상학 전체를 포괄하는 문제의 명칭"인 의식의 지향성을 제대로 파악하면, 이러한 가정조차 필요 없다.

결국 후설의 심리학주의 비판은 심리학 자체를 거부한 것이 아니라, 자연과학의 인과법칙에 따른 행동주의 심리학이나 객관주의적 형태심리학의 소박한 자연적 태도를 지적한 것이다. 경험의 대상과 그것이 의식에 주어지는 방식들 사이의 보편적 상관관계를 체계적으로 밝히는 것, 즉 심리학이나 그 밖의 학문으로 이성에 관한 참된 학문의 길을 제시하는 것은 다양하게 발전해나간 후설사상에서 변함없는 핵심과제였다.

선험적 현상학이 싹트는 계기

후설은 『논리연구』 출간 이후 『이념들』 제1권 출간까지 10여 년간 (논리적·실천적·가치 설정적) 이성 일반에 대한 비판, 즉 논리학을 인식론적으로 해명하는 현상학적 이성비판에 집중했으나, 그 내용을 출판하지는 않았다.

그러나 이 기간에 주목할 만한 일이 세 가지 있었다.

1) 수동적 종합의 근원인 내적 시간의식

1904~1905년 겨울학기 강의 '현상학과 인식론의 주요 문제'다. 이 강의에서 순수한 감각자료의 시간적 구성과 그 구성의 기초인 현

상학적 시간의 자기구성을 다룬 후설은 시간의식의 지향적 성격을 밝힘으로써 이른바 후기사상이 전개되는 기본축인 발생적 분석의 지침을 분명하게 제시했다(1928년 하이데거가 관련 자료를 편집해 출판한 것이 이 책의 원전이다).

그는 이렇게 분석한 성과를 그 후 여러 저술에서 자주 인용해 강조했지만, 1928년에야 비로소 『시간의식』으로 출간했다. 그러나 비슷한 주제로 1927년 발표된 하이데거의 『존재와 시간』과 유사한 것으로 간주되어 전혀 주목받지 못했다. 만약 1917년 이미 탈고된 그 초고가 좀더 일찍 알려졌다면, 후설 현상학을 '정적 현상학 대 발생적 현상학'으로 대립시켜 이해하는 시각은 아예 생기지도 않았다.

2) 선험적 전환의 기폭제

1905년 여름 젊은 현상학도들과 알프스의 제펠트에서 연 연구회의 초고다. 여기서 선험적 현상학의 중심개념인 '환원'(Reduktion)과 대상의 '구성'(Konstitution) 문제를 처음 다루었다(이것을 바탕으로 한 '1907년 강의'의 유고는 1950년 『이념』으로 출판되었다).

현상학적 환원으로 선험적 고찰방식을 터득한 후설은 대상이 구성되는 의식 자체로 되돌아가서 선험적 현상학을 천착해갔다. 그는 '선험적'(transzendental)이라는 용어를 칸트에게서 받아들였지만, 점차 칸트와 다르게 또한 그 의미를 더 확장해 사용한다. 그것은 인식 가능한 형식적 조건을 문제 삼거나 존재를 정립해 소박하게 받아들이는 자연적 태도를 넘어서 그 타당성을 판단중지함으로써 궁극적 근원으로 되돌아가 묻는 철저한 반성적 태도를 뜻한다.

나는 이 '선험적'이라는 말을 가장 넓은 의미에서 데카르트가 모든 근대철학에 의미를 부여한…… 원본적 동기에 대한 명칭으로 사용한다. 그것은 '모든 인식이 형성되는 궁극적 원천으로 되돌아가 묻는 동기이며, 인식하는 자가 자기 자신과 자신의 인식하는 삶(Leben)에 대해 스스로 성찰하는 동기'다.

즉 칸트나 신칸트학파에서 '선험적'에 대립된 말은 '경험적'(empirisch)이지만, 후설에게서 그것은 '소박한'(naive) 또는 '세속적'(mundan)이다. 이 점을 분명하게 파악해야 일반적 의미의 방법론으로서 현상학과 전통적 의미의 철학을 심화시킨 새로운 철학(선험철학)으로서 선험적 현상학을 정확하게 구별할 수 있다.

3) 자연주의와 역사주의 비판

1910년 크리스마스 휴가부터 다음 해 초까지 작성해『로고스』(Logos) 창간호에 발표한『엄밀한 학문』이다. 다른 저술에 비해 비교적 짧은 이 논문은 제자들과만 공유하던 현상학의 구상을 일반 대중에게 극명하게 전한 선언문이자 그 후에 다양하게 발전한 사상을 이해할 결정적 시금석이다.

자연주의는 모든 존재자를 단순한 물질과 이것에 의존해서만 경험되는 심리로 구별하고 이 심리물리적 자연 전체를 수량화(數量化)해 정밀한 자연법칙으로 규정한다. 그래서 구체적 시간성이나 실재적 성질이 전혀 없는 이념적인 것까지 자연화(自然化) 또는 사물화(事物化)한다.

그러나 의식을 자연의 한 부분으로만 간주해 의식의 지향성을 보지 못하고 엄밀한 학문의 이념을 왜곡하는 자연주의는 이론상 자기모순이다. 자연주의자는 이념적인 것을 부정하는 이론을 주장하는데, 이 이론 역시 객관성과 보편성을 요구하는 이념적인 것이기 때문에 곧 자신의 행동에서 관념론자이자 객관주의자일 수밖에 없다. 또한 실천상 가치나 의미의 문제를 규범과 인격의 주체에서 소외시킨 '심리(Psyche) 없는 심리학(Psychologie)'이다.

한편 역사주의는 내적 직관으로 정신의 삶에 정통하게 되면 그것을 지배하는 동기들을 '추후로 체험'할 수 있고, 이렇게 함으로써 그때그때 정신이 이룩한 형태의 본질과 발전을 역사적 발생론으로 '이해'할 수 있다고 본다. 세계에 대한 경험과 교양을 강조하는 세계관 철학도 근본적으로 마찬가지다.

그러나 역사주의는 사실과 이념을 인식론적으로 혼동한 오류로서 이것은 결국 각 역사적 관점을 모두 부정하는 극단적인 회의적 상대주의가 된다. 가치평가의 원리는 역사적 사실을 다루는 역사가(歷史家)가 단지 전제할 뿐이지 결코 정초할 수 없는 이념적인 영역에 놓여 있다. 따라서 엄밀한 학문의 이념을 약화시킬 뿐이며, 경험적 사실로 비실재적인 이념을 정초하거나 반박하는 것은 희망 없는 헛된 시도요 모순이다.

선험적 현상학(현상학적 철학) 추구

후설은 현상학에 대한 일반 대중의 급증하는 관심과 요구에 따라 그 통일적 모습을 밝힐 필요를 느꼈다. 그래서 1913년 자신이 공동편집인으로 창간한 『(철학과 현상학 탐구)연보』에 『이념들』 제1권을 발표해, 순수 의식의 본질구조를 분석하는 현상학의 문제와 방법을 구체적으로 제시했다.

1) 문제와 방법

현상학의 최고 원리는 '원본적으로 부여하는 모든 직관이 인식에 대한 권리의 원천'이라는 것이고, 그 규범은 '의식 자체에서 본질적으로 통찰할 수 있는 명증성만 요구'한다는 것이며, 그 문제 영역은 이성(선험적 자아)의 본질구조를 지향적으로 분석하는 새로운 인식비판이다. 그 방법에는 '판단중지'(Epoché)와 '형상적 환원' '선험적 환원'이 있다.

'판단중지'는 자연적 태도로 정립된 실재 세계의 타당성을 괄호 속에 묶어 일단 보류한다. 예를 들어 어떤 빨간 장미꽃을 보았을 때, 이것을 과거에 경험한 것이나 편견에 얽매여 판단하는 것을 일시 중지한다. 그러나 그 꽃이 실제로 존재하는 것을 부정하거나 의심하는 것은 아니다. 다만 그것을 바라보는 관심과 태도를 변경함으로써 새로운 방식으로 볼 수 있게 한다. 이것은 자신이 보고 싶은 것만 보고 자신이 선호하는 측면으로만 해석하는 자기중심적인 편향성과 안일한 타성을 극복하는, 즉 '처지를 바꾸어 생각하는'(易地思之) 태도로서, 다른 사람을 진정으로 이해하고 배려하며, 복잡한 연관 속에 주어진 사태 전체에 더 충실하게 다가서는 새로운 가능성을 실현할 구체적인 방법이다.

'형상적 환원'은 개별적 사실에서 보편적 본질로 이끈다. 즉 어떤 임의의 대상, 즉 빨간 장미꽃을 상상으로 자유롭게 변경해 빨간 연필, 빨간 옷 등 그 모상(模像)을 만들고, 이것들이 서로 합치하는 것을 종합해 '빨간색'이라는 본질, 즉 형상을 직관한다. 이때 자유로운 변경은, 가령 빨간색에서 노란색으로 넘어갈 수 있지만 어떤 음(音)으로 넘어갈 수 없듯이, 일정하게 한계가 설정된 류(類)의 범위, 즉 후설이 말하는 아프리오리 안에서만 수행된다. 따라서 모상들이 서로 중첩되는 일치, 즉 본질은 자유로운 변경으로 비로소 산출된 것이 아니라 처음부터 수동적으로 미리 구성되어 있다. 형식논리학도 그 주어(S)나 술어(P)가 사실이든 상상이든 이러한 한계 안에서만 '세계 속에 있는'(in der Welt sein) 참된 존재자를 유의미하게 판단하는 철학적 논리학일 수 있다(바로 이 한계 때문에도 후설 현상학을 절대적 관념론으로 해석할 수 없다).

'선험적 환원'은 의식의 작용들과 대상들에 통일성을 부여하고 그것의 동일한 의미를 '구성'하는 원천인 선험적 자아와 그 대상 영역을 드러낸다. 물론 후설 현상학에서 '구성'은 대상을 창조해 만들어내는 것이 아니라 그 대상이 스스로 제시하고 드러낸 것의 의미를 해명하는 것이다. 후설은 이 영역을 '객관'과 대립된 '주관'이 아니라 주관과 연관된 것을 추상화해 포괄하는 (선험적) '주관성'(Subjektivität) 또는 '주관적인 것'(Subjektives)이라는 생소한 표현으로 지칭한다. 어쨌든 경험적 자아는 구체적으로 존재하는 세계와 일상으로 교섭하는 사실적 자아이고, 선험적 자아는 자연적 태도의 경험을 판단중지하고 남은 기저의 층(層) 또는 구체적 체험흐름의 심층에서 환원을 수행하는 자아다. 사실적 자아는 '보인 나'이며, 선험적 자아는 '보는 나', 곧 인격적 주체인 나의 '마음'이다.

2) 이성비판의 의의

『이념들』 제1권은 이성비판으로 순수 의식의 보편적 구조(선험적 주관성)를 해명하는 '선험적 현상학', 즉 현상학적 철학(또는 순수 현상학)의 얼개를 세운 초석이다. 그런데 후설에게 '이성'은, 칸트처럼 '오성'과 구별되거나 '이론이성'과 '실천이성'으로 나뉘지 않고, '이론적·실천적·가치 설정적 이성 일반', 즉 감각(지각)·기억·예상 등 침전된 무의식(심층의식)을 포함한 끊임없는 지향적 의식의 통일적 흐름을 뜻한다. 그에게는 '주관성'도 전통적 견해인 '객관과 대립된 주관'(Subjekt 대 Objekt)이 아니라 '주관과 객관의 불가분한 상관관계'(Subjekt-Objekt-Korrelation)다.

그러나 순수 의식의 본질적 구조를 해명하는 선험적 현상학은 '주관적 관념론'이라는 인상과 함께, 자아 속으로 파고들어갈 뿐인 '독아론'(獨我論)으로 간주되었다. 더구나 '순수 현상학의 일반적 입문'이라는 부제를 단 제1권은 본래 총 3부로 계획된 것 가운데 제1부다. 1912년 이미 완결된 제2부의 초고는 1916년부터 프라이부르크대학교에서 후설의 연구조교로 활동한 슈타인(E. Stein)이 1913년과 1918년 두 차례 수기로 정리했다. 이것을 란트그레베가 1924~25년 다시 수정하고 타이프로 정서했지만, 30년 이상 지나서야 1952년 『후설전집』 제4권(『구성에 대한 현상학적 분석』)과 제5권(『현상학과 학문의 기초』)으로 출간되었다.

그 결과 『이념들』 제1권은 '정적 분석'의 '선험적 관념론'으로, 제2권은 '발생적 분석'의 '경험적 실재론'으로 해석되었다. 그래서 이 둘은 긴밀한 연관 속에 함께 연구된 일련의 저술이 아닌, 마치 다른 주제로 다른 시기에 작성된 것처럼 알려졌다. 더구나 제2권은 정신세계가 그 근본적 법칙인 '연상' 또는 '동기부여'로 발생되는 역동적 구성의 문제를 다루는데, 하이데거가 『존재와 시간』에서, 메를로퐁티가 『지각의 현상학』에서 각각 이 책을 유고 상태로 참조했다고 밝힌 점이나, 가다머가 『진리와 방법』에서 출간된 책으로 언급한 점에서 알 수 있듯이, 후설 현상학과 그 후의 많은 현상학자 사이의 매우 밀접한 관련도 전혀 파악할 수 없게 되었다.

물론 제2권과 제3권도 본래 구상에서 제2부의 제1편과 제2편일뿐이다. 제3부 「현상학적 철학의 이념」은 그 당시 체계적으로 서술해 제시할 수 없었고 그 후 후설이 조금도 또한 잠시도 벗어날 수 없었던 과제로 남았다.

3) 선험적 현상학의 이념을 추구한 흔적

후설은 『이념들』 제1권 이후 『형식논리학과 선험논리학』을 출간하기까지 16년간 어떠한 저술도 출판하지 않았다. 그렇다고 이 기간에 그가 선험적 현상학에 의심을 품고 근본적으로 사상을 전환했다고 주장하는 것은 전혀 근거 없는 억지다. 오히려 선험적 현상학의 이념을 정확하게 전달하려고 외부 강연과 대학 강의에 몰두하는 한편, 『이념들』 제1권에 대한 오해를 해소하고자 검토와 수정을 거듭하던 제2권의 완성도를 높이는 작업에 전력했다.

그 흔적을 추적해보면 다음과 같다.

우선 1922년 6월 런던대학교에서 한 강연 '현상학적 방법과 현상학적 철학'이 있다. 그는 이것을 확장해 1922~23년 '철학입문'(이것은 유고로 남아 있다)과 1923~24년 '제일철학'(이것은 1956년 『제일철학』의 제1권 『역사편』 및 1956년 제2권 『체계편』으로 출판되었다)을 강의했다. '제일철학'이라는 고대의 명칭을 채택한 것은 독단적 '형이상학'을 극복하고 이성을 비판하는 철학 본래의 이념을 복원하려는 의도 때문이다(이 명칭은 1930년대 들어 점차 '선험철학'으로 대치된다). 그런데 후설은 이미 이때부터 제일철학에 이르는 현상학적 환원으로 데카르트가 방법적 회의로 자의식의 확실성에 도달한 것과 같은 직접적인 길 이외에, 심리학이나 실증과학의 비판을 통한 간접적인 길들을 모색하고 있었다.

이러한 점은 1927년 제자 하이데거와 공동으로 집필을 시작해 네 차례 수정을 거치면서 학문적으로 결별하게 되었던 『대영백과사전』(*Encyclopaedia Britannica*, 제14판 제17권, 1929)의 '현상학' 항목(이것은 후설이 독자적으로 작성한 4차 수정안이다)에서도 찾아볼 수 있다. 그는 이것을 수정하고 보완해 1928년 암스테르담에서 강연했다. 그러나 결론인 제3부는 제목만 밝힌 채 미완성으로 남았다.

어쨌든 그는 그 어떤 것에도 결코 만족할 수 없었다.

4) 은퇴 후에도 계속 추구한 선험적 현상학의 이념

후설은 1928년 가을 하이데거에게 후임을 넘기고 프라이부르크대학교를 은퇴했다. 그러나 학문적 작업에서 은퇴한 것은 아니었다. 오히려 더 왕성한 의욕을 품고 새롭게 출발했다.

1928년 11월부터 다음 해 1월까지 『형식논리학과 선험논리학』을 작성해 발표했다. 그는 논리학이 자신의 방법론을 소박하게 전제하는 하나의 개별과학으로 전락했기 때문에 참된 존재를 탐구하는 진정한 방법의 선구자로서 본연의 역할을 하지 못했고, 그 결과 학문의 위기가 발생했다고 진단한다. 그리고 형식논리학이 인식하는 행위와 실천하는 행위 그리고 가치를 설정하는 행위가 서로 밀접하게 관련된다는 사실을 문제 삼지 않아 이론(theoria)과 실천(praxis)을 단절시켰다고 비판한다.

술어로 표명된 판단 자체의 진리와 명증성은 판단의 기체(基體)들이 주어지는 근원적인 술어로 표명되기 이전의 경험의 대상적 명증성에 근거하기 때문에, 형식논리학은 선험논리학으로 정초되어야만 참된 존재자, 즉 세계에 관한 논리학이 된다. 그리고 선험적 현상학은 지각이 수용되는 수동적 감성(pathos)을 분석하는 선험적 감성론에서 능동적 이성(logos)이 술어로 판단하는 형식논리학을 정초하는 선험논리학으로 상승해가는 것이다. 이렇게 형식논리학의 근원으로 되돌아가 물은 것은 『논리연구』 제1권 이래 오래 침묵했던 순수 논리학의 이념을 더욱 명확하게 해명한 것이었다.

그리고 1929년 2월 프랑스학술원 주관으로 소르본대학교의 데카르트기념관에서 선험적 현상학을 데카르트의 전통에 입각해 체계적으로 묘사한 '선험적 현상학 입문'을 강연했다(레비나스가 주로 번역한 강연의 '요약문'은 1931년 프랑스어판 *Meditations Cartésiennes*으로 출간되었다).

이는 현상학을 방법론으로만 받아들인 (선험적 환원은 배제하고 본질직관의 형상적 환원만 수용한) 셸러와 (선험적 자아를 이념적 주체로 규정하고, 이 주체로는 현존재Dasein의 사실성과 존재론적 성격을 파악할 수 없다고 주장한) 하이데거를 통해 간접적으로 전파된, 따라서 선험적 현상학이 추상적 관념론이나 독아론으로 오해된 프랑스에 자신의 철학을 직접 해명하려는 시도였다. 후설이 볼 때 이들의 현상학은 여전히 소박한 자연적 태도에 머문 심리학적-객관적 인간학주의로서 '세속적 현상학'일 뿐, 여전히 '선험적 현상학'에는 이르지 못한 것이다.

후설은 이 '파리 강연'을 독일어판으로 확장해 출판하는 것을 필생의 작업으로 간주하고 수정해갔다(이 수정원고들은 1973년 『상호주관성』 제3권으로 출판되었다). 이러는 가운데 칸트학회의 초청으로 1931년 6월 프랑크푸르트대학교, 베를린대학교, 할레대학교에서 '현상학과 인간학'을 강연했다(이것은 1989년 출간된 『논문과 강연(1922~1937)』에 수록되었다). 여기서 후설은 철학을 인간학적으로 정초하려는 딜타이학파의 생철학과 셸러나 하이데거의 시도를 비판하고, 철저한 자기성찰과 자기책임에 입각한 선험적 현상학의 이념을 데카르트의 성찰과 관련지어 전개했다. 이 강연의 예기치 않은 성황에 힘입어 '감정이입' '타자경험' '상호주관성'의 문제를 중심으로 원고를 다시 수정했지만, 이것 역시 만족할 수 없었다.

그래서 1932년 8월 핑크에게 위임해 『선험적 방법론』을 구상하게 하고, 검토해갔다(이 자료는 1988년 『제6성찰』 제1권 및 제2권으로 출간되었다). 그러나 그 내용이 선험적 현상학의 이념에 충실함을 인정하면서도, '완전히 다른' 책이 될 수 있다고 판단했다. 또한 이 책에서 『이념들』 제1권 이래 추구한 '데카르트적 길'은 단 한 번의 비약으로 선험적 자아에 이르는 것으로 제시되는데, 상세한 예비설명이 없기 때문에 선험적 자아를 가상적이고 공허한 것으로 보이게 했다. 따라서 자연적 태도를 벗어나지 못한 사람들에게 선험적 현상학을 이해시키기 어렵다고 생각해 출판을 보류했다.

더구나 1934년 8월 프라하의 국제철학회가 후설에게 '우리 시대에서 철학의 사명'이라는 주제로 강연해줄 것을 요청했다. 그때는 나치정권이 등장하여 철학이나 정치 분야를 중심으로 합리주의에 대한 반감이 팽배해지고, 유럽 문명에 대한 회의가 커지고 있었다. 이 강연을 준비하느라 '파리 강연'을 완성시키려는 계획을 유보할 수밖에 없었다(이 자료는 1950년『성찰』로 출간되었다). 또한 1919~20년 강의 '발생적 논리학'과 관련 수고들을 정리하던 작업도 관심 밖으로 밀려났다(란트그레베에게 위임했던 이 작업은 그가 죽은 다음 해인 1939년에서야『경험과 판단』으로 출간되었다).

선험적 현상학에 이르는 새로운 출발

'프라하 강연'에 이어서 후설은 우선 1935년 5월 비엔나 문화협회에서 '유럽 인간성의 위기에서의 철학'을, 11월 프라하의 독일대학교와 체코대학교에서 '유럽 학문의 위기와 심리학'을 강연했다. 또다시 '선험적 현상학 입문'을 시도한 이 강연은 제1부와 제2부로 나뉜다. 제1부는 유럽 인간성의 근본적 삶의 위기로 표현되는 학문의 위기를 논하고, 제2부는 그리스철학과 수학, 갈릴레이 이래 근대과학의 발생 그리고 데카르트부터 칸트까지의 근대철학사를 목적론으로 해석했다(이 강연의 원고는 유고슬라비아의 베오그라드에서 1936년 발행한『필로소피아』*Philosophia* 창간호에 실렸다).

그는 이것을 완결지어 출판하려 했으나, 1937년 8월 제3부「선험적 문제를 해명하는 것과 이에 관련된 심리학의 기능」(이것은 다시 'A 미리 주어진 생활세계에서 되돌아가 물음으로써 현상학적 선험철학에 이르는 길'과 'B 심리학에서 현상학적 선험철학에 이르는 길'로 나뉜 다)을 수정할 때는 이미 병들어 있었다. 제3부 A는 출판사에서 조판 을 마친 교정본을 받았고, 증보판을 위한「머리말」도 쓴 상태였지만, 후설이 수정을 멈추지 않았고 그러는 가운데 병까지 났기 때문에 결 국 제3부는 관련 논문 및 부록과 함께 그가 죽고도 상당한 기간이 지 난 1954년『위기』로 출간되었다. 하지만 이 역시 본래 총 5부로 저술 하려던 것이었기에 미완성이다.

1) 생활세계 논의의 기초와 그 문제제기

『위기』에서 제시한 '생활세계'(Lebenswelt)는 현대철학에 크나큰 충격을 던졌다. 그것은 수학과 자연과학으로 이념화된 세계나, 일반 적 의미의 일상세계도 아니다. 논리 이전에 미리 주어진, 그 유형으 로 친숙하게 잘 알려진, 술어(述語)로 표명되기 이전의 경험세계다. 그런데 '생활세계'는『위기』에서 처음 등장한 개념이 결코 아니다. 심리학주의, 자연주의, 역사주의, 세계관철학에 대한 인식비판과 소 박한 형식논리에 대한 경험비판에서 그가 일관되게 강조한, '사태 그 자체'로 되돌아가서 직접 체험하는 직관의 세계 이외에 다른 것이 아니기 때문이다.

모든 개별적 대상은 감각자료처럼 그 자체로 고립된 것이 아니라, '유형적으로 미리 알려진', 즉 술어로 규정되기 이전에 경험의 지향 적 지평구조 안에서 이미 주어진다. 수동적으로 미리 주어진 대상을 술어 이전에 파악하는 지각작용은 이미 인식하는 자아가 능동적으 로 주의를 기울여 작업을 수행하는 가장 낮은 단계의 능동성인 '수 용성'(受容性)이다. 술어로 대상화해 지속적 인식의 소유물로 확립 하는 판단작용의 '자발성'(自發性) 이전에 존재하는 이 수용성의 구 조에는 '내적 시간의식의 근원적 연상(聯想)에 따른 수동적 종합'

과 '신체의 운동감각(Kinästhesis)에 따른 동기부여(Motivation)'가 있다.

어쨌든 '생활세계'에 대한 후설의 논의는 '직관적 경험에 미리 주어진 토대(Boden)'이기에 실재론으로, '주관이 수행한 의미의 형성물(Gebilde)'이기에 관념론으로 해석할 수 있을 정도로 스펙트럼이 매우 다양하고, 그 분석도 아주 세밀하고 복잡해 전체 모습을 파악하기란 결코 간단치 않다. 세속적-자연적 의미의 생활세계(경험세계)와 선험적 의미의 생활세계(선험세계)를 동일한 명칭으로 다루기 때문에 더욱 그러하다.

2) 자연적 의미의 생활세계('경험세계'): 방법론으로서의 현상학

객관적 학문의 세계는 구체적 경험으로 직관할 수 있는 생활세계에 추상적 이념(理念)과 상징(象徵)의 옷을 입힌 것이다. 자연을 '수학적 언어로 쓰인 책'으로 파악한 갈릴레이 이래 자연과학은 이 생활세계를 수량화하고 기호화한 객관적 자연을 참된 존재로 간주한다. 그 결과 '자연'은 발견되었지만, 이 객관성에 의미를 부여하고 해명하는 '주관성'은 망각되었다. 이 점에서 갈릴레이는 '발견의 천재인 동시에 은폐의 천재'다.

즉 실증적 자연과학이 추구하는 객관적 인식(episteme)은 '그 자체의 존재'(An-sich)가 아니라 그것에 이르는 하나의 방법(Methode)에 불과한 것이다. 플라톤 이래 경험론을 거치면서 더 강력해진 경향, 즉 주관이 개재될수록 더 모호하다며 전통적으로 경멸받았던 주관적 속견(doxa)은 정작 객관적 인식이 그 타당성의 의미와 정초의 관계상 되돌아가야(Rückgang) 할 궁극적 근원이다.

따라서 생활세계가 '토대'라는, 또한 '형성물'이라는 주장은 서로 배척하는 것이 아니라, 부단히 상호작용한다. 즉 생활세계는 주관이

일단 형성한 의미가 문화와 기술, 도구 등 보편적 언어의 형태로 생활세계 속으로 흘러들어가 침전되고, 이것이 지속적 타당성을 지닌 습득성 또는 관심(토대)으로서 자명하게 복원되거나 수정되면서 다시 그 의미가 풍부하게 형성되는 개방된 나선형의 순환구조를 지닌다. 그것은 상호주관적으로 경험하며 언어적으로 논의하고 해석할 수 있는 우리에게 모두 공통적인 동일한 역사적 환경세계다. 결국 생활세계로 되돌아가는 것은 경험된 세계를 단순히 받아들이는 것이 아니라, 그 속에 이미 침전된 역사성을 근원으로까지 소급해 그 통일적 총체성의 지평구조를 분석하는 것이다.

3) 선험적 의미의 생활세계('선험세계'): 철학으로서의 현상학

그러나 후설은 생활세계로 되돌아가는 것만으로는 '세계가 미리 주어져 있다'는 것을 소박하게 전제하는 자연적(세속적) 태도를 벗어날 수 없기에 철저하지 않으므로, '생활세계가 왜 그렇게 주어질 수밖에 없는지'를 되돌아가 묻는(Rückfrage) 선험적 태도가 필요하다고 주장한다.

이렇게 철저한 선험적 태도로 되돌아가 물으면 다양한 생활세계가 모든 상대성에도 불구하고 그 자체는 상대적이지 않은 보편적 본질구조와 유형이 드러난다. 이것은 '선험적인 것(또는 선험성)' '주관적인 것'으로도 부르는 '선험적 (상호)주관성', 주관과 객관 사이의 불가분한 상관관계를 뜻하는 '의식의 지향성'에 대한 심층적 표현이다. 이것을 밝히는 '생활세계의 존재론'은 곧 다른 전통과 문화세계들을 이해할 수 있고 자신의 생활세계를 발전시킬 수 있는 근거다.

후설은 이와 같이 생활세계의 근원적 의미연관과 정초관계를 밝힘으로써, 객관적 인식만을 추구하는 실증적 자연과학이 주관적 속견을 단순히 주관에 상대적인 모호한 것이라고 경멸해 자신의 고향을 상실하고 본래의 의미를 소외시켜 야기된 학문의 위기를 극복하고 자 했다. '묶은 자가 해결해야 한다'(結者解之)는 당연한 주장이다.

우리는 이론적 작업수행 속에 사태들, 이론들과 방법들에 몰두하 면서 자신의 작업수행이 지닌 내면성에 관해 아무것도 모르고, 그 속에 살면서도 이 작업을 수행하는 삶 자체를 주제적 시선 속에 갖 지 못하는 이론가의 자기망각을 극복해야만 한다.

그는 현대가 학문의 위기뿐만 아니라, 인격과 가치규범의 담지자 인 자아, 즉 선험적 주관성의 자기객관화인 인간성(Menschentum)이 이성에 대한 신념을 상실한 위기도 겪고 있다고 파악했다. 따라서 현 대의 총체적 위기를 진정으로 극복(진단인 동시에 처방)하기 위해서 는 생활세계를 분석하는 경험적 현상학(방법)에 머물 수 없고, 선험 적 주관성을 해명하는 선험적 현상학(선험철학)에 도달해야만 한다 고 역설했다.

후설철학(선험적 현상학)의 의의

선험적 현상학과 이에 이르는 길들

후설은 선험적 현상학에 이르는 길들로 이 '생활세계를 통한 길' 이외에도 '심리학을 통한 길'(『심리학』『대영백과사전』;『위기』제3부 B)을 제시했다. 이는 '경험적 심리학/현상학적 심리학/선험적 현상 학'의 정초관계를 밝혀 소박한 자연적 태도의 심리학주의를 철저히 극복함으로써 선험적 주관성을 규명하려 한 시도다. '생활세계를 통 한 길'이나 '심리학을 통한 길'은 모두 실증적 자연과학과 긴밀하게 관련되기 때문에 일반인이 쉽게 접근할 수 있고, 모든 학문의 궁극적 정초라는 엄밀한 선험철학의 이념을 구체적으로 밝힐 수 있다.

따라서 이 길들은 '데카르트적 길'과 배척되는 것이 아니라, 상호 보완관계에 있다. 즉 선험적 현상학에 오르는 지름길은 짧지만, 가파르고 (그 의미를 이해하기) 힘들다. 우회하는 길들은 평탄하고 도중에 아기자기한 정경들도 제공하지만, 길기 때문에 정상에서 전개될 새로운 세계(선험적 주관성)를 망각하거나 포기하기 쉽다.

이 새로운 세계, 즉 선험적 주관성(자아)은 일반적 의미의 대상과 대립된 주관이 아니라, 자아 극(Ichpol)과 대상 극(Gegenstandpol)을 모두 포함하는, 세계와 의식 사이에 본질적으로 미리 주어져 있는 보편적 상관관계다. 다양한 체험들을 통일적으로 파악하는 동일한 극(極)이고, 개인이나 공동체의 기억들과 습득성(Habitualität)을 지닌 기체(基體)이며, 생생한 현재뿐만 아니라 과거와 미래의 지평을 지니고 서로 의사소통하면서 자기 자신을 구성하는 모나드(Monad)다. 그리고 그 자체로 완결되고 폐쇄된 독아론적 자아가 아니라, 사회성과 역사성(시간성)에 따라 상호주관적 공동체 속에서 구성되는 상호주관성(Intersubjektivität)이다.

요컨대 선험적 자아는 인간이 인간다움(인간성)을 실천하려는 의지이자 정상적으로 기능하는 신체와 이성의 통일체인 '의식의 흐름'이다. 즉 '나뿐 아니라 너, 우리, 그들'의 마음이고 몸이며 정신을 포괄하는, 부단히 파도치는 표층의식을 근거 짓는 '심층의식'이다. 물론 이것은 나나 다른 사람의 손과 발처럼 구체적으로 경험되는 실재적 의미의 자아는 아니지만, 그렇다고 이념화된 추상적 자아도 아니다. 다양한 경험적 자아를 통일적 연관 속에 이해하고 유지하는 근원적 자아다. 따라서 경험적 자아와 선험적 자아는 다른 자아가 아니라 동일한 하나의 자아의 표층과 심층일 따름이다.

그렇기 때문에 이 선험적 자아를 강조하는 후설 현상학을 흔히 '의식철학' '이성(합리)주의'라고 한다. 그러나 엄밀히 말해 후설 현상학은 전통적 의미에서 경험론에 대립된 합리론과는 근본적으로 다른 '초합리주의'(Überrationalismus)다. 왜냐하면 그의 '이성'은 '감성'이나 '오성'과 구별되는 것이 아니라 이들을 포괄하는 '보편적 이성', 즉 지각, 기억, 기대 그리고 침전된 무의식을 포괄하는 '끊임없이 생생하게 흐르는 의식'이기 때문이다. 그것은 단순히 계산하고 판단하며 도구를 다루는 기술적-도구적 이성에 그치는 것이 아니라, 과거의 경험들을 바탕으로 가까운 미래를 예측하면서 현재 느끼고 판단하며 욕구하는 '이론적·실천적·가치 설정적 이성 일반'이다.

결국 새로운 세계인 선험적 주관성을 발견하려는 선험적 현상학은 인간성이 지닌 은폐된 보편적 이성(선험적 주관성)을 드러내 밝히는 자기이해로서의 철학이다. 왜냐하면 후설에게 철학은 이성이 자기 자신으로 되어가는 역사적 운동으로써 자기 자신을 실현시키는 장소이기 때문이다. 그리고 이 속에서만 인간성의 자기책임이 수행된다. 따라서 '철학을 함'(Philosophieren)은 곧 선험적 주관성의 자기구성과 그 원초적 영역(세계의 구성)을 해명해 자기 자신과 세계를 궁극적으로 인식하려는 '현상학을 함'(Phänomenologisieren)이며, 학문과 인간성의 이념에 부단히 접근해야 할 목적을 지닌 보편적 이성에 대한 현상학적 이성비판이다.

왜 선험적 현상학까지 가야만 하는가

이 선험적 주관성의 깊고 풍부한 세계를 해명하는 길은 너무나 멀고 힘들다. 그렇기 때문에 소박한 자연적 태도에 안주하기 급급해 진정한 삶의 의미와 목적을 외면하거나 현대문명의 엄청난 성과와 편리함에 유혹당해 실험으로 증명된 것만을 '사실'로 받아들이라는 객관적 실증과학에 철저히 세례받은 사람들의 눈에는 분명 선험적 자아가 군더더기다. 그래서 사르트르는 "선험적 자아는 의식의 죽음" 이라고 단언했다. 또한 포스트모더니즘(Post-Modernism)을 선도하거나 이들의 견해를 맹목적으로 추종하는 사람들은 "지금이 어떤 시대인데 아직도 이성 타령인가" 하며 즉결재판하고 있다.

그러나 선험적 자아(마음)는 버선목처럼 뒤집어 보일 수는 없지만, 분명 실재하는 것이다. 그것이 부정된다면, 나나 다른 사람, 공동체의 역사적 전통이나 관심, 습관을 전혀 이해할 수 없다. 물론 이들을 유지하고 새롭게 발전시킬 주체도 확보되지 않는다. 마음이 다르면, 동일한 사물이나 사건에 대한 이해도 근본적으로 달라진다. 마음이 없으면, 느끼고 보아야 할 것도 못 느끼고 못 보며, 따라서 '어디로 향해 나아가야 하는지' '왜 많은 어려움이 있는데도 선험적 주관성을 실현하기 위해 노력해야 하는지' 전혀 알 수 없다. 목적과 가치를 알 수 없는 일에 실천을 강요할 수는 없다. 그렇다면 마음이 없는 철학을 무엇 때문에 왜 해야 하는가?

후설은 보편적 이성에 정초해 궁극적으로 자기책임을 지는 앎과 삶을 형성해가는 주체로서의 선험적 주관성을 해명하기 위해 선험적 현상학을 시종일관 그리고 자신의 철학을 심화시켜갈수록 더 철저하고 생생하게 추구했다. 또한 이러한 작업이 종교적 개종(改宗)처럼 어렵더라도 반드시 수행되어야 한다고 강조했다. 그래서 그는 단지 자신이 본 것을 제시하고 기술할 뿐이지 가르치려고 시도하지 않는다고 하면서도, 자신의 철학이 "말로만 매우 급진적인 태도를 취하는 사람들보다 훨씬 더 급진적이며, 훨씬 더 혁명적이다"라고 주장했다. 무슨 근거로 이렇게 주장한 것인가?

그가 말하는 선험적 주관성은 의식의 지향적 통일성 속에서 인격으로서의 자기동일성을 확보하고, 의사소통으로 자기 자신과 다른 사람, 사회공동체, 다른 역사와 전통을 지닌 문화를 이해함으로써 새로운 삶을 창조해야 할 이성적 존재로서의 자기책임을 실천하는 주체다. '먹어보고' '만져보고' '들어보고' 아는 것처럼, 보는 것은 아는 것의 기초다. 그리고 알면 더 많은 것을 보게 된다. 또한 보고 알면 사랑(실천)하게 되고, 그러면 더 많이 보고 알게 된다. 이들은 개방된 순환구조를 지닌다. 따라서 유가(儒家)가 모든 것의 근본을 격물치지(格物致知)에, 불가(佛家)가 팔정도(八正道)의 첫 항목을 정견(正見)에, 도가(道家)가 도통(道通)의 첫 단계를 관조(觀照)에 둔 것과 마찬가지로, 아는 것은 자아를 실천하는 첫걸음이다. 단지 선험적 주관성에 대한 후설의 해명은 현대적 의미에 더욱 적합하게 구체적이고 생생할 뿐이다.

어두운 곳을 밝힌 여명(黎明)의 철학

후설은 현대가 객관적 실증과학의 의미기반인 생활세계를 망각한 학문(인식)의 위기뿐 아니라, 인격의 주체인 자아가 매몰된 인간성(가치관)의 위기에도 처해 있다고 진단했다. 이때 마주하는 것은 이 위기를 불가피한 재난이나 암울한 운명으로 간주해 이성을 적대시하는 회의적 비합리주의로 전락하는 길과 이 위기를 궁극적으로 극복할 이성의 영웅주의(Heroismus der Vernunft)로 재생하는 길이다. 어느 길을 걸어도 하나의 삶이다.

물론 후설은 이성의 길을 선택했다. 현대가 처한 위기의 근원은 이성 자체가 아니라, 이성이 좌절한 데 있다고 파악했기 때문이다. 거부할 것은 이성이 아니라, 소박한 자연과학의 영향 아래 이성이 추구한 잘못된 방법일 뿐이다. 이성은 결코 죽지 않았다. 느끼고 생각하며 결단을 내리는 이성을 사용하지 않는 사람, 의식이 없는 사람, 그런 사람이야말로 결코 살아 있다고 할 수 없다.

이 이성주의는, 의식의 무한히 개방된 지향성에 따라 이미 완결된 어떤 체계를 설정하는 철학이 아니다(후설은 키르케고르나 니체 또는 포스트모더니즘의 해체주의 못지않게 체계의 형성을 혐오했다). 그것은 보편적 이성, 즉 생생한 의식으로 학문의 이념인 사태 그 자체에 부단히 접근한다는 그리고 인간성을 완성하려는 이념에 부단히 접근한다는 이중의 목적론(Teleologie)을 지닌다. 따라서 선험적 현상학은 다양한 경험세계를 분석하면서도 이들의 근저에 놓여 있는 통일성, 즉 하나의 보편적 구조를 지닌 선험세계를 확보했다는 점에서, 인격적 주체의 자기동일성과 자기책임을 강조했다는 점에서 포스트모더니즘을 근본적으로 넘어서는 '트랜스모더니즘'(Trans-Modernism)이라 할 수 있다. 후설 현상학은 철저한 자기성찰로 자기 자신과 세계를 이해하고 자기를 실현해가는 '윤리적-종교적' 문제들로 점철된 험난하고 고된 구도자의 길이다.

이러한 후설의 과학문명 비판과 그 극복책은 반세기가 지난 오늘날에도 여전히 타당한, 아니 오히려 더욱더 절실하게 요청되는 철학이다. 고도로 산업화된 사회에서 생활세계는 객관적 학문의 의미기반을 회복할 뿐만 아니라, 생태계 전반의 위기인 '환경'문제를 해결할 수 있는 실마리다. 또한 첨단 과학기술이 범람하는 21세기 정보화 시대에는 신속한 전문기술의 획득 이외에도 가치 있는 삶을 창조함으로써 자기 자신과 가족, 사회, 국가, 인류에 대해 책임지는 인격적 주체를 확립해야 할 절박한 과제가 주어져 있다.

흔히 철학은 일반적으로 당연하다고 간주하는 것도 '왜 그러한지' 그 근거를 캐묻고 삶의 의미를 추적하는 작업이라고 생각한다. 그런데 우리가 하는 일상의 경험은 매우 단순하고 확실하기 때문에, 마치 감각자료가 그 자체로 직접 주어지듯이, 최종적이고도 근원적인 것이라고 간주된다. 후설은 이 경험이 수용되고 해석되며 파악되는 지각의 단계와 그 보편적 구조를 분석했다. 그리고 과학문명의 실증적 객관주의에 현혹되어 객관적 지식만 추구함으로써 야기된 현대의 '학문'과 '인간성'의 위기를 주관적 속견의 권리를 복원시켜 극복하고자 했다. 이때 주관에 대한 상대적 직관인 주관적 속견의 세계, 즉 생활세계는 우리에게 모두 친숙한 유형으로 항상 미리 주어지고 이미 잘 알려져 있으며, 그래서 학문의 관심주제로 전혀 부각되지 않았던 은폐된 삶의 토대이자 망각된 의미기반이다.

술어 이전에 감각되는 지각을 분석하고, 주관적 속견의 권리를 복원하고, 생활세계의 심층구조로 선험적 주관성, 즉 자기 자신과 세계를 이해하고 부단히 새롭게 형성해나갈 인격적 주체로서의 선험적 자아를 해명하고 그 당위성을 역설한 후설 현상학은 이제까지 어둠에 가려져 은폐된 곳을 밝힌, 따라서 '애매성의 철학'이 아니라 오히려 '여명(黎明)의 철학'이다. 그리고 과거의 철학들이 당연하게 간주한 것 자체를 문제 삼아 그 근원을 캐물은 '철학 가운데 철학'이다.

후설 현상학에서 『시간의식』

후설 현상학을 총체적으로 연결하는 핵심고리

이 책의 제1부는 후설이 괴팅겐대학교에서 1904~1905년 겨울학기에 강의한 '현상학과 인식론의 주요문제들'—의식의 심층부에서 작용하는 '지각, 주의, 상상과 심상(心像)의식, 시간직관'의 분석—가운데 마지막 부분이다. 그리고 제2부는 이 강의에 대한 부록과 1910년까지 작성한 보충자료다. 1917년 이후의 시간의식에 관한 연구는 그의 사후 1939년 란트그레베가 편집해 출판한 『경험과 판단』으로 이어진다.

이 책의 주제는 순수한 감각자료가 시간적으로 구성되는 과정과 이러한 구성의 기초가 되는 '현상학적 시간'을 구성하는 시간의식의 지향성을 밝히는 것이다. 이 시간의식의 분석은 시계로 측정할 수 있는 객관적 시간의 경과를 미리 상정한 다음 그 실재적인 세계의 시간 속에 체험의 대상을 인식할 수 있는 주관적 조건을 규정하는 것이 아니다. 경험이 발생한 사실이 아니라 그 가능성과 본질을 해명하려는 인식현상학은 의식에 주어진 것, 즉 지속적으로 나타나는 내재적 시간 그 자체를 기술하는 것이다. 객관적 시간과 이 속에서 시간적-개체적으로 존재하는 객체는 이 근원적 감각질료인 주관적 시간의식에 근거해 구성된 것이다.

이러한 주제는 그가 이전에 다룬 심리학주의나 자연주의에 대한 비판만큼의 강렬한 인상을 주지 못한다. 그리고 이 책은 그의 다른 저술들과 같이 선험적 현상학을 다양하게 소개하기보다 현상학적 분석의 구체적 성과를 제시한다. 특히 미로처럼 복잡하고 바닷속처럼 깊은 시간의식을 치밀하게 분석하는 작업은 철학에 웬만큼 단련된 사람에게도 매우 생소하며 이해하기 어렵다. 더구나 일상의 언어만으로는 세밀한 분석이 어려워 몇 가지 부사나 형용사 등을 엮어 새롭게 만든 용어들이 자주 등장하기 때문에 쉽게 접근할 수도 없다.

어쨌든 이 책은 『논리연구』 제2권에서 인식작용과 인식대상 사이의 불가분한 상관관계를 분석함으로써 다양한 의식체험의 지향적 표층구조를 밝힌 데 이어, 그 심층구조를 구체적으로 해명했다. 따라서 이것은 후설이 논리학(『논리연구』 제1권)에서 인식론(『논리연구』 제2권)으로 관심을 전환한 이래 의식의 흐름 전체(논리적·실천적·가치 설정적 이성 일반)를 탐구함으로써 선험적 현상학(『이념들』 제1권)에 이르는 발전 과정을 파악할 수 있는 중요한 거점이다. 그는 그후에 출간한 모든 저서에서, 비록 이 책을 구체적으로 언급하지 않지만, 그 내용을 빈번히 인용하면서 자신의 논지를 전개해갔다.

즉 시간의식의 분석은 선험적 현상학과 생활세계 현상학 또는 정적 현상학과 발생적 현상학을 통일적으로 연결하는 고리로서 후설 현상학의 총체적 모습을 밝혀준다. 또한 의식이 체험하고 의미를 부여한 주관적 시간은 객관적 세계의 시간보다 근원적이라는 점을 해명함으로써 실존철학이 발전할 수 있는 구체적 토대를 마련했다. 이처럼 '의식의 흐름'을 생생하게 기술한 것은 프루스트(M. Proust), 조이스(J. Joyce), 울프(V. Woolf), 포크너(W. Faulkner) 등 심리소설의 기법에 적지 않은 영향을 미쳤다.

후설은 다른 경우와 마찬가지로 강의의 초안과 새롭게 연구한 보충자료를 속기로 작성해 검토해갔다.

그 후 슈타인이 1912년 완성된『이념들』제2권 및 제3권의 난삽한 원고, '공간-구성'에 관한 비망록 및 '시간의식'에 관한 수고를 명민한 지성으로 충실히 정리했다. 특히 그녀는 1917년 9월 후설이 베르나우에서 여름휴가를 보내며 정리한 원고를 스승과 3일간 집중적으로 검토했다. 1918년 현상학을 새로운 방법론으로 파악한 그녀가 생철학에 관심을 품고 수녀가 되기 위해 후설을 떠나면서 이 원고도 후설의 관심에서 멀어졌다.

1926년 4월 후설은 제자 하이데거와 함께 바덴 주 슈바르츠발트의 토츠나우베르크에서 봄휴가를 보냈다. 여기서 후설이 '시간의식'에 관해 슈타인이 정리한 원고를 출판하겠다는 의사를 밝히자 하이데거가 간략한 서문을 붙여 1928년『(철학과 현상학적 탐구)연보』제9집에 발표했다(이러는 가운데 하이데거는『존재와 시간』을 1927년『연보』제8집에 발표했다). 따라서 여기에는 후설이 1893년경부터 1911년까지 '시간의식'에 관한 문제를 발전시킨 자료가 빠졌다.

이후 1966년 뵘(R. Boehm)이『연보』에 발표된 내용과 1893년부터 1917년까지의 관련 자료를 편집해『후설전집』제10권으로 출간했다.

의식의 심층구조: 모든 종합의 근본형식인 내적 시간의식

후설은 지향적 체험으로서 의식의 복잡한 다층적 표층구조를 표상(지각·판단), 정서, 의지의 영역으로 구분하고, 이 가운데 각 영역에 공통적으로 포함된 표상작용을 가장 기본적인 1차적 지향작용, 즉 모든 의식작용을 정초하는 근본토대로 간주해 집중적으로 분석했다.

표상작용은 인식작용(noesis)이 주어진 감각자료에 의미를 부여해 통일적 인식대상(noema)을 구성한다. 이 의식에 내재하는 인식작용과 그렇지 않은 인식대상은 지향성을 구성하는 불가분한 상관적 요소다. 그런데 정신의 시선, 즉 주의(注意)가 방향을 전환하면 인식작용과 인식대상의 상관관계나 인식대상의 핵심은 변하지 않지만, 인식대상의 핵심이 파악되는 양상은 지금 지각해 원본적으로 주어진 투명한 활동성에서 배경으로 물러나 비활동성으로 변한다. 이 인식작용은 여러 단계의 기억이나 상상으로 변양되기도 하고, 주의를 기울여 대상을 정립(정립성)할 뿐만 아니라 주의를 기울이지 않은 채 유사-정립(중립성)할 수도 있기 때문에 긍정·부정·회의·추측 등 다양한 단계의 신념의 성격을 지니며, 그에 따라 인식대상이 존재하는 성격도 변한다.

그러나 인식대상이 구성되기 전에 시간 자체가 구성되는 의식의 심층구조에서는 이러한 인식(파악)작용과 인식(파악)대상의 상관관계가 해소되고, 모든 체험이 통일적으로 구성되는 터전인 시간의식의 끊임없는 흐름만 남는다. 이 의식흐름은 '지금'(생생한 현재)이 과거에서 미래로 이어지는 계열인 가로방향의 지향성과 '지금'이 지나가버렸지만 흔적도 없이 사라진 것이 아니라 변양된 채 침전되어 유지되는 계열인 세로방향의 지향성으로 이중의 연속성을 지닌다. 이 연속성 때문에 의식흐름은 방금 전에 체험한 것을 현재화해 의식하는, 즉 1차적 기억으로서 지각하는 '과거지향'(Retention), 근원적 인상(印象)인 '생생한 현재'(lebendige Gegenwart) 그리고 미래의 계기를 현재에 직관적으로 예상하는 '미래지향'(Protention)이 연결되는 통일체를 이룬다.

이와 같이 의식흐름의 지향적 구조는 이미 알려진 과거지향과 아직 명확하게 규정되어 알려지지는 않았지만 과거의 경험에 따라 친숙한 유형으로 알려질 수 있는, 즉 미리 지시하는 미래지향이 생생한 지금의 지평을 이룬다. 이러한 점은 일상의 경험으로 파악할 수 있다. 가령 매우 생소한 동물을 만났을 때 우리는 그것이 이제까지 경험했던 개와 비슷한 유형이기 때문에 아직 드러나지 않은 그 이빨의 모양이나 행동거지, 꼬리의 형태 등이 개와 비슷하리라고 예상한다. 물론 이 예상은 몸을 움직이거나 시간이 흐르면 확인될 수도 있고, 수정될 수도 있다.

그리고 분리된 모든 지각과 기억을 하나의 시간적 연관 속에 관련짓고 질서를 부여해 통일을 확립하는 연상작용(Assoziation)은 내적 시간의식에서 가장 낮은 단계의 종합 위에 계층을 이루고 올라간 수동적 종합(passive Synthesis)이다. 따라서 시간의식의 통일은 모든 시간의 객체가 통일될 수 있는 가능조건이다. 술어적 판단이 가능하려면, 이것이 내적 시간의식 속에 통일된 객체이기 때문에, 과거지향은 필연적이다.

이러한 시간의식의 분석은 인식의 궁극적 근원을 해명하기 위해 부단히 되돌아가 묻는 엄밀한 학문으로서의 선험철학에서 가장 밑바닥 층으로, 새로운 의미의 '선험적 감성론'이다. 또한 판단의 정합성만 다루고 판단의 기체(基體)가 직접 주어지는 대상을 다루지 않기 때문에 세계 속에 존재하는 참된 존재자를 인식하지 못하는 형식논리학을 정초하기 위해 지각이 단적으로 파악되고 해명되며 관찰되는 선술어적 경험을 분석해나간 선험논리학이 최종적으로 도달한 층이다. 그리고 의식흐름의 생생한 지평구조로 생활세계뿐만 아니라 선험적 (상호)주관성의 구체적인 역사성을, 따라서 후설 현상학의 총체적 모습을 확연하게 밝혀줄 수 있는 핵심고리다.

편집자 서문

『시간의식』의 다음과 같은 분석은 두 부분으로 나뉜다. 제1부는 1904~1905년 〔괴팅겐대학교의〕 겨울학기에 '현상학과 인식론의 주요문제'(Hauptstücke aus der Phänomenologie und Theorie der Erkenntnis)라는 제목으로 수행한 주당 4시간 강의의 마지막 부분을 포함한다.[1] 『논리연구』제2권(1901)이 인식의 '더 높은' 차원의 작용을 해석하는 것을 주제로 삼은 반면, 이 강의는 '가장 밑바닥에 놓여 있는 지성적 작용, 즉 지각·상상·심상(心像)의식·기억·시간직관'을 연구할 계획이었다. 그리고 제2부는 이 강의의 부록과 1910년까지의 새로운 보충적 연구로 채워진다.

그 후에 계속된, 특히 1917년 이래 개체화(Individuation)의 문제와 관련해 다시 다룬 시간의식에 관한 연구는 추후에 출판하려고 유보

---

1) 이 강의는 ① 지각에 대해(Über Wahrnehmung), ② 주의와 종적 사념 등에 대해 (Über Aufmerksamkeit, spezifische Meinung ect.), ③ 상상과 심상의식(Phantasie und Bildbewußtsein), ④ 시간의 현상학(Zur Phänomenologie der Zeit)으로 구성되었다. 그리고 ④를 토대로 1901년부터 1917년까지 오랜 기간 다양하게 작성된 초고를 참조해 편집한 것이 이 책의 제1부다.

되었다.[2]이 연구의 일관된 주제는 순수한 감각자료의 시간적 구성 (zeitliche Konstitution)과 이와 같은 구성의 기초가 되는 현상학적 시간의 자기구성(Selbstkonstitution)이다.

이 경우 시간의식의 지향적 성격을 분명하게 밝히는 것과 **지향성** (Intentionalität) 일반을 더 근본적으로 해명하는 것이 결정적으로 중요하다. 개별적 분석의 특별한 내용은 도외시하더라도, 이러한 사실 하나만이라도『논리연구』에서 처음 다룬 지향성을 근본적으로 해명하는 데 불가결한 보완을 이룬다. 또한 오늘날에도 여전히 이 표현 〔지향성〕은 〔단순한〕 표어(Losungswort)가 아니라, 오히려 중심적 문제(zentrale Problem)의 명칭이다.

문체를 손상하지 않는 정도에서 표면상 매끄럽게 다듬은 것을 제외하고는, 강의의 생생한 성격을 그대로 유지시켰다. 물론 **중요한** 분석을 몇 번이고 되풀이해 변경시켜 반복한 것은 〔독자가〕 이해하는 데 구체적으로 검토할 수 있게 하려는 배려에서 의도적으로 보존시켰다.

장과 절의 구분은 슈타인(E. Stein)[3]박사가 속기로 된 초안을 정서

2) 이 가운데 1919~20년 강의초고를 중심으로 란트그레베(L. Landgrebe)가 편집해 후설이 죽은 다음 1939년 출판한『경험과 판단』(Erfahrung und Urteil)이 있다.

3) 슈타인(1891~1942)은 브레슬라우(오늘날 폴란드의 브로츠와프)출신의 유대인으로 괴팅겐대학교에서 박사학위논문「감정이입에 관한 문제」를 쓰면서 후설의 제자가 되었다. 그녀는 제1차 세계대전 중 프라이부르크대학교에서 후설의 조교로 근무(1916~18)하면서 1912년 속기로 작성한『이념들』제2권 및 제3권의 난삽한 원고, '공간-구성'에 관한 비망록, 1904~1905년 '시간의식'에 관한 강의수고를 정리했다.
현상학을 새로운 방법론으로 파악한 그녀는 구체적 삶 속의 진리를 추구하는 '생철학'에 관심을 기울이면서 후설에게서 떠났다. 그 후 카르멜 수도회 수녀가 되었으며 아퀴나스의『진리에 관한 논쟁문제』를 독일어로 번역하고, 여성운동에도 적극적으로 참여했다. 나치가 집권하자 1년여 봉직하던 '뮌스터 교

해 옮긴 것을 그때그때 저자의 난외 주석을 부분적으로 참조해 삽입한 것이다.

차례와 사항색인은 란트그레베[4] 박사가 작성했다.

1928년 4월

마부르크 a.d.L.,

마르틴 하이데거

육학연구소'의 강사직을 박탈당하고 네덜란드로 도피했으나 아우슈비츠 수용소에서 희생당했다. 그녀는 감정이입과 심리적 인과(因果), 개인과 공동체 그리고 (후설과 공동으로) 국가에 관해 연구하고, 현상학적 방법으로 아퀴나스의 철학에 접근함으로써 존재의 의미상승을 시도한 『유한한 존재와 영원한 존재』를 남겼는데, 이것은 1950년 출판된 그녀의 전집에 수록되었다.

4) 란트그레베(1902~94)는 1923년부터 1930년 프라하대학교의 교수로 취임할 때까지 프라이부르크대학교에서 (1918년 슈타인이 떠난 후) 후설의 연구조교로 근무하면서 하이데거, 베커(O. Becker)와 더불어 현상학 운동을 주도했다.

제1부

내적 시간의식에 관한 1905년 강의

시간의 본질(Wesen)에 관한 물음은
시간의 근원(Ursprung)에 관한 물음으로도 환원된다.
그러나 이 근원적 물음은 시간의식의 원초적 형태를 향해 있다.
이 형태 속에 시간적인 것의 원초적 차이가
시간에 관련된 모든 명증성의 원본적 원천으로서
직관적으로 그리고 본래적으로 구성된다.
그 근원적 물음을 심리학적 근원에 관한 물음,
즉 경험론과 생득론의 논쟁에 관한 물음과
혼동하면 안 된다.
후자의 경우 근원적 감각질료에 관해 묻는 것이다.

서론[1]

시간의식(Zeitbewußtsein)의 분석은 기술적 심리학(deskriptive Psychologie)과 인식론(Erkenntnistheorie)의 매우 오래된 교차점이다. 여기에 놓여 있는 극히 어려운 점을 깊이 깨닫고 이러한 문제에 필사적으로 각고의 노력을 기울인 최초의 사람은 아우구스티누스였다. 그의 『고백록』 제11권 제14장에서 제28장까지는 오늘날에도 여전히 시간문제에 몰두하는 모든 사람이 근본적으로 연구해야 할 부분이다. 왜냐하면 지식을 과시하는 현대에도 이러한 문제에 대해 진지하게 노력한 이 위대한 사상가의 것보다 더 뛰어나거나, 훨씬 두드러진 연구는 이루어지지 않았기 때문이다.

오늘날에도 다음과 같이 그의 말을 인용해 말할 수 있다.

만약 아무도 나에게 묻지 않는다면, 나는 알고 있습니다. 〔그런데〕 만약 물음을 받고 해명하려 하면, 나는 모릅니다(si nemo a me

---

1) 이「서론」과 제1장 그리고 제2장 제7항의 중간 부분까지는 1905년 강의수고 1~15쪽에 근거한다.—이 책을『후설전집』제10권(1966)으로 다시 편집한 뵘(R. Boehm)의 주(이하 '뵘의 주').

quaerat, scio, si quaerenti explicare velim, nescio).[2]

　물론 우리는 모두 '시간이 무엇인지'를 알고 있다. 시간은 모두에게 가장 잘 알려진 것이다. 그러나 우리가 시간의식을 해명하고, 객관적 시간과 주관적 시간의식을 정당한 관계 속에 정립하고, '어떻게 시간적 객관성(Objektivität),[3] 즉 개체적 객관성 일반이 주관적 시간의식 속에 구성될 수 있는지' 이해하려고 시도하자마자, 더구나 우리가 주관적 시간의식, 즉 시간체험의 현상학적 내실(Gehalt)을 분석하려고 시도하자마자 우리는 곧 극히 특별한 어려움·모순·혼란 속으로 휩쓸려 들어가게 된다.

　우선 브렌타노(F. Brentano)[4]의 시간분석을 서술하는 것은 우리 연구의 출발점으로서 〔길잡이〕 역할을 할 수 있다. 그러나 유감스럽게

---

2) "현재는 만약 언제나 존재하는 현재이고 과거로 이행하지 않으면, 이미 현재〔시간〕가 아니고 영원이다"(『고백록』제11권, 제14장). 그리고 현재의 시간은 마음(anima) 속에 아로새겨진 것으로서, 과거의 현재인 기억(memoria), 현재의 현재인 직관 또는 지각(contuitus), 미래의 현재인 기대(expectatio)로 이루어진다(같은 책, 제18, 20장 참조할 것).

3) '객관성'은 어떤 개체가 시간 속에 지속하는 것, 즉 일정한 시간의 간격을 두고 객관화된 것을 뜻한다. 따라서 시간은 개체화의 원리다.

4) 브렌타노(1838~1917)는 남부 독일의 가톨릭 집안에서 태어나 철학자와 성직자의 길을 걸었지만, 교회의 독단적 권위에 대항해 뷔르츠부르크대학교를 사임했다. 이후 비엔나대학교에 임용되지만 이마저 결혼 때문에 사임했다. 그는 관념론과 신칸트학파를 배격하고, 자연과학에 따른 경험적 기술 심리학의 방법으로 철학을 새롭게 정초하고자 했다. 특히 물리적 현상과 구별되는 심리적 현상의 특징으로 분석한 의식의 지향성은 후설 현상학에 깊은 영향을 주었다. 한편 그는 현재의 시간을 경험하는 방식과 과거나 미래의 시간이 나타나는 방식의 차이는 현상에 대한 판단이 아니라, 표상방식(현재는 직접적으로, 과거나 미래는 현재를 통해 간접적으로)에 있다고 분석했다. 저서로 『경험적 관점에서의 심리학』(1874), 『도덕적 인식의 근원』(1889), 『신의 현존에 관해』『인식에 관한 시론』『올바른 판단론』등이 있다.

도 그는 시간분석을 단지 강의로만 다뤘을 뿐이지, 결코 출판하지 않았다. 마티(A. Marty)[5]는 1870년대 말 출간한 색채감각의 발달에 관한 저서에서 이것을 아주 간략하게 서술했고,[6] 슈툼프(C. Stumpf)[7] 역시 『음향(音響) 심리학』에서 그것에 대해 몇 가지를 언급했다.[8]

1 객관적 시간을 배제함

먼저 몇 가지 일반적으로 주의해야 할 사항을 미리 말하겠다. 우리의 의도는 시간의식을 현상학적으로 분석하는 것이다. 따라서 모든 현상학적 분석처럼, 이 경우에도 객관적 시간에 관련된 모든 가정·확정·확신(존재하는 것을 초월하는 모든 전제)은 완전히 제외해야 한다.

객관적 관점에서 보면 각각의 체험, 따라서 시간의 지각과 시간의 표상에 대한 체험 자체도, 모든 실재적[9] 존재나 존재의 계기(契機)와 마찬가지로 유일한 하나의 객관적 시간 속에 자신의 위치를 지닌다.

5) 마티(1847~1914)는 브렌타노의 제자로서 저서에는 『색채감각의 역사적 발전에 관한 물음』(1879)이 있다.

6) A. Marty, *Die Frage nach der geschichtlichen Entwicklung des Farbensinnes*, Wien, 1879, p.41 이하.—뷤의 주.

7) 슈툼프(1848~1936)는 브렌타노의 제자로서, 심리현상과 작용의 구조를 경험과학으로 실험하고 기술한 심리학은 현상학적 방법에 커다란 영향을 주었다. 그래서 후설은 『논리연구』를 그에게 헌정했다. 저서로는 『음향 심리학』(1883, 1890), 『나타남들과 심리적 기능들』(1906) 등이 있고 유고로 『인식론』이 있다.

8) C. Stumpf, *Tonpsychologie II*, Leipzig, 1890, p.277.—뷤의 주.

9) 실재성(Realität), 시간성(Zeitlichkeit), 개체(Individuum). 이 세 개념은 동일한 개념은 아니지만, 그 외연이 동일하다(『논리연구』, 제2-1권, 123~124쪽 참조할 것). 즉 '실재적'(real)은 '이념적'(ideal)에 대립된 것으로서, 일정한 시간·공간에 현실적으로 존재하고 따라서 구체적으로 지각하고 규정할 수 있는 개체의 특성을 뜻한다.

〔또한〕 시간을 구성하는 체험을 포함해 그 어떤 체험의 객관적 시간을 규정하는 것에 관심을 두는 사람도 있다. 더구나 '시간의식 속에 객관적 시간으로 정립된 시간은 어떻게 실제적인 객관적 시간에 관계하는가' '시간의 간격(Intervall)에 대한 〔주관적〕 평가는 객관적으로 실제적인 시간의 간격에 상응하는가' 또는 '시간의 간격에 대한 〔주관적〕 평가는 객관적으로 실제적인 시간의 간격에서 어떻게 벗어나는가'—이러한 의문에 답하는 것도 흥미 있는 연구일 것이다.

그러나 이것들은 결코 현상학의 과제가 아니다. 실제적 사물, 실제적 세계가 현상학의 자료가 아니듯이 세계의 시간, 실재적 시간, 즉 자연과학이나 영혼적인 것(Seelisches)에 관한 자연과학인 심리학의 의미에서 자연의 시간 역시 현상학의 자료는 아니다.

그런데 시간의식의 분석을 논의하거나 지각·기억·기대의 대상에 관한 시간의 성격을 논의하면, 마치 객관적 시간의 경과를 미리 상정하고, 그런 다음 실제로 시간에 대한 직관과 본래 시간에 대한 인식을 가능케 하는 주관적 조건만 연구하는 것처럼 보일지 모른다. 그러나 우리가 받아들이는 것은 세계시간(Weltzeit)의 실존(Existenz)이나 사물의 〔구체적〕 실존 등이 아니라, 나타나는 시간 그 자체, 즉 나타나는 지속(Dauer) 그 자체다. 하지만 이것은 절대적으로 주어진 것(Gegebenheit)이며, 이것을 의심하는 것은 무의미할 것이다.

그렇다면 우리는 물론 존재하는 그 어떤 시간을 가정하지만, 이것은 경험세계의 시간이 아니라, 의식이 경과하는 내재적(immanent)[10] 시간이다. 어떤 음(音)이 진행되는 것에 관한 의식, 즉 내가 곧 듣고 있는 멜로디에 관한 의식이 잇따라 일어나는 관계(Nacheinander)를

---

10) '내재'(Immanenz)는 의식의 영역 안에 존재하는 것으로, 의식의 영역 밖에 존재하는 '초재 또는 초월성'(Transzendenz)과 구별된다.

제시한다는 사실에 대해 우리는 모든 의심이나 모든 부정을 무의미한 것으로 만들 수 있는 명증성(Evidenz)[11]을 지닌다.

객관적 시간을 배제하는 것이 뜻하는 것은, 공간과 비교해보면 아마 더 명백해질 것이다. 왜냐하면 실로 시간과 공간은 이제까지 크게 주목받았던 중요한 유사점을 제시하기 때문이다. 현상학적으로 주어진 것의 영역에는 공간의식이 속한다. 즉 공간직관이 지각이나 상상으로 수행되는 체험에 속한다. 만약 눈을 뜨면, 우리는 객관적 공간 속으로 들어갈 수 있다.

이것은 (반성하는 고찰이 보여주듯이) 우리가 공간적 나타남, 즉 공간적으로 이러저러하게 위치를 점하는 특정한 사물의 나타남(Erscheinung)을 기초 짓는 시각적 감각의 내용 지니는 것을 뜻한다. 만약 모든 초월하는 해석을 단념하고 지각의 나타남을 주어진 1차적 내용들로 환원하면, 이 1차적 내용들은 시각 장(場)의 연속체(Kontinuum)를 산출한다. 이 연속체는 유사-공간적인 것이지만, 가령 공간이나 공간 속의 한 표면은 아니고, 개괄적으로 말하면 이중의 연속적 다양체(Mannigfaltigkeit)다. 여기서 우리는 병존하는 관계(Nebeneinander), [상하로] 중첩되는 관계(Übereinander), [내적으로] 교착되는 관계(Ineinander), 즉 장(場)의 한 부분을 완전히 구획 짓는 폐쇄된 선들을 발견한다.

그러나 이것들은 객관적-공간적 관계가 아니다. 가령 '시각 장의

---

11) 후설은 '명증성'을 "정합성의 가장 완전한 징표"(『논리연구』제1권, 13쪽), "대상과 사고가 맞아떨어지는 일치"(『이념』, 49쪽), "그것 자체를 정신에서 봄" (『성찰』, 52쪽), "대상이 그 자체로 주어진 것, 스스로를 부여하는 것"(『경험과 판단』, 12쪽) 등으로 표현한다. 그리고 이것을 주어진 사태와 사고가 일치해 대상이 충족되는 '충전적(adäquat) 명증성'과 주어진 사태가 존재하지 않는다는 것을 결코 의심할 수 없는 자의식의 확실성인 '필증적(apodiktisch) 명증성'으로 구분한다. 따라서 여기서는 문맥상 '필증적 명증성'을 의미한다.

어떤 점이 이 책상 모서리에서 1미터 떨어져 있다거나 그 위에 있다'
등으로 말하는 것은 전혀 의미가 없다. 마찬가지로 사물의 나타남 역
시 공간적 위치나 그 어떤 공간적 관계도 갖지 않는다. 즉 '집의 나타
남'은 집과 병존하거나 집 위에 있거나 집에서 1미터 떨어져 있는 것
등은 아니다.

그런데 유사한 것이 시간에서도 타당하다. 현상학적 자료는 시간
에 대한 파악, 즉 객관적 의미에서 시간적인 것〔시간 속에 존재하는
것〕(Zeitliches)이 나타나는 체험이다. 더구나 시간에 대한 파악 그 자
체를 특히 기초 짓는 체험의 순간들, 경우에 따라서는 특수하게 일시
적인 파악의 내용들(온건한 생득설生得說이 '근원적으로 시간적인 것'
이라고 부르는 것)이 현상학적으로 주어진다. 그러나 이 가운데 어느
것도 객관적 시간은 아니다. 현상학적 분석으로는 객관적 시간에 관
해 아무것도 발견되지 않는다.

근원적 시간의 장(Zeitfeld)은, 가령 객관적 시간의 한 부분이 아니
며, 체험된 '지금'(Jetzt)은, 그 자체만으로는 객관적 시간의 한 시점
(Punkt)이 아니다. 객관적 공간, 객관적 시간 그리고 이와 더불어 실
제적 사물들이나 〔사건〕경과들의 객관적 세계—이 모든 것은 초재
(超在)다. 잘 주의해보면, 가령 공간이나 물 자체(Ding an sich) 같은
신비적 의미에서의 실제성(Wirklichkeit)은 초월적인 것이 아니다. 오
히려 현상적 공간, 현상적 시간-공간의 실제성, 나타나는 공간의 형
태, 나타나는 시간의 형태가 초월적이다. 이 모든 것은 결코 체험이
아니다. 그리고 진정한 내재(內在)로서의 체험 속에 발견될 질서의
연관은 경험적인 객관적 질서 속에서는 발견될 수 없으며, 이러한 질
서에 적합하지도 않다.

위에서 상세하게 논의한 공간적인 것의 현상학[12]은 시각의 감각
장의 내재적 질서와 이 시각의 감각 장 자체도 형성하는 국부(局部)

자료에 관한 연구도 포함한다(심리학적 관점의 생득설은 이 국부자료를 가정한다). 이 국부자료와 나타나는 객관적 장소의 관계는 질(質)의 자료와 나타나는 객관적 질의 관계와 같다. 전자가 국부표시(Lokalzeichen)[13]에 관해 말하면, 후자는 질(Qualität)표시에 관해서만 말해야 한다. 감각된 빨간색은 그 어떤 파악하는 기능으로 활성화(beseelen)[14]되어 객관적 질을 제시하는 현상학적 자료다. 그러나 이 자료 자체가 하나의 질은 아니다. 본래적 의미에서의 질, 즉 나타나는 사물의 성질은 감각된 빨간색이 아니고, 지각된 빨간색이다. 감각된 빨간색은 단지 애매한 빨간색이라고 불릴 뿐이다. 왜냐하면 빨간색은 어떤 실재적인 질의 명칭이기 때문이다.

만약 어떤 현상학적 사건과 관련해 어떤 사건과 그 밖의 다른 사건의 합치(Deckung)에 관해 말하면, 어쨌든 다음과 같은 점에 주의해야만 한다. 즉 감각된 빨간색은 파악됨으로써 비로소 사물의 질을 제시하는 계기로서 가치를 지니지만, 감각된 빨간색 그 자체를 고찰해 보면 그것은 그 자체 속에 사물의 질을 전혀 포함하지 않는다는 점

---

12) 사물과 공간의 구성에 관한 논의는 후설의 유고 속에 단편적으로 남아 있는데, 이것들 가운데는 1907년 강의를 편집·출판한『후설전집』제16권『사물과 공간』(1973)이 있다.

13) 이 용어는 로체(R.H.Lotze)가 공간지각의 성립을 설명하기 위해 사용한 것으로, 피부나 눈의 망막 등 두 부위가 같은 자극을 받더라도 자극에 가장 민감한 부위에서 감각된 것처럼 느끼는 현상을 가리킨다.

14) 이 용어는 '영혼, 즉 생명(Seele)을 불어넣는다'는 뜻으로, 인식작용(noesis)이 감각의 질료(hyle)에 의미를 부여하고 해석하는 것이다. 감각질료에 의미를 부여하고 정립함으로써 인식대상(noema)의 완전한 상관자로서 구체적인 지향적 체험이 형성된다(『이념들』제1권, 제3부 제3, 4장 참조할 것). 후설에 따르면 "지각표상은 체험된 감각복합들이 어떤 파악작용이나 사념작용, 즉 작용성격에 따라 활성화됨으로써 성립한다"(『논리연구』제2-1권, 75쪽). 따라서 표현도 이것에 의미를 부여하여 생명을 불어넣는 의식체험으로만 단순한 말소리가 아니라, 생생한 의미를 지닌 언어로 이해할 수 있다.

과 제시하는 것(Darstellendes)과 제시된 것(Darstelltes)이 합치하는 것은 동일성 의식(Identitätsbewußtsein)이 합치하는 것은 결코 아니라는 점이다. 이 동일성의 의식의 상관자(Korrelat)를 동일자(ein und dasselbe)라고 부른다.

현상학적 자료—이것은 생생하게 주어진 것으로 파악함으로써 객관적인 것을 의식하게 하는데, 이 객관적인 것은 객관적으로 지각된 것이라고 한다—를 감각된 것이라고 부르면, 이러한 의미에서 감각된 시간적인 것과 지각된 시간적인 것도 구별해야만 한다.[15], [16]

지각된 시간적인 것이 객관적 시간이다. 그러나 감각된 시간적인 것은 그 자체로 객관적 시간(또는 객관적 시간 속의 위치)이 아니라, 현상학적 자료다. 이 현상학적 자료의 경험적 통각(Apperzeption)[17]에 따라 객관적 시간과의 관계가 구성된다.

---

15) 그러므로 '감각된'이라는 말은 '감각된 것이 감성적(sensuell)인 것인지, 더구나 이것이 도대체 감성적이라는 의미에서 내재적인 것인지'에 대해서는 그 자체로서는 아무것도 [우리에게] 주장하지 못할 관계개념의 표시일 것이다. 달리 말하면 '감각된 것 그 자체는 이미 구성되었는지, 또한 아마 감성적인 것과는 전혀 다른 것인지' 하는 문제는 미해결로 남아 있다. 그러나 이러한 전체적 구별은 언급하지 않고 제쳐놓는 것이 최상이다. 왜냐하면 모든 구성이 '파악의 내용-파악'이라는 도식을 지닌 것은 아니기 때문이다.—후설의 주.

16) 일상적인 의미의 '감각'은 외적 지각이 제시하는 내용들이고, '지각'은 체험된 감각내용들 속에 직접 제시하는 내용들의 총체를 뜻한다(『논리연구』 제2-2권, 79쪽, 237쪽 참조할 것). 즉 감각은 신체가 체험하는 자극 때문에 일어나는 직접적 인식내용이며, 지각은 이것에 주의를 기울이는 파악작용으로 이루어진 술어 이전의 경험이다. 하지만 감각도 대상을 지향하는 성격이 있기 때문에, 감정과 달리 이미 인식이 시작된 현상이다.

17) 이 용어는 라틴어 'appercipere'(덧붙여 지각한다)에서 유래하며, 직접적으로 지각하는 것(Perzeption)에 더해 그 이상의 것, 즉 잠재적으로 함축된 감각들까지 간접적으로 지각하는 것을 뜻한다. 또한 칸트 이후에는 새로운 경험이나 표상을 이전의 경험이나 표상과 종합하고 통일하여 대상을 인식하는 의식의 작용을 뜻하기도 한다.

우리가 〔흔히〕 시간의 표시(表示)라고 부르는 시간의 자료는 시간(tempora) 자체가 아니다. 객관적 시간은 경험의 대상성(Gegenständlichkeit)[18]의 연관에 속한다. 감각된 시간의 자료는 단순히 감각된 것이 아니라 파악의 성격도 부착되어 있으며, 다시 이러한 파악의 성격에는 감각된 자료에 기초해 나타나는 시간들이나 시간의 관계를 서로 비교해 측정하고 객관적 질서 속에 그러그러하게 배열하며, 겉모습으로나 실제적 질서를 그러그러하게 구별하는 일정한 요구와 권리가 속한다. 이 경우 객관적으로 타당한 존재로 구성되는 것은 결국 하나의 무한한 객관적 시간이며, 이 시간 속에 모든 사물이나 사건, 즉 물체나 그 물리적 성질, 마음이나 그 심리적 상태는 시간측정기로 규정될 수 있는 일정한 시간의 위치를 차지한다.

이러한 객관적 규정들은 궁극적으로 시간의 자료의 차이와 관계를 확증하거나, 그 자체로 이 시간의 자료에 직접 합치함으로써 그 근거를 지닐 것이다. 여기에서 이 점에 대해 판단할 필요는 없다. 예를 들어 감각된 동시(Zugleich)가 〔그 자체로〕 곧 객관적 동시성(Gleichzeitigkeit)이 아니며, 현상학적-시간적 간격들의 감각된 동등성(Gleichheit)은 〔각〕 시간의 간격의 객관적 동등성도 아니다. 그리고 감각된 절대적 시간의 자료가 〔그대로〕 곧 객관적 시간이 '체험된 것'도 아니다(이것은 '지금'이라는 절대적 자료에 대해서도 타당하다). 어떤 내용을 파악하는 것, 게다가 그것이 체험되는 그대로 그 내용을 파악하는 것도 아니며, 객관적 사물들, 일어난 사건들, 상황 그리고 객관적 공간의 상태나 시간의 상태, 객관적인 실제적 공간의 형태나

---

18) 후설이 '대상'을 추상화하여 자주 사용하는 '대상성' 또는 '대상적인 것'
   (Gegenstandliches)이라는 용어는 협의의 대상들뿐 아니라 사태, 징표, 어떤
   상황을 형성하는 비독립적 형식들까지 가리킨다(『논리연구』 제2-1권, 38쪽 주
   1 참조할 것).

시간의 형태 등을 논의하는 경우의 의미에서 객관적 실제성을 파악하는 것도 아니다.

한 자루의 분필에 주목해보자. 그리고 눈을 감고, 또 떠보자. 이때 우리는 두 가지 지각을 지니게 된다. 우리는 동일한 분필을 두 번 본다고 말한다. 이 경우 우리는 시간적으로 분리된 〔지각의〕 내용들을 지니고, 또한 현상학적으로 '시간적으로 따로 떨어진 것'(zeitliches Auseinander), 즉 분리된 것을 간취한다. 그러나 대상에는 어떠한 분리도 없으며, 대상은 동일하다. 즉 대상 속에는 지속(Dauer)이, 현상 속에는 변화가 있게 될 것이다. 마찬가지로 공존하는 것(Koexistenz)이 객관적으로 확정할 수 있는 경우에도 우리는 시간적으로 잇따라 일어나는 관계를 주관적으로 감각할 수 있다.

체험된 내용은 객관화되고, 실로 객체(Objekt)는 체험된 내용들의 질료에서 파악하는 방식으로 구성된다. 그러나 대상(Gegenstand)[19]은 이러한 내용들을 단순히 총계한 것이나 복합체가 아니다. 이 내용들은 결코 대상 속에 깊이 들어가는 것이 아니라, 대상은 내용 이상의 것이고, 어떤 방식으로는 내용과 다른 것이다. 객관〔체〕성은 경험에 속하며, 게다가 경험의 통일, 즉 경험의 법칙에 지배되는 자연의 연관에 속하는 것이다.

현상학적으로 말하면 객관성은 곧 1차적 내용들 속에 구성되지 않고, 파악의 성격들과 그 성격들의 본질에 속하는 법칙성으로 구성된다. 이러한 사실을 완전히 통찰하고 이것을 명백하게 이해하게 이끄는 것이 곧 인식의 현상학(Erkenntnisphänomenologie)이다.

---

19) 일반적인 의미로서 '객관'(Objekt) 또는 추상적인 의미로서 '객관성'은 인식하는 주관이 바라본 것으로서 인식의 보편타당성을 뜻하고, '대상'(Gegenstand)은 인식하는 주체에 대립해 서 있는(존재하는) 객체를 뜻한다.

2 '시간의 근원'에 관한 물음

우리는 위에서 수행한 반성에 따라 경험에 대해 구성적인 모든 개념 그리고 시간의 개념에 관한 현상학적(또는 인식론적) 근원에 대한 물음과 심리학적 근원에 대한 물음의 차이도 이해한다. 경험의 가능성에 관한 인식론적 물음은 경험의 본질에 관한 인식론적 물음이다.[20] 그리고 경험의 현상학적 가능성을 해명하는 것은 현상학적 자료로 되돌아갈 것을 요구한다. 경험된 것은 현상학적으로 이러한 자료로 구성된다. 경험작용이 본래가 아닌 것과 본래의 것의 대립으로 구분되고 본래의 경험, 즉 직관적이며 궁극적으로 충전적인 경험이 경험을 평가하는 척도를 제공하는 한, 본래의 경험의 현상학이 특히 요구된다.

그러므로 시간의 본질에 관한 물음은 시간의 근원에 관한 물음으로도 환원된다. 그러나 이 근원적 물음은 시간의식의 원초적 형태를 향해 있다. 이 형태 속에 시간적인 것의 원초적 차이가 시간에 관련된 모든 명증성의 원본적 원천으로서 직관적으로 그리고 본래로 구성된다. 그 근원적 물음을 심리학적 근원에 관한 물음, 즉 경험론(Empirismus)과 생득론(Nativismus)의 논쟁에 관한 물음과 혼동하면 안 된다. 후자의 경우 근원적 감각질료에 관해 묻는 것이다.

객관적 공간의 직관과 시간의 직관은 이 근원적 감각질료에 근거해 인간의 개체(Individuum)나 특히 유(Gattung) 속에 성립한다. 경험적 발생의 문제는 우리와 전혀 상관없고, 체험의 대상적 의미와 기술하는 내용에 따른 체험만 우리의 관심사다. 심리학적 통각은 경험적 개

---

20) 하이데거가 '현상학'의 어원을 분석해 그 특징을 묘사했듯이(『존재와 시간』, 27~39, 153~156쪽 참조할 것), 현상학은 존재자가 접근하는 방식에 따라 다르게 나타나는 것과 은폐되거나 이전에 밝혀진 것이 다시 파묻힌 것을 현상 속에 드러내 밝힘으로써 '사태 그 자체'를 기술해 직관할 수 있는 가능성을 제시한다.

인, 즉 심리물리적 주체들의 심리적 상태로 체험을 파악하고, 그것이 순수한 심리적 연관이든 심리물리적 연관이든 이것들 사이의 연관을 확정하며, 심리적 체험들이 생성되는 것, 형성되는 것과 변형되는 것을 자연법칙으로 추구한다.

이러한 심리학적 통각은 현상학적 통각과 전혀 다르다. 우리는 체험을 실제성의 일부로 간주하지 않는다. 우리는 단지 실제성이 사념된, 표상된, 직관된, 개념적으로 사고된 실제성인 한에서만 실제성을 문제 삼는다. 시간의 문제와 관련해 이러한 사실은 우리의 관심사가 시간의 체험이라는 것을 뜻한다. 시간의 체험 그 자체가 객관적·시간적으로 규정된다는 사실, 시간의 체험이 사물들과 심리적 주체들의 세계에 속한다는 사실 그리고 이 세계 속에 자신의 위치나 그 〔작용〕효과, 경험적으로 존재하고 성립한다는 사실—이것들은 우리와 전혀 관계없고, 우리는 이러한 점들에 관해 아무것도 알지 못한다.

이에 반해 이러한 체험들 속에 객관적 시간의 자료가 사념된다는 사실이 우리의 관심사다. 이에 관련된 〔인식〕작용들이 이러저러한 객관적인 것을 사념한다는 사실을 기술하는 것, 더 정확하게 말하면, 객관〔객체〕성의 서로 다른 구성적 계기에 속한 아프리오리한 진리를 제시하는 것이 현상학의 영역에 속한다.

우리는 시간의 아프리오리(Apriori)[21]를 명석함(Klarheit)[22]으로 이

---

21) 논리적으로 경험에 앞서며, 인식적으로 경험에 의존하지 않는다는 의미의 이 용어는 전통적으로 '경험의 확실성과 필연성의 근거조건'인 의식에 내재적인 형식을 뜻하지만, 후설은 발생적 분석에서 '그 자체로 미리 주어져 경험되는 구체적 질료'를 뜻하는 데 사용한다. 따라서 이 용어를 '선천적' 또는 '생득적'으로 옮기는 것은 옳지 않다. 그리고 '선험적'으로 옮기면 후설 현상학에서 궁극적 근원을 부단히 되돌아가 묻는 태도를 지칭하는 '선험적' (transzendental)과 혼동된다. 그러므로 적절한 표현이 마련될 때까지는 원어 그대로 표기한다.

끌어내도록 시도한 것이며, 이렇게 함으로써 시간의식을 철저히 탐구하고, 이것의 본질적 구성(Konstitution)[23]이 분명히 드러나도록 촉진하며, 경우에 따라 시간에 종적(種的)으로 속한 파악의 내용들과 작용의 성격들을 뚜렷이 드러낼 것이다. 시간의 아프리오리한 법칙은 본질적으로 이러한 파악의 내용들과 작용의 성격들에 속한다. 물론 이 경우 나는 다음과 같은 자명한 법칙을 사념한다. 즉 고정된 시간적 질서는 이차원의 무한한 계열이라는 것, 서로 다른 두 개의 시간은 결코 동시(공존)일 수 없다는 것, 이 둘의 관계는 부등변의 관계라는 것, (시간에는) 이행성(移行性)이 있으며 그 이전이나 이후의 시간은 각각의 시간에 속한다는 것 등이다.

이 정도가 일반적 서론이다.

---

22) 데카르트는 확실한 인식의 출발점을 찾기 위해 방법적으로 회의한 결과, '나는 생각한다. 그러므로 나는 존재한다'라는 자의식의 확실성에서 '명석함과 판단함'(clara et distincta)을 진리의 기준으로 연역해 보편수학의 체계를 수립하려 한다. 즉 '명석함'은 '주의 깊은 정신에 명백하게 주어지는 것'이다. 그렇지 못한 것은 '혼란됨'—이것은 다시 여러 가지 뜻으로 이해되는 '애매함'과 지시하는 범위와 한계가 명확하지 않은 '모호함'으로 구별된다—이다. 그리고 '판명함'은 '아주 간결하고 판이해서 다른 것과 확연히 구별되는 것'이다.

23) 모든 현상학적 분석은 지향적으로 구성하는 의식 주관성의 구조분석이지만, 이 '구성'은 후설 현상학에서 가장 오해받는 개념 가운데 하나다. 칸트에게서 '구성'(Konstruktion)은 감성의 직관형식인 시간과 공간에서 잡다하게 주어진 것을 오성의 아프리오리한 사유형식인 범주에 집어넣어서 질서를 부여해, 인식의 형태로 구축하는 것이다.

한편 후설에게는 인식의 형식뿐 아니라 내용도 아프리오리하다. 즉 인식될 대상의 내용은 미리 완성되어 있지만 그 내용에 대한 우리의 인식이 완성되어 있지 않기 때문에 경험을 발생적으로 분석할 필요가 있다. 즉 '구성'은 순수의식의 지향적 상관자로 이미 스스로 주어진 대상성을 실제 현존하는 것으로 표상하는 작용, 즉 그 대상성에 의미를 부여해 명료하게 밝히는 것이다. 그러므로 후설의 '구성'은 결코 실재의 세계를 '창조하는 형이상학적 의미' 대신 침전된 의식 삶의 구조와 존재의 의미를 역사적으로 '해명하는 방법론적 의미'를 띤다.

제1장 시간의 근원에 관한 브렌타노의 학설

3 근원적 연상

이제 시간의 근원에 관한 브렌타노의 학설을 실마리로 삼아 위에서 제기한 문제에 접근할 수 있는 통로를 열어보자. 브렌타노는 근원적 연상(Assoziation)[1] 속에, 즉 "전혀 예외 없는 법칙에 따라 아무 매개도 없이 그때그때 지각된 표상에 결합되는 것, 즉 직접적 기억의 표상이 생성되는 것"[2] 속에 이 문제를 해결할 수 있다고 믿는다.

---

1) '근원적 연상'은 시간적으로 변양된 표상이 동기부여(Motivation)로 새롭게 주어지는 표상에 끊임없이 결합하는, 즉 시간의식 속에 어떤 것이 다른 것을 기억하고 지시하는 내재적 체험이 발생하는 짝짓기(Paarung)의 법칙에 따라, 자연법칙인 정신물리적 인과관계와 명백히 구별되는 정신적 세계를 지배하고 구성하는 법칙이다. 감각된 것들의 동질성과 이질성에 따른 연상적 일깨움에 근거해서만 분리된 기억들이 서로 관련되고, 하나의 시간적 연관 속에 질서가 정해진다. 그리고 이 근원적 연상에 따른 합치의 종합은 동등한 것과 유사한 것 사이의 감각적 통일, 현실적 직관과 과거 속으로 가라앉은 직관들의 서로 다른 위치를 결합하는 '하부의식' 속의 통일이 수동적으로 미리 주어져 있기 때문에 가능하다.
2) 이 부분은 브렌타노의 강의를 정리한 유고에서 인용한 것으로 추측된다.—뵘의 주.

우리가 어떤 것을 보거나 듣거나 일반적으로 지각하는 경우, 지각된 것은 잠시 동안 우리에게 현존하는 것으로 남아 있다―그러나 이것은 반드시 변양(modifizieren)되어 있다―는 사실이 규칙적으로 발생한다. 강도(强度)나 충만함(Fülle)처럼 때에 따라 다소 차이를 띠고 나타나는 그 밖의 다른 변화는 도외시하더라도, 여전히 이와 다른 그리고 아주 독특한 변화가 항상 확인될 수 있다. 즉 이러한 종류의 의식 속에 머무는 것은 다소 차이는 있더라도 지나가버린 것〔과거〕, 요컨대 시간적으로 뒤로 밀려 후퇴한 것으로 우리에게 나타난다는 사실이 확인될 수 있다.

예를 들어 어떤 멜로디가 울려 퍼지는 경우 개별적 음은 자극이 정지해서 또는 자극으로 일어난 신경운동이 정지해서 완전히 소멸되는 것이 아니다. 새로운 음이 울려 퍼지는 경우 이미 지나간 과거의 음이 흔적도 없이 사라지는 것은 아니다. 만약 그렇지 않다면 실로 우리는 연달아 일어나는(aufeinanderfolgend) 음들의 관계를 깨달을 수 없으며, 각각의 순간에 하나의 음만을 소유하고 두 개의 음이 울려 퍼지는 사이의 중간시간(Zwischenzeit)에는 반드시 공허한 정지기(Pause)만을 소유할 뿐, 결코 멜로디의 표상은 지니지 못할 것이다.

다른 한편, 의식 속에 음의 표상이 남아 있는 것으로 끝맺을 수 있는 문제도 아니다. 만약 음의 표상이 변양되지 않은 채 남으면, 이 경우 우리는 멜로디 대신 몇 가지 동시적 음들의 협화음이나 모든 음이 이미 울려 퍼졌다면 우리가 그 음들을 동시에 울려 퍼지게 하는 경우 얻게〔듣게〕 될 불협화음이라는 혼란스러운 음을 얻게〔듣게〕 될 것이다. 이러한 독특한 변양이 일어난다는 사실, 발생된 자극이 사라진 이후에도 각각의 음향감각은 시간적으로 규정되어 마련된 유사한 표상을 그 자체에서 일깨운다는 사실 그리고 이 시간의 규정성은 끊임없이 변화한다는 사실로 비로소 멜로디의 표상이 생성될 수 있으며, 이러한 멜로디 속에 개별적 음들은 자신의 일정한 장소(Platz)와 일정한 시간의 양(Zeitmaße)을 지닌다.

따라서 일련의 지속적 표상은 자연적으로 주어진 각각의 표상에 연결되며, 이것에서부터 각각의 표상은 앞서 지나간 표상의 내용을 재생산하는데, 이것이 과거의 계기(Moment)가 항상 새로운 표상에 부착되어 있다는 점에서 그러하다는 사실은 일반적 법칙이다.

그러므로 여기에서 상상(Phantasie)이 독특한 방식으로 생산적인 것이라는 점이 입증된다. 상상이 표상들의 참으로 새로운 계기, 즉 시간의 계기를 창출하는 유일한 경우가 여기에서 제시된다. 그래서 우리는 상상의 영역에서 시간의 표상의 근원을 발견한다.

브렌타노 이전의 심리학자들은 이러한 시간의 표상의 본래 원천을 발견하고자 노력했으나 실패하고 말았다. 이 실패의 원인은 물론 주관적 시간과 객관적 시간을 명백히 혼동한 데 있으며, 이러한 혼동은 심리학적 탐구자들을 현혹시켰고, 그래서 심리학적 탐구자들은 여기에 가로놓인 본래의 문제를 전혀 파악하지 못했다.

많은 사람이 시간 개념의 근원에 관한 물음에 답변하는 것이 우리가 지닌 색깔이나 음 같은 개념의 근원에 관한 물음에 답변하는 것과 조금도 다르지 않다고 생각한다. 즉 우리는 어떤 색깔을 감각하는 것처럼 그 색깔이 지속하는 것도 감각하며, 질이나 강도뿐 아니라 시간적 지속도 감각의 내재적 계기라고 생각한다. 그들은 외적 자극이 물리적 과정의 형식을 통해 질이, 이러한 물리적 과정의 생생한 힘을 통해 강도 그리고 그 외적 자극이 존속함으로써 주관적으로 감각된 지속함이 일어난다고 생각한다.

그러나 이러한 생각은 누구라도 쉽게 알 수 있는 오류다. 자극이 지속한다는 사실은 감각이 지속하는 것으로 감각된다는 것을 말하는 것이 여전히 아니며, 단지 감각도 지속한다는 것만 말하고 있을 뿐이다. 즉 감각(Empfindung)이 지속하는 것과 지속하는(Dauer) 감각은 서로 다른 두 가지다. 그리고 계기하는 것(Sukession)의 경우도 사정은 마찬가지다. 감각이 계기하는 것과 계기하는 감각은 동일한 것(dasselbe)이 아니다.

당연히 우리는 지속하거나 계기하는 표상을 심리적 작용도 지속하거나 계기한다는 사실로 환원하려는 사람에게도 이와 똑같은 반론을 제기하지 않을 수 없다. 특히 감각에 대해 철저히 반박해보자.

그런데 우리의 표상은 그 자체 속에 시간적 규정성을 전혀 지니지 않기 때문에, 어쨌든 이것을 조금도 깨닫지 못하고 우리의 감각은 지속한다거나 잇따라 일어난다고 생각할 수도 있다. 예를 들어 계기하는 경우를 고찰할 때 감각은 이것을 일으키는 자극과 더불어 사라진다고 가정하면, 이 경우 시간적으로 경과하는 것은 꿈에도 생각하지 못하면서도 감각이 계기하는 것을 소유할 수도 있다. 왜냐하면 새로운 감각이 출현함으로써 실로 이전의 감각이 존재했다는 것을 더 이상 기억하지 않을 수 있으며, 각 순간에 곧바로 산출된 감각에 관한 의식만 지니고 그 밖의 것은 전혀 의식할 수 없을지도 모르기 때문이다. 그러나 이미 산출된 감각이 존속하는 것도 여전히 계기하는 것의 표상을 얻도록 우리를 도와줄 수는 없을 것이다. 음들이 계기하는 경우에도 이전의 음이 그것이 존재했던 것과 같이, 동시에 점차로 새로운 음들이 울려 퍼지는 동안에도 계속 유지되면, 이 경우 우리는 음들의 동시적 총합을 얻겠지만, 이것은 우리의 표상 속에 있는 음들이 계기하는 것은 아니다. 따라서 이러한 음이 모두 동시에 울려 퍼지는 경우와 비교해도 사정은 전혀 다르지 않을 것이다.

다른 예를 들어보자. 즉 운동의 경우 움직여진 물체가 그때그때 그것의 위치에서 조금도 변함없이 의식 속에 견지되면, 그 물체가 통과하는 공간은 연속적으로 충만된 것으로 나타나지만, 우리는 운동의 표상을 지닐 수는 없을 것이다.

계기하는 것의 표상은 이전의 감각이 변화되지 않은 채 의식 속에 머무는 것이 아니라, 독특한 방식으로 변양되고 게다가 순간마다 끊임없이 변양된다는 사실을 통해 비로소 성립된다. 감각은 상상으로 이행되는 경우 항상 변화되는 시간적 성격을 유지하고, 그러한 내용도 순간마다 점차 뒤로 밀려 후퇴한 것으로 나타난다. 그러나 이렇게 변양되는 것은 더 이상 감각의 일은 아니며, 그것은 자극을 통해 일어나는 것이 아니다. 자극은 현재의 감각내용을 산출한다. 자극이 사라져버리면, 감각도 사라져버린다. 그러나 감각은 실로 그 자체로 창조적이 된다. 즉 감각은 내용적으로 같거나 거의 같은 상상의 표상과 시간적 성격으로 풍부하게 될 상상의 표상을 스스로 산출한다. 그리고 이러한 표상이 다시 항상 그것에 부착된 새로운 표상을 점차 일깨운다.

이와 같이 시간적으로 변양된 표상이 주어진 표상에 끊임없이 결합하는 것을 브렌타노는 '근원적 연상'(ursprüngliche Assoziation)이라고 부른다. 브렌타노는 이러한 자신의 이론을 일관되게 이끌어감으로써 계속되거나 변화되는 것의 지각을 부정하기에 이르렀다. 우리는 하나의 멜로디를 듣고 있다고, 따라서 곧바로 지나가버린 음도 여전히 듣고 있다고 믿는다. 그러나 이것은 생생한 근원적 연상[활동]으로 일어난 가상(Schein)일 뿐이다.

4 미래를 획득하는 것과 무한한 시간

근원적 연상으로 성립되는 시간 직관(Zeitanschauung)은 여전히 무한한 시간에 대한 직관이 아니다. 시간 직관은 더욱 발전된 형태를 겪으며, 게다가 이것은 과거에만 국한된 것이 아니다. 시간 직관은 미래를 첨가함으로써 전혀 새로운 부분을 얻는다.

순간적 기억이 나타남을 근거로 상상은 하나의 과정 속에 미래의 표상을 얻는다. 그 과정은 우리가 이미 알려진 관계와 형식을 추구함으로써 사정에 따라서 어떤 새로운 종류의 색깔이나 음의 표상에 도달하는 과정과 유사하다. 상상을 통해 우리는 특정한 음조(Tonart), 즉 매우 특정한 음의 종(Ton-spezies)에 기초해 들었던 어떤 멜로디를 다른 음역으로 옮길 수 있다. 이 경우 이미 알려진 음에서 출발해 우리가 전혀 들어보지 못했던 음에 이른다는 것은 충분히 있을 수 있는 일이다.

이와 유사하게 상상은 미래의 표상을 과거에서, 즉 기대 속에 형성한다. 상상은 새로운 아무것도 제공할 수 없다든지, 상상은 이미 지각 속에 주어진 그 계기들을 반복함으로써 스스로를 이끌어낸다든지 하는 견해는 곧 잘못이다.

마지막으로 완전한 시간 표상, 즉 무한한 시간 표상에 관해 말하면, 이것은 무한한 수의 계열이나 무한한 공간 등과 전적으로 마찬가지로 개념적 표상작용의 형성물이다.

5 시간 성격에 따른 표상들의 변화

브렌타노에 따르면, 시간 표상 안에서 특히 중요한 특징에 주목해야만 한다. 즉 과거와 미래의 '시간의 종(種)'(Zeitspezies)은 그 밖의 다른 양상이 이것에 첨부되는 것처럼 그것이 결합된 감각적 표상의 요소를 결정짓는 것(determinieren)이 아니라, 변경하는 것(alterieren)이 특징이다. 큰 소리의 c음도 여전히 c음이며, 작은 소리의 c음도 마찬가지다.

이에 반해 이미 존재했던 c음은 〔이제〕 어떠한 c음도 아니며, 이미 존재했던 빨간색은 이미 〔그〕 빨간색이 아니다. 시간적 규정은 결정하는 것이 아니고 본질적으로는 변경하는 것이며, 이것은 표상된, 희구된 등의 규정과 전적으로 유사하다. 표상된 1탈라(Taler), 즉 가능적 1탈라는 결코 〔실제적〕 탈라가 아니다.[3]

그러나 '지금'이라는 규정만은 예외가 있다. 지금 존재하는 A는 확실히 실제적 A이다. 현재는 변경하지도 않지만, 다른 한편 결정하지도 않는다. 만약 내가 '인간'이라는 표상에 '지금'이라는 것을 첨가하면, '인간'이라는 것은 이러한 사실을 통해 새로운 어떠한 징표도 획득하지 않으며, 또는 '인간'이라는 것에서 어떠한 징표를 표시하지 않는다. 지각의 경우 지각이 어떤 것을 '지금의 것'(Jetziges)으로 표상한다는 사실 때문에 질, 강도 그리고 장소적 규정성에 아무것도 부가되지 않는다. 브렌타노에 따르면, 변양시키는 시간의 술어는 비실재적(irreal) 술어이며, '지금'이라는 규정만 실재적(real)이다.

이 경우 주목할 만한 점은 비실재적인 시간의 규정이 유일하게 참된 실재적 규정성〔'지금'〕—비실재적인 규정성은 무한히 작은 차이 때문에 이것에 결합된다—과 더불어 하나의 연속적 계열에 속할 수 있다는 것이다. 그런데 이 실재적 '지금'은 몇 번이고 반복적으로 비실재적인 것이 된다. 만약 누군가 '변양시키는 시간의 규정을 부가함으로써 실재적인 것이 어떻게 비실재적인 것으로 될 수 있는가' 하고 물으면, 그 답변은 다음과 같을 수밖에 없다. 즉 현재에 일어나는 모든 생성과 소멸에는 모든 종류의 시간적 규정이 어떠한 방식으로든 필연적 귀결로 결합되어 있다. 왜냐하면 완전히 명증하고 자

---

3) '탈라'는 독일의 은화 단위로, 칸트가 가능성 중에 실제성이 있다는 라이프니츠의 견해를 반박하고, 신의 현존에 대한 존재론적 증명이 불가능함을 입증하기 위해 든 잘 알려진 예(『순수이성비판』, B 627 참조할 것)이기 때문에 후설이 인용한 것으로 생각된다.

명하듯이, 존재하는 것 또는 존재하게 될 모든 것은 존재하는 것 또는 이미 존재했던 것의 귀결이며 그리고 미래에 이미 존재했던 것 (zukünftig Gewesenes)은 존재하는 것의 귀결이기 때문이다.

6 비판

이제 위에서 서술한 이론의 비판으로 넘어가보면, 우선 '이 이론이 무엇을 수행하며, 무엇을 수행하고자 하는지'를 묻지 않을 수 없다. 명백히 이 이론은 우리가 시간의식의 현상학적 분석에 필연적이라고 인식했던 토대 위에서 전개되고 있지는 않다. 요컨대 그 이론은 초월적 전제, 즉 자극을 불러일으키고 우리 속에 감각을 생기게 하는 등 실제로 존재하는 시간의 객체들을 갖고 작업한다. 그러므로 그 이론은 시간 표상의 심리학적 근원에 관한 이론으로 나타난다.

그러나 동시에 그 이론은 그 자체로 시간적인 것으로 나타나며 또 당연히 그러한 것으로 나타날 수 있는 객관적 시간성에 관한 의식의 가능조건을 인식론적으로 고찰하는 부분을 포함한다. 더구나 심리학적 술어와 현상학적 술어에 관계하는 것이 틀림없는 시간의 술어들의 특징이 논의되지만, 이 관계는 더 이상 추구되지 않는다.

브렌타노는 근원적 연상의 법칙을 논의하는데, 이것에 따르면 그때그때의 지각에는 순간적 기억의 표상들이 결합된다. 이 법칙은 주어진 심리적 체험의 기초 위에 심리적 체험을 새롭게 형성하는 심리학적 법칙을 명백히 밝힌다. 이러한 체험은 심리적 체험이며, 이것은 객관화되고 그 자체로 자신의 시간을 지닌다. 그리고 여기에서 그것들이 생성되거나 산출되는 것이 논의된다.

그러나 이러한 사실은 심리학의 영역에 속하는 것이며, 여기에서 우리의 관심사는 아니다. 그렇지만 이러한 고찰 속에 현상학적 핵심이 박혀 있으며, 다음의 상론은 전적으로 이것에 의거할 것이다. 여기에서 지속하는 것·계기하는 것·변화하는 것이 나타난다. 이러한 나타남(Erscheinen) 속에 무엇이 놓여 있는가? 예를 들어 계기하는 것 속에 **지금**이 나타나고, 이것과의 통일 속에 **과거**가 나타난다. 이처럼 현재의 것(Gegenwärtiges)과 과거의 것(Vergangenes)을 지향적으로 포괄하는 의식의 통일(Einheit)이 현상학적 자료다.

이제 브렌타노가 주장하듯이, '지나가버린〔과거의〕 것이 상상의 방식으로 이러한 의식 속에 실제로 나타나는지' 하는 물음이 제기된다.

또한 브렌타노는 미래를 획득하는 것에 관해 논의하면서 원본적(originär) 시간의 직관과 확장된(erweitert) 시간의 직관을 구별한다. 그에 따르면 원본적 시간의 직관은 근원적 연상의 산물이며, 확장된 시간의 직관도 상상(Phantasie)[4]에서 발생하는데, 근원적 연상에서 발생하지는 않는다.

다음과 같이 말할 수도 있다. 즉 시간 직관에는 비본래의 시간 표상에 대립해 무한한 시간 표상, 요컨대 직관적으로는 실현되지 않는 시간과 시간 관계들의 표상이 있다.

그런데 브렌타노가 여기에서 분명히 드러나게 된 시간의 지각과 시간의 상상의 차이—그가 이 차이를 간과할 수 없었을 텐데도—를 자신의 시간 직관의 이론 속에 전혀 고려하지 않은 것은 매우 기묘한 일이다. 그가 시간적인 것(과거와 미래 사이의 관계로서 '지금'이라는 시점은 예외로 하더라도)의 지각에 관한 논의를 비록 거부하더라도, 그 차이는 계기하는 것의 지각작용이나 그 언젠가 지각된 계기하는

---

4) 여기에서 '상상'이라는 말은 항상 현전화하는(vergegenwärtigend) 모든 작용을 포함하며, 정립하는(setzend) 작용들의 대립이라는 의미로 사용되고 있지는 않다.—후설의 주.

것이 기억되는 것(또는 이와 같은 단순한 상상)의 지각에 관한 논의의 기초가 된다는 점에서 어쨌든 부정될 수 없으며, 어떤 방식으로든 해명되어야만 한다.

만약 원본적 시간 직관이 정말 상상의 산물이면, 도대체 무엇이 시간적인 것에 관한 상상을 [과거의 시간적인 것을 의식하는] 상상과 구별하는가? 이 상상을 통해 과거의 시간적인 것이 의식되며, 따라서 이러한 것은 근원적 연상의 영역에 속하지 않고, 즉 순간적 지각과 더불어 하나의 의식 속에 밀집되지 않고, 과거의 지각과 함께 언젠가 그 의식 속에 밀집된다. 어제 체험된 계기하는 것을 현전화 (Vergegenwärtigung)[5]하는 것은 어제 원본적으로 체험된 시간 장 (Zeitfeld)을 현전화하는 것을 뜻하는데, 이러한 시간 장이 실로 그 자신을 근원적으로 연상된 상상들의 한 연속체(Kontinuum)로 제시되면, 우리는 이제 상상들에 관한 상상을 문제 삼을 것이다.

여기에서 브렌타노는 자신의 이론으로 해결할 수 없었던 어려움에 직면하며, 이 어려움 때문에 그가 원본적 시간의식을 분석한 정당성이 의문시된다.[6]

브렌타노가 이러한 어려움을 해결할 수 없었던 것은 위에서 지적한 것뿐만 아니라 그 밖의 다른 결점에서도 기인한다. 브렌타노는 작용과 내용, 또는 작용과 파악내용 그리고 파악된 대상 사이를 구별하지 않는다. 그러나 우리는 '무엇을 근거로 시간의 계기(Zeitmoment)가 정립될 수 있는지'를 명백히 밝혀야 한다. 만약 근원적 연상이 끊임없이 잇따라 일어나는 표상들을 그때그때의 지각에 결합하고 이

---

5) 이것은, 기억이나 상상의 경우와 같이, 시간·공간적으로 지금 여기에 현존하지 않는 것을 의식에 현존하게 하는 작용으로, 직접적인 현재화 (Gegenwärtigung)에 대립된 작용이다.
6) 이에 상응하는 적극적 상론은 제19항 이하를 참조할 것.—후설의 주.

러한 사실로 시간의 계기가 산출되면, '그것은 어떤 종류의 계기인지' 묻지 않을 수 없다. 시간의 계기는 본질적으로 이것에 고유한 차이인 작용의 성격에 속하는 것인가, 또는 예를 들어 색깔, 음을 그 시간적 존재 속에 고찰하는 경우의 파악 내용, 즉 가령 감각적 내용에 속하는 것인가?

표상작용 그 자체는 어떠한 차별화도 허용하지 않는다는, 또한 표상들 그 자체 사이에는 그 1차적 내용은 도외시하더라도 어떠한 구별도 존재하지 않는다는 브렌타노의 학설에 따르면, 지각의 1차적 내용에는 연속적으로 상상의 산물들(Phantasmen)이 그리고 다시—가령 강도나 충실도만 감소될 뿐이며 질적으로는 유사한 내용의—상상의 산물들이 결합한다는 사실만 남는다. 그리고 이와 병행해 상상이 시간적 계기라는 새로운 계기가 부가된다.

우리가 상세하게 논의한 것은 여러 가지 관점에서 충분치 않다. 우리는 시간 성격, 계기하는 것과 지속하는 것을 단지 1차적 내용에서만 발견하는 것이 아니라, 파악된 객체와 파악하는 작용에서도 발견한다. 하나의 층에 한정된 시간분석은 충분치 않고, 그것은 구성(Konstitution)의 모든 층을 추구해야만 한다.

그러나 초월하는 모든 해석을 도외시하고, 내재적 내용에 대해 시간적 변양이 질이나 강도 등과 그 밖의 [시간 이외에] 다른 총체적 내용과 관련된 계기—이것을 '시간의 계기'라고 부른다—를 첨가함으로써 이해될 것이라는 견해를 관철해보자.

체험된 음 A는 (어쨌든 그 강도가 약해질 때까지) 전혀 사라져버린 것이 아니라, 현재에 남아 있다. 이러한 구별 전체는 창조적인 연상을 가능케 한 것이며, '과거'라고 부르는 새로운 계기도 부가한다. 이러한 과거의 계기는 단계가 정해지고, 연속적으로 변화되며, 실로 이것에 따라 음 A도 다소간에 지나가버린다. 그러므로 과거가 원본적 시간 직관 속으로 흘러들어가는 한, 과거는 동시에 현재인 것이 틀림 없을 것이다. '과거'라는 시간의 계기는 우리가 현실적으로 체험하는 빨간색의 계기와 같은 의미로 현재의 체험의 계기가 틀림없을 것이다. 하지만 이러한 사실은 명백히 이치에 어긋난 것이다.

아마 사람들은 음 A는 지나가버렸더라도 '과거'라는 성격을 지닌 새로운 내용의 음 A가 근원적 연상을 통해 의식 속에 있다고 반론을 펼지도 모른다. 그렇지만 새로운 계기를 지녔더라도 유사한 내용의 음 A가 계속 의식 속에 존재하면, 이 경우 음 A는 실로 지나가버린 것이 아니라, 지속하는 것이다. 따라서 그것은 지금도 현전하고 계속 현전하며, '과거'라는 새로운 계기를 포함해 지나가버린 것과 현전하는 것을 통일적으로 지닌다.

그러나 음 A가 이 현전하는 음 A의 현존 이전에도 존재했다는 사실을 도대체 어디에서 찾을 수 있는가? 우리가 과거의 계기라고도 부를 수 있는 어떤 새로운 계기와 결합해 의식 속에 음 A가 '현재 있다는 것'(Gegenwärtigsein)으로 '음 A가 지나가버렸다'는 초월하는 의식(transzendierendes Bewußtsein)을 설명할 수 없다. 〔의식 속에 음 A가 현재 있다는〕 그것은 '내가 음 A로서 그것의 새로운 성격과 더불어 지금 의식 속에 지닌 것이 의식 속에 지금 없는 것, 또는 의식 속에 언젠가 존재했던 것과 동일하다'는 표상을 전혀 부여할 수 없다.

지금 체험된 근원적 연상의 계기(契機)란 도대체 무엇인가? 그것은 그 자체로 시간인가?

만약 그렇다면 우리는 다음과 같은 모순에 빠지게 된다. 즉 이 모든 계기는 지금 여기에 존재하고 동일한 대상에 대한 의식 속에 포함되며, 따라서 동시적인 것이다. 그렇지만 시간이 잇따라 일어나는 것(Nacheinander)은 〔그것들의〕 동시성(Zugleich)을 배제한다. 그렇다면 가령 이것들은 시간적 계기 자체가 아니라, 시간의 표시인가? 그러나 이러한 설명으로 우리는 기껏해야 하나의 새로운 단어만 획득할 뿐이지, 여전히 시간의식을 분석하지는 못했다. 더구나 '과거에 관한 의식이 그와 같은 표시에 근거해 어떻게 구성되는지' '어떠한 의미로, 어떠한 방식으로, 어떠한 파악을 통해 이 체험된 계기가 질의 계기와 다르게 기능하는지' 그리고 '이렇게 기능해서 '지금'이어야 할 의식과 '지금이 아닌 것'(Nicht-Jetzt)의 관계가 곧바로 성립되는지'가 여전히 해명되지 않았다.

과거의 것을 비내실적인 것, 비실존적인 것으로 설정하려는 시도도 매우 의심스러운 것이다. 어쨌든 심리적 계기를 첨가한다는 것이 비실재성(Irrealität)을 만들 수 있는 것도 아니며, 현존하는 실존(Existenz)을 제거할 수 있는 것도 아니다. 사실상 근원적 연상의 영역 전체는 현존하는 체험이며, 내실적(reell)[7] 체험이다. 이러한 영역에는 근원적 연상에 따라 산출된 원본적 시간의 계기들에 전체 계열이 시간적 대상에 속한 그 밖의 다른 계기들을 포함해 속해 있는 것이다.

그러므로 시간적으로 국한된 대상적인 것을 구성하는 내용의 계기들을 어떻게든 결합하거나 융합하는, 연속적으로 단계가 정해진 새로운 계기를 통해 직관적 시간 간격(Zeitstrecke)을 단순히 이해하려는 시간의식의 분석은 전혀 소용없다는 사실을 우리는 파악한다. 요컨대 시간의 형식은 그 자체로 시간의 내용도 아니며, 어떠한 방식으로 시간의 내용에 결합된 새로운 내용들의 복합도 아니다. 비록 브렌타노도 감각주의(Sensualismus)의 방식으로 모든 체험을 단순히 1차적 내용으로 환원시키는 오류에 빠져들지는 않았더라도, 그리고 브

---

7) '내실적'은 감각적 질료와 의식(자아)과의 관계, 즉 의식작용에 본질적으로 내재하는 것으로, 의식과 실재 대상 사이의 '지향적'(intentional) 관계에 대립되는 뜻으로 사용된다.

렌타노야말로 1차적 내용과 작용의 성격을 근본적으로 구별할 것을 인정한 최초의 사람이더라도, 어쨌든 그의 시간이론은 그가 자신의 시간이론에서 결정적으로 중요한 작용의 성격을 곧바로 고려하지 않았다는 사실을 나타낸다. '시간의식이 어떻게 가능한지 그리고 어떻게 이해될 수 있는지' 하는 물음은 〔그에게서〕 여전히 미해결인 채 남아 있다.

제2장 시간의식의 분석

7 시간의 객체에 관한 파악을 순간적 파악으로 해석하는 것과 지속적 작용으로 해석하는 것

브렌타노의 학설은 헤르바르트(J. Herbart)[1]에서 유래해 로체(R.H. Lotze)[2]로 계승되었으며, 이후의 시대 전체에 걸쳐 커다란 역할을 한 사상이 추진되는 동기로 작용했다. 그 사상은 표상들(예를 들어, a

---

1) 헤르바르트(1776~1841)는 칸트의 뒤를 이어 쾨니히스베르크대학교에서 교수로 활동하면서 철학이 경험에서 발생한 개념들을 명석, 판명하게 다듬는 방법이라고 파악하고, 이 논리학을 형이상학 · 심리학 · 윤리학 등에 적용했다. 페스탈로치의 실천적 교육사상을 이론적으로 발전시키기도 했다. 저서로는 『일반 교육학』(1806), 『일반적 실천철학』(1808), 『과학으로서의 심리학』(1824~25), 『일반 형이상학』(1828~29) 등이 있다.

2) 로체(1817~81)는 라이프치히대학교에서 의학 · 생리학 · 물리학 · 철학을 공부하고 괴팅겐대학교와 베를린대학교에서 교수로 활동했다. 그는 사변적 형이상학 체계가 쇠퇴하고 실증적 자연주의, 감각적 유물론, 비합리주의가 지배하던 당시에 관념론과 기계적 자연관의 결합을 시도했다. 철학은 존재뿐만 아니라 진리와 가치도 포함해야 한다는 타당성 이론과 가치론은 신칸트학파(특히 바덴학파)의 선구가 되었다. 저서로는 『형이상학』(1841), 『논리학』(1843), 『소우주: 자연역사의 이 이념과 인간의 역사』(1856~58) 등이 있다.

와 b)이 잇따라 일어나는 것을 파악하기 위해서는 이것들을 유일하고도 불가분한 하나의 작용 속에 완전히 불가분하게 총괄하는 '관계 짓는 앎'(beziehendes Wissen)이 전적으로 동시적 객체여야 한다는 점을 요구하는 것이다. 〔이 사상에는〕 진로·이행·거리의 표상들 모두, 요컨대 여러 가지 요소들을 비교하는 것을 포함하고 이것들의 관계를 표현하는 표상들 모두는 시간이 포함되지 않는 총괄하는 앎(zeitlos zusammenfassendes Wissen)의 산물로서만 생각할 수 있다. 만약 표상작용 자체가 전적으로 시간적으로 계기하는 것 속으로 사라져버리면, 이러한 표상들은 모두 불가능할 것이다.[3]

이러한 파악에는 시간 간격(Zeitstrecke)에 대한 직관이 '지금' 속에, 즉 하나의 시점에서 일어난다는 것이 명증적이며 전혀 피할 수 없는 가정으로 나타난다. 그 어떤 전체에, 즉 구별할 수 있는 그 어떤 다수의 순간에 관계하는 각각의 의식(따라서 각각의 관계 의식과 복합된 의식)이 나눌 수 없는 어떤 시점에서 그 대상을 포괄하는 것은 일반적으로 자명하다. 어쨌든 의식이 전체—그 부분들은 계기하는 것이다—를 향하는 경우, 이 부분들이 재현된 것(Repräsentaten)의 형식으로 순간의 직관(Momentanschauung)이 통일된 데로 결집될 때만 의식은 이 전체를 직관하는 의식이 될 수 있다.

슈테른(W. Stern)[4]은 (그가 명명했듯이) 이러한 "의식 전체의 순간

---

3) R.H. Lotze, *Metaphysik. Drei Bücher der Ontologie, Kosmologie und Psychologie*, Leipzig, 1879, pp.294~295.—뵘의 주.

4) 슈테른(1871~1938)은 브레슬라우와 함부르크대학교에서 철학과 심리학을 가르쳤으며, 나치정권에 추방당한 후 미국의 듀크대학교에서 활동했다. 그는 심리현상을 감각요소들로 분석해 설명하는 실험심리학에 반대하고, 현상학적 방법과 게슈탈트심리학을 심리학의 다양한 분야에 응용했다. 또한 정신은 총체적 목표를 추구하며 방사(放射)적 가치를 지닌 인격이라고 파악한 비판적 인격주의를 주장했다. 저서로는 『언표 심리학』(1903~1906), 『차이 심리학』

성에 관한 도그마"에 대해 반론을 제기했다.[5]

〔그에 따르면〕 시간적으로 연장(延長)된 의식의 내용에 기초해 비로소 파악이 성립되는데, 시간의 간격(이른바 현존의 시간) 때문에 파악이 연장되는 경우도 있을 수 있다. 예를 들어 비연속적으로 계기하는 것이 그 분절들의 비동시성을 방해하지 않고도 의식의 유대(Band), 즉 통일적으로 파악하는 작용으로 통합될 수 있다. 잇따라 일어나는 여러 음들이 하나의 멜로디를 산출하는 것은 심리적 과정들이 서로 잇따라 일어나는 것이 '즉시' 하나이자 전체의 형성물을 합치시킨다는 사실에 따라서만 가능하다. 이 음들은 의식 속에서는 잇따라 일어나지만, 동일한 하나의 전체 작용 안에 포함되는 것이다. 우리는 가령 음들을 동시에 듣는 것이 아니며, 최후의 음이 들릴 때 그 이전 음들이 계속 지속하고 있다는 사정 때문에 멜로디를 듣는 것도 아니다. 오히려 음들은 어떤 공통적 효과, 즉 파악하는 형식을 지닌 하나의 계기하는 통일체(sukzessive Einheit)를 형성한다.[6] 물론 이러한 통일체는 최후의 음이 비로소 완성한다.

이에 상응해 공존하는 통일체들의 지각과 마찬가지로 시간적으로 뒤를 잇는 통일체들의 지각도 존재한다. 그렇다면 동일성·동등성·유사성·차이를 직접 파악하는 것도 존재한다.

비교하는 것은 항상 최초 음을 기억하는 심상(Erinnerungsbild)이 두 번째 음과 병존함으로써 성립된다는 사실에 따라서만 가능하다

(1911), 『아동 심리학』(1914), 『심리학과 인격주의』(1917) 등이 있다.

5) W. Stern, "Psychisches Präsenzzeit," *Zeitschrift für Psychologie und Physiologie der Sinnesorgan*, vol.13, 1897, pp.325~349; *Psychologie der Veränderungsauffassung*, Breslau, 1898 비교.―뷤의 주.

6) W. Stern, 앞의 책, 1897, 327~329쪽.―뷤의 주.

는 인위적 가정은 필요하지 않다. 오히려 현존의 시간(Präsenzzeit) 안에 진행되는 의식의 내용 전체가 한결같이 그 결과로 얻어진 동등성을 파악하거나 차이를 파악하는 근본적 토대가 된다.[7]

이러한[8] 상론에서 그리고 이와 관련된 논의 전체에서 논쟁 중인 문제가 해명되지 않은 것은 우리가 앞에서 브렌타노의 경우를 보며 확인한 전적으로 필수적인 구별을 하지 않은 결점 때문이다.

우선 다음과 같은 것을 묻지 않을 수 없다. 일정한 기간에 걸쳐 지속하고 이 지속을 (변화되지 않는 사물처럼) 연속적 동등성으로 충족시키거나 (가령 사물의 과정·운동·변화 등과 같이) 끊임없이 변화하면서 충족시키는 초월적 시간의 객체에 관한 파악은 어떻게 이해될 수 있는가?

이러한 종류의 객체는 다양한 내재적 자료나 파악 속에 구성된다. 내재적 자료나 파악은 그 자체로 잇달아 일어나는 것(Nacheinander)으로 경과한다. 이와 같이 잇달아 일어나며 경과하면서 재현하는 자료들을 '지금'이라는 순간 속에 통일하는 것이 가능한가?

만약 그렇다면 다음과 같은 전혀 새로운 물음이 제기된다. 즉 내재적이거나 초월적인 시간의 객체들 이외에 시간 자체와 객체가 지속하거나 계기하는 것은 어떻게 구성되는가? 비록 이러한 물음들 모두가 서로 밀접하게 전체를 이루고 이것들이 서로 분리되면 그 어느 것도 해결될 수 없더라도, 분석할 때는 기술하는 서로 다른 방향(이것은 언젠가 상세하게 구별되어야 하지만, 여기서는 단지 간략하게 시사된다)에 매우 주의해야 한다.

---

7) 같은 책, 337쪽 이하.—뷤의 주.
8) 이 항의 이하는 1905년 강의수고 52쪽과 53쪽에 부분적으로 근거한다.—뷤의 주.

시간적 객체에 대한 지각 그 자체가 시간성(Zeitlichkeit)을 지닌다는 것, 지속하는 것 자체를 지각하는 것(Wahrnehmung)이 지각이 지속하는 것(Dauer)을 전제한다는 것 그리고 임의의 시간형태를 지각하는 것이 그 자체로 지각의 시간형태를 지닌다는 것은 실로 명증적이다. 그리고 초월적인 모든 것을 도외시하면, 지각에는 그것의 모든 현상학적 구성요소들(Konstituentien)에 따라 폐기할 수 없는 지각의 본질에 속하는 지각의 현상학적 시간성만이 남는다.

객관적 시간성은 그때그때 현상학적으로 구성되고 이러한 구성으로만 우리에게 객관성 또는 객관성의 계기(契機)로 나타나기 적합한 방식으로 존재하기 때문에, 현상학적 시간분석은 시간의 객체를 구성하는 것을 고려하지 않고는 시간의 구성을 해명할 수 없다. 특수한 의미에서의 시간의 객체로 우리는 시간 속의 통일체인 객체뿐만 아니라, 그 자체 속에 시간의 연장(延長)을 포함하는 객체도 이해한다. 만약 어떤 음이 울려 퍼지면, 객관화하는 나의 파악에 지속하며 점차 사라져버리는 음을 대상으로 삼을 수 있지만, 어쨌든 음이 지속하는 것이나 그것이 지속하는 가운데에서의 음을 대상으로 삼을 수는 없다. 그것이 지속하는 가운데에서의 음 자체가 하나의 시간의 객체다. 이러한 사실은 멜로디, 각각이 변화하는 것(Veränderung)과 항속하는 것(Verharren)[9] 자체를 고찰하는 경우에도 타당하다.

어떤 멜로디나 이 멜로디에 관련된 부분들을 예를 들어보자. 사태는 처음에는 매우 단순한 것처럼 보인다. 즉 우리는 그 멜로디를 듣

---

9) '항속'은 어떤 현상의 질이나 강도, 연장 등이 변하지 않고 지속하는 기체(Substrat)의 존재방식을 말하며, 이러한 성질들의 통일체인 시간객체 그 자체는 '항속하는 것'이다.

또한 실체의 항속성(Beharrlichkeit)에 관해서는 칸트의 『순수이성비판』, 「원칙의 분석론」, 제2장 제3항 '경험의 첫 번째 유추'(B 224 이하)를 참조할 것.

는다. 요컨대 그 멜로디를 지각한다. 왜냐하면 듣는 것은 실로 지각하는 것이기 때문이다. 최초의 음이 울려 퍼지는 가운데 두 번째 음, 그런 다음 세 번째 음 등이 들려온다. 하지만 두 번째 음이 울려 퍼질 때 나는 그 음을 듣고 있지만, 최초의 음은 더 이상 듣고 있지 않다 등으로 말해야만 하지 않은가? 따라서 나는 멜로디를 듣고 있는 것이 아니라, 현전하는 개별적 음을 듣고 있는 것이다. 사람들이 일상적으로 말하는 경향에서의 기억에 힘입어 나는 멜로디의 경과된 부분들이 나에게 대상적이 된다는 사실을 기억(Erinnerung)한다. 그리고 앞서 바라보면서 예상하는 것(Erwartung)에 힘입어, 내가 그때그때의 음을 듣는 경우, 이 모든 것이 존재한다고 전제하지 않는다.

그러나 우리는 이러한 해명에 만족할 수 없다. 왜냐하면 위에서 논의한 모든 것은 개별적 음에도 적용되기 때문이다. 각각의 음은 그 자체로 시간적 연장을 지니며, 이것이 울려 퍼지는 경우 나는 이것을 '지금'으로서 듣는다. 그러나 그 음이 계속 울려 퍼지는 경우 항상 새로운 '지금'을 획득하며, 그때그때마다 선행한 '지금'은 과거 속으로 변화되어간다. 따라서 나는 그때그때마다 그 음의 현실적 국면만 들을 뿐이며, 지속하는 음 전체의 객체성은 작용의 연속체(Aktkontinuum) 속에 구성된다. 이 작용의 연속체의 한 부분이 기억이며, 가장 작은 점 같은 부분이 지각이고, 그 이상의 [더 넓은] 부분이 예상이다. 이것은 브렌타노의 학설로 되돌아가는 것처럼 보인다. 그러므로 여기에서 더 깊은 분석에 착수해야 한다.

8 내재적 시간의 객체와 이것이 나타나는 방식들[10]

이제 모든 초월적 파악(Auffassung)과 정립(Setzung)을 배제하고 음을 순수하게 질료(hyle)의 자료로 다루자.

〔어떤〕음이 울려 퍼지기 시작했다가 중단하는 경우, 음이 지속하는 통일체(Dauereinheit) 전체, 즉 음이 울려 퍼지고 이것을 중단하는 과정 전체의 통일체는 그 음이 울려 퍼지는 것이 끝남에 따라 항상 더 먼 과거 속으로 밀려난다. 이렇게 뒤로 밀려나는 가운데 나는 그 음을 여전히 견지하고, 그 음을 **과거지향**(Retention)[11] 속에 지닌다. 그리고 과거지향이 존속하는 한, 그 음은 자신의 고유한 시간성을 지니며, 그 음은 동일한 것으로 울려 퍼지고, 이렇게 지속하는 것은 변함이 없다.

나는 그 음이 주어지는 방식(Weise)에 주목할 수 있다. 그 음과 그 음이 충족시키는 지속은 〔주어지는〕 방식들의 연속성 속에, **끊임없는 흐름**(Fluß) 속에 의식된다. 그리고 이 흐름의 그 어느 한 국면인 어떤 시점은 '울려퍼지기 시작한 음에 관한 의식'이라고 불리며, 이 속에서 그 음이 지속하는 최초의 시점은 '지금'이라는 방식으로 의식된다. 그 음은 주어져 있고, 즉 '지금'으로 의식된다. 그러나 그 음은 그 음의 국면들 가운데 어느 하나가 '지금'으로 의식되는 한에서 '지금'으로 의식된다.

하지만 (음이-지속하는 것의 어떤 시점에 상응하는) 그 어떤 시간의 국면이 (출발하는 국면은 제외하고) 현실적 '지금'이면, 국면들의 연

---

10) 제8항부터 제10항까지는 후설이 1911년 11월 10일부터 13일까지 작성한 자료 「내적 의식의 지향성」에 근거한다.—뷤의 주.

11) 이 용어는 라틴어 'retentare'(굳건히 유지하여 보존하다)에서 유래한다. 따라서 의식에 나타난 것이 사라져버리는 것을 생생하게 유지하는 의식의 능동적 작용을 뜻한다.

속성(Kontinuität)은 이전의 것(vorhin)으로 의식된다. 그리고 출발점에서 '지금'의 시점에 이르기까지 시간이 지속하는 간격 전체는 경과된 지속으로 의식되지만, 지속하는 것의 그 밖의 간격은 여전히 의식되지 않는다. 최후의 시점에서 이 시점 자체는 '지금'의 시점으로 의식되고, 지속하는 것 전체는 경과된 것으로 의식된다(최후의 시점은 그래서 더 이상 음의-간격이 아닌 시간의 새로운 간격에 출발점이다).

이러한 의식의 흐름 전체 가운데 동일한 하나의 음은 지속하는 음으로, 즉 지금 지속하는 음으로 의식된다. (가령 그 음이 예상되지 않았던 음일 경우) 그 음은 이전(Vorher)에는 의식되지 않는다. 이후(Nachher)에 그 음은 잠시 동안 과거지향 속에 이미 존재했던 것으로 여전히(noch) 의식되고, 견지될 수 있고, 고정시키는 시선 속에 있거나 머물러 남아 있을 수 있다. 이 경우 음이 지속하는 간격 전체나 그것의 확장으로서의 그 음은 이른바 죽은 것으로서, 즉 더 이상 자신을 생생하게 산출하지 않는 것으로 현존하며, '지금'을 산출하는 시점으로는 활성화되지 않은 형성물로 현존한다. 그러나 이 형성물은 끊임없이 변양되고, 공허함(Leere) 속으로 가라앉아버린다.[12) 따라서 간격 전체가 변양되는 것은 지속하는 것의 경과된 부분이 현실성(Aktualitäts)의 시기 동안 의식이 항상 새로운 산출로 이행하는 가운데 겪는 변양과 유사하고, 또한 본질적으로 동일하다.

우리가 여기에서 기술한[13) 것은 '내재적-시간적 객체가 하나의

---

12) 그러나 이것은 아무런 흔적도 없이 사라지는 것이 아니라, 과거지향적 변양을 통해 지속하는 것을 남긴 채 무의식 속으로 흘러들어가 침전된다. 후설은 이것을 "공허한 지평"(Leerhorizont)(『경험과 판단』, 35쪽), "꿈이 없는 잠"(『위기』, 192쪽), "침전된 지향성, 무의식의 지향성"(같은 책, 118쪽, 240쪽)이라고도 부른다.
13) 현상학의 특징은 '설명'하는 것이 아니라, '기술'하는 것이다. 그 기술은 경험 속에 포함된 본질들의 직관적 파악을 목표로 한다. 이에 대해 후설은 "기술적

끊임없는 흐름 속에 어떻게 나타나고, 그것이 어떻게 주어지는가' 하는 방식이다. 이러한 방식을 기술하는 것이 나타나는 시간이 지속하는 것 그 자체를 기술하는 것을 뜻하지는 않는다. 그것은 그 음에 속한 지속하는 것과 더불어 기술되지는 않았지만, 이 기술하는 것 속에 전제된 그 음이기 때문이다.

동일하게 지속하는 것은 현실적으로 구축되는 지금에 대해 지속하는 것이며, 그런 다음 경과된 과거에 대해 지속하는 것이고, 여전히 의식되거나 회상 속에 마치 새로운 것처럼 산출된 지속하는 것이다. 지금 울려 퍼지는 동일한 그 음은 그 이후의 의식 흐름 속에 '그 음은 이미 존재했었다, 또는 그 음이 지속하는 것은 경과되었다'라고 말하는 음이다. 시간이 지속하는 시점은, 나 자신이 대상에서 멀어져가는 경우, 공간 속에 정지하는 대상의 시점들이 나의 의식에 대해 멀리 떨어져나가는 것과 유사하게 나의 의식에 멀리 떨어져나가는 것이다.[14]

하지만 대상은 그 자신의 장소를 유지하며, 마찬가지로 음은 그 자신의 시간을 유지한다. 모든 시간의 시점은 변화되지 않지만, 멀리 떨어진 의식 속으로 사라져버리고, 산출하는 '지금'과의 거리는 점차 벌어진다. 그 음 자체는 동일한 것이지만, 그 음은 그것이 나타나는 방식에서(in der Weise Wie) 항상 다른 것이다.

개념들은…… 단순한 직관 속에서 발견된 본질들을 직접 표현하는 개념"(『이념들』 제1권, 138쪽)이라고 한다.

14) 원근법 또는 음영의 이러한 현상은 사물이 그 전체성에서가 아니라, 한 측면을 통해 나타나고 체험되는 방식을 뜻하는 것으로서 의식작용의 고유한 방식을 가리킨다. 이에 반해 심리적 의식체험은 음영으로 나타나는 연속으로서가 아니라, 그들이 존재하는 그대로, 즉 달리 있을 수 없는 그 자체를 필증적으로 드러내 밝혀준다.

9 내재적 객체가 나타나는 것에 관한 의식

더 자세히 검토해보면, 여기에서 서로 다른 방향의 기술을 여전히 구별할 수 있다.

1. 내재적 객체 그 자체에 대해 다음과 같이 명증적으로 진술할 수 있다. 즉 "내재적 객체는 지금 지속한다" "그 지속하는 것의 어떤 부분은 흘러가버렸다" "'지금' 속에 파악된 그 음이 지속하는 시점(물론 그 음의 내용도 포함해)은 끊임없이 과거 속으로 가라앉고 지속하는 것의 언제나 새로운 시점이 '지금' 속에 나타나거나 지금 존재한다" "경과된 지속하는 것은 항상 그 어떤 방식으로 충족된 현실적 '지금'의 시점에서 멀리 떨어져 있고 항상 더 먼 과거 속으로 후퇴한다" 등.

2. 그러나 내재적 음이나 이것이 지속하는 내용이 나타나는 이러한 모든 차이가 의식되는 방식에 대해서도 논의할 수 있다. 우리는 현실적 '지금'에 도달하는 음이 지속하는 것에 대해 지각을 논의하는데, 지속하는 음은 지각되며, 지속하는 음이 그때그때 연장됨으로써 '지금'으로 특징지어진 지속하는 것의 시점이 완전히 본래적으로 지각된다고 말한다. 그리고 이미 경과된 구간에 관해서는 이것이 과거지향 속에 의식되며, 더구나 날카롭게 구분되지 않은 지속하는 부분 또는 현실적 '지금'의 시점에 가장 가까이 놓여 있는 지속하는 국면은 그 명석함이 점차 떨어지면서 의식되고, 이보다 훨씬 먼, 더 배후에 놓여 있는 과거의 국면은 아주 명석하지 않게, 즉 공허하게 의식된다고 말한다. 그리고 지속하는 것 전체가 경과된 이후에도 이와 마찬가지이며, 현실적 '지금'에서 더 멀리 떨어지면 떨어질수록 이 '지금'에 여전히 가장 가까이 놓여 있는 것은 경우에 따라 약간의 명석함을 지니지만, 그 전체는 어둠, 즉 공허한 과거지향적 의식 속으로 사라져버리고, 결국에는 과거지향이 중단되자마자 곧 (만약 이렇게 주장

해도 좋다면) 전적으로 사라져버린다.[15)]

이 경우 우리는 명석한 영역 속에 더 큰 (게다가 이 영역이 현실적 '지금'에 더 가까이 놓여 있을수록 더욱 큰) 판명함과 판별됨을 발견한다. 그러나 '지금'에서 더 멀리 떨어질수록 흘러가버리는[애매해지는] 성격과 서로 접근하는 성격이 그만큼 더 알려진다. 분절된 [사건] 과정의 통일성을 깊이 반성해보면, 과거 속으로 뒤로 가라앉는 경우 각 부분으로 분절된 [사건] 과정의 부분이 수렴되는 것을 고찰할 수 있다. 이것은 공간적 원근법(Perspektive)과 유사한 것으로서 (원본적인 시간적 나타남 안에서의) 일종의 시간적 원근법이다. 시간적 객체가 과거 속으로 후퇴함으로써 그 객체는 수렴되고, 그와 동시에 불명료하게 된다.

이제 여기에서 시간을 구성하는 의식의 현상으로서 그것의 시간적 규정성과 더불어 시간적 대상을 구성하는 의식을 발견할 수 있고 기술할 수 있는 것을 더 상세하게 연구할 필요가 있다.

우리는 지속하는 내재적 객체와 현실적으로 현재 있는 것으로 의식되거나 지나가버린 과거의 것으로 의식되거나 하는 방식에서(im Wie)의 객체를 구별한다. 모든 시간적 존재는 그 어떤 경과의 양상이나 지속적으로 변화되는 하나의 경과하는 양상 속에 나타나며, 어쨌든 우리가 객체, 그 시간의 모든 시점 그리고 이 시간 그 자체는 동일한 하나의 것이라고 말하더라도, 경과하는 양상 속에 있는 객체는 이러한 변화를 통해 언제나 다른 객체가 된다. 그러나 경과하는 양상 속

---

15) 시간객체가 이렇게 나타나는 방식이나 의식의 방식과 공간적 사물이 [관찰자의] 변화하는 방향이 정해져(Orientierung) 나타나고 의식되는 방식을 비교하거나, 더 나아가 공간적 사물들(실로 이것은 동시에 시간적 객체)이 나타나는 시간적으로 방향이 정해지는 것을 추적하는 것은 아주 손쉽다. 그러나 우리는 우선 내재적 영역에 머무르자.—후설의 주.

에 있는 객체가 이렇게 나타나는 것을 의식이라고 부를 수는 없다(이것은 공간의 현상, 즉 이러저러한 측면 또는 가깝거나 먼 측면에서 나타나는 방식에서의 물체를 '의식'이라고 부를 수 없는 것과 마찬가지다). 의식, 즉 체험은 나타남의 매개를 통해 그 객체에 관계된다. 이 나타남 속에 곧 그 방식에서의 객체가 존재한다.

따라서 우리는 분명히 지향성(Intentionalität)[16]에 관한 논의를 이중의 의미로 인식해야 한다. 더구나 나타남(Erscheinung)과 나타나는 것(Erscheinende)의 관계에 주목하거나, 의식이 한편으로는 그 방식에서 나타나는 것과 다른 한편으로는 '단적으로 나타나는 것'의 관계에 주목함으로써 인식해야 한다.

10 경과하는 현상들의 연속체. 시간의 도표

이제 내재적 시간의 객체를 구성하는 현상에 대해 나타남이라는 표현을 될 수 있는 대로 쓰지 않으려고 한다. 왜냐하면 이러한 현상은

---

16) '지향성'은 "현상학 전체를 포괄하는 문제"(『이념들』 제1권, 303쪽), 즉 현상학에서 가장 중요한 핵심개념이다. 후설 현상학에 대한 끊임없는 오해와 비난은 결국 이 개념을 올바로 파악하지 못한 데 있다. 후설은 '의식은 항상 무엇에 관한 의식'이라는 이 개념을 물리적 현상과 심리적 현상을 구별하기 위해 사용한 브렌타노에게서 받아들였지만, 대상을 의미를 지닌 대상성으로 구성하는 의식의 작용으로 발전시켰다. 즉 지향성은 수동적으로 미리 주어진 감성(正), 이 감성에 혼을 불어넣는 의식작용(反), 이것의 지향적 종합인 의식된 대상(合)이라는 그 자체 속에 통일성을 형성하는 변증법으로 나타난다. 그리고 본질적으로 충족의 경향을 지닌 지향성은 필연적으로 시간적 구조를 제시한다. 왜냐하면 발생은 언제나 시간적 발생이기 때문이다.
이와 같이 후설은 인식주관과 인식대상 사이의 불가분한 본질적 상관관계와 그 침전된 역사성을 지향적으로 분석함으로써 주관과 객관이 단절된 종래의 이원론적 사고방식을 극복했다.

그 자체로 내재적 객체이며, 전혀 다른 의미에서의 나타남이기 때문이다. 우리는 여기에서 경과하는 현상을, 더 적절하게 말하면 시간적으로 방향이 정해지는 양상을 논의하며, 내재적 객체 자체에 관해서는 이것이 경과하는 성격(예를 들면 '지금'이나 '과거')을 논의한다.

우리는 경과하는 현상에 관해 그것이 끊임없이 변화하는 연속성이고, 이 연속성은 그 자체만으로 존재할 수 있는 구간들로 분리되지 않으며, 그 자체만으로 존재할 수 있는 국면들, 즉 연속성의 시점들로 분할되지 않는 불가분의 통일체를 형성하고 있다는 사실을 알고 있다. 우리가 추상적으로 이끌어내는 부분들은 경과하는 전체 속에서만 존재할 수 있으며, 이는 경과하는 연속성의 국면들이나 시점들도 마찬가지다.

또한 우리는 이러한 연속성에 관해 그 형식이 어떤 방식으로든 변화될 수 없다는 점을 명증적으로 단언할 수 있다. 국면들의 연속성이 동일한 국면의 양상을 두 번 포함한다든지, 일부 구간에 동일한 국면의 양상이 펼쳐진다는 것은 생각할 수 없다. 각각의 시점(그리고 각각의 시간의 구간)이 〔그 밖의 다른〕 각각의 시점, 즉 개체적 시점과 구별되어 결코 두 번 일어날 수 없는 것과 마찬가지로, 경과하는 어떠한 양상도 두 번 일어날 수는 없다.

그렇지만 여기에서 더 상세하게 구별해 더 명확하게 규정해야 한다. 먼저 내재적 시간의 객체가 경과하는 양상들이 하나의 출발시점, 이른바 하나의 원천시점(Quellpunkt)을 지닌다는 사실을 강조해야 한다. 그것은 내재적 객체가 그것에 따라 존재하기 시작하는 그러한 경과하는 양상이다. 이 경과하는 양상은 '지금'으로 특징지어진다.

그리고 경과하는 양상들이 끊임없이 진행되면, 우리는 다음과 같은 주목할 만한 사실을 발견한다. 즉 그 이후 각각의 경과하는 국면 자체는 하나의 연속성이며, 끊임없이 확장되는 연속성, 즉 과거의 것들의 연속성이라는 사실이다. 우리는 객체가 지속하는 경과하는 양상들의 연속성과 지속하는 각 시점이 경과하는 양상들의 연속성을 대립시킨다. 각 시점이 경과하는 양상들의 연속성은 객체가 지속하는 경과하는 양상들의 연속성에 자명하게 포함된다.

그러므로 지속하는 객체가 경과하는 연속성은 하나의 연속체 (Kontinuum)다. 이 연속체의 국면들은 객체가 지속하며 서로 다른 시점들이 경과하는 양상들의 연속체다. 구체적인 연속성을 따라가 보면, 우리는 이 속에서 경과하는 양상, 즉 이것에 관련된 시점들이 경과하는 연속성은 끊임없이 변경되어 변화된다는 것을 알게 된다. 항상 새로운 '지금'이 나타남으로써 '지금'은 '과거'로 변화되고, 이 경우 선행된 시점에서 과거의 것들이 경과하는 연속성 전체가 그 아래로 밀려가고, 일제히 과거의 심연 속으로 후퇴한다.

다음의 도표에서 끊임없이 이어지는 세로축 계열은 지속하는 객체가 경과하는 양상들을 예시한다.

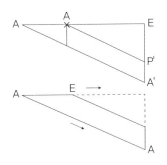

AE : '지금' 시점의 계열
AA´: 가라앉아버림
EA´: 국면의 연속체
       (과거지평을 지닌 '지금' 시점)

E→: 경우에 따라 다른 객체들로 충족된 '지금'의 계열

이러한 경과하는 양상들[17]은 (하나의 시점) A에서 최후의 '지금'을 궁극적 시점으로 지닌 일정한 구간에 이르기까지 점차 증가한다. 그런 다음 (이 지속하는) '지금'을 더 이상 포함하지 않는 경과하는

양상들의 계열이 시작된다. 이 지속하는 것은 더 이상 현실적으로 지속하는 것이 아니라, 지나가버린 지속하는 것이며, 끊임없이 과거 속으로 더 깊게 가라앉는 지속하는 것이다. 그러므로 앞의 도표는 경과하는 양상들의 이중 연속성의 완전한 상(像)을 부여해준다.

11 근원적 인상과 과거지향적 변양

따라서 지속하는 객체가 산출되기 시작하는 원천시점은 근원적 인상(Urimpression)[18]이다. 〔근원적 인상으로서〕이 의식은 끊임없는 변화 속에 파악된다. 즉 (요컨대 의식에 적합하게, 의식 속에 있는) 생생한 '지금'의 음은 이미 존재했던 것 속에 끊임없이 변화되고, 항상 새로운 '지금'의 음이 변양된 것으로 이행된 '지금'의 음으로 끊임없

---

17) 메를로퐁티(M. Merleau-Ponty)는 이것을 다음과 같이 요약해 설명한다 (*Phenomenology of Perception*, trans. by C. Smith, Routledge & Kegan Paul, 1962, p.417).

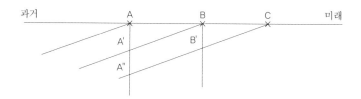

지평선: '지금의 순간들'의 계열
사   선: 나중의 '지금의 순간'에서 파악된 동일한 '지금의 순간들'의 음영들
수직선: 바로 그 '지금의 순간'이 계기하는 음영들

18) '근원적 인상'은 생생한 현재(lebendige Gegenwart)의 감각활동으로서, 이것이 지속적으로 변양된 과거지향의 연속체는 시간의식의 흐름 속에 지각대상을 구성하기 위한 근원적 재료다. 후설은 유고 C에서 이 근원적 인상을 '중심적 체험의 핵'(Erlebniskern), '원천적 시점(지금)', '근원적 현존'(Urpräsenz), '본래 현재의 핵' 등으로 부른다.

이 교체된다.

　그러나 '지금'의 음에 관한 의식, 즉 근원적 인상이 과거지향으로 이행하는 경우, 과거지향은 그 자체로 다시 '지금'이다. 즉 현실적으로 현존하는 것이다. 과거지향 자체가 현실적인 (하지만 현실적 음은 아니다) 반면, 그것은 이미 존재했던 음에 관한 과거지향이다. 사념의 광선(Strahl)은 '지금', 즉 과거지향으로 향할 수 있는데, 과거지향적 의식, 즉 지나가버린 [과거의] 음으로도 향할 수 있다. 어쨌든 의식 각각의 현실적 '지금'은 변양되는 법칙에 따른다. 그것은 과거지향에 관한 과거지향 속에 변화되고, 이것은 끊임없이 계속된다. 그 결과 그 후의 모든 시점이 그 전의 모든 시점에 대해 과거지향이 되는 과거지향의 끊임없는 연속체가 생긴다. 그리고 각각의 과거지향은 이미 연속체다. 음은 울려 퍼지기 시작하고, 그 음은 끊임없이 울려 퍼진다. '지금'의 음은 '이미 존재했던' 음으로 변화되고, 인상적 의식은 끊임없이 흐르면서 항상 새로운 과거지향적 의식 속으로 이행한다. 이 의식의 흐름에 따라 또는 이 흐름과 더불어 우리는 [근원적 인상의] 기점(起點)에 속하는 끊임없는 과거지향의 계열을 지닌다.

　그런데 이것뿐만 아니라 이러한 계열의 그 이전 모든 시점은 과거지향적 의미에서 하나의 '지금'으로 다시 음영 지어진다. 이러한 각각의 과거지향에는 과거지향적 변화의 연속성이 연결되며, 이 연속성은 그 자체로 다시 과거지향적으로 음영이 지어진 현실성의 한 시점이다. 이러한 사실이 단순한 무한소급(無限遡及)으로 귀결되지는 않는다. 왜냐하면 각각의 과거지향은 그 자체로 이른바 음영의 계열이라는 형식으로 과거의 유산을 그 자신 속에 지니고 연속적으로 변양되는 것이기 때문이다. 그 이전 각각의 과거지향이 단순히 흐름의 세로[수직]방향에서 새로운 과거지향으로—비록 이것이 끊임없이 계속되더라도—보충되는 것은 아니다. 오히려 그 후 각각의 과거지향은 단지 근원적 인상에서 생긴 연속적으로 변양되는 것이 아니고, 동일한 기점에서 그 전의 끊임없는 변양들 모두가 연속적으로 변양되는 것이다.[19]

이제까지는 주로 지각 또는 시간의 객체가 원본적으로 구성되는 것을 고찰했고, 이 속에서 주어진 시간의식을 분석적으로 이해하고자 했다. 그러나 시간성에 관한 의식은 단순히 이러한 형식으로만 수행되는 것이 아니다. 어떤 시간의 객체가 경과되면 그리고 현실적으로 지속하는 것이 지나가버리면, 이제 지나가버린 객체에 관한 의식은—비록 이것이 지금은 더 이상 지각의 의식으로, 더 적절히 말하면 인상적 의식으로 기능하지 않더라도—그 사실 때문에 결코 사라지지 않는다(이 경우 이제까지와 마찬가지로 내재적 객체를 주목하지만, 이 객체는 본래 지각 속에서는 구성되지 않는다).

인상(Impression)에는 1차적 기억, 또는 이미 말했듯이, 과거지향이 연결되어 있다. 근본적으로 우리는 이제까지 고찰한 경우에서 이미 이러한 의식의 방식을 함께 분석했다. 왜냐하면 그때그때의 '지금'에 연결된 국면들의 연속성은 그야말로 그러한 과거지향 또는 과거지향의 연속성일 뿐이기 때문이다. 시간의 객체를 지각하는 경우(그것을 내재적 시간의 객체라 부르든 초월적 시간의 객체라 부르든 지금의 고찰에 전혀 문제되지 않는다) 지각은 항상 '지금'-파악하는 것(Jetzt-auffassung), 즉 '지금'으로-정립하는 것(Als-Jetzt-Setzung)의 의미에서의 지각(Wahrnehmung)으로 한정한다. 어떤 운동이 지각되는 동안 매순간마다 '지금'으로 파악하는 작용이 일어나며, 그 속에서 운동 자체의 지금의 현실적 국면이 구성된다.

---

19) 이 항의 여기까지 단락은 1908년 10월과 1909년 여름학기 강의 사이에 기록한 자료 「1차적 기억의 변양」에 근거한다. 그리고 다음 단락은 1905년 강의수고 35쪽에 근거한다.—빔의 주.

그러나 이러한 '지금'-파악하는 것은, 비유해 말하면, 운동에서 그 전의 '지금'의 시점들에 관계된 과거지향들로 이루어진 혜성의 긴 꼬리의 핵심이다. 지각이 더 이상 일어나지 않으면, 우리는 더 이상 어떠한 운동도 볼 수 없다. 또는 멜로디가 문제의 초점이 될 경우 멜로디가 울려 퍼지는 것이 끝나고 고요함이 나타날 때 그 최종 국면에 지각의 새로운 국면이 연결되는 것이 아니라, 신선한 기억(frische Erinnerung)[20]의 단순한 국면이 연결된다. 그리고 이것에 다시 그와 같은 신선한 기억의 국면이 연결된다 등등.

이 경우 과거 속으로 끊임없이 후퇴되고, 동일한 연속적 복합이 그것이 사라질 때까지 끊임없이 변양된다. 변양됨으로써 희박하게 되고, 결국에는 감지할 수 없는 것으로 끝나기 때문이다. 원본적 시간의 장(場)은 지각의 경우와 똑같이 명백하게 한정된다. 확실히 사람들은 일반적으로 시간의 장이 항상 동일한 연장(延長)을 지닌다는 주장을 감히 논하도록 허락할 것이다. 비유해 말하면 시각의 장(場)이 객관적 공간[전체]에 걸쳐 널리 퍼져 있는 것과 유사하게, 시간의 장도 지각되고 신선하게 기억된 운동이나 그 객관적 시간[전체]에 걸쳐 널리 퍼져 있다.[21], [22]

---

20) '신선한 기억'은 방금 전에 존재했던 것 또는 방금 전에 체험했던 것으로서 지각과 직접 연결된 의식을 말한다. 이에 반해 '회상'은 지각된 것을 상상 속에 다시 기억하는 것, 새롭게 나타나는 것을 말한다.

21) 앞의 도표에서 시간영역의 유한성은 고려되지 않았다. 거기에서는 어떠한 과거지향의 끝도 간과되었으며, 모든 것이 과거지향적으로 유지되는 의식 역시 이념적으로(idealiter) 가능하다.—후설의 주.

22) 부록 2「근원적 인상과 그 변양들의 연속체」참조할 것.—후설의 주.

12 독특한 지향성인 과거지향[23)]

'우리가 과거지향적인 것으로 특징지은 변양은 어떠한 종류인지'를 더 상세하게 논구해보자.

본래의 지각이 과거지향 속으로 이행될 때 우리는 감각의 내용들이 점차 사라져버리는 것이나 퇴색되는 것 등에 관해 말한다. 그러나 이제까지 상론한 것에 따라 과거지향적 내용은 근원적 의미에서 내용이 결코 아니다. 어떤 음이 울려 퍼지는 경우 그 음 자체는 우선 특별한 충족(강도)을 지니고 감각되지만, 곧이어 강도가 신속하게 감퇴된다. 그 음은 여전히 거기에 존재하고 여전히 감각되지만, 이것은 단순한 여운[잔향] 속에 그러하다. 이 진정한 음-감각(Empfindung)은 과거지향에서의 음의 계기(Moment)와 구별되어야만 한다. 과거지향적 음은 현재의 음이 아니라, '지금' 속에 곧바로 1차적으로 기억된 음이다. 즉 그 음은 과거지향적 의식 속에 내실적으로(reell) 현존하는 것은 아니다.

그러나 이러한 의식에 속하는 음의 계기도 내실적으로 현존하는 그와 다른 음일 수 없으며, 매우 미약한 동질의 음(여운으로서의 음)일 수도 없다. 현재의 음은 과거의 음을 기억하고, 제시하고, 심상화할 수 있다. 하지만 이러한 사실은 이미 이것과는 다른 과거의 표상을 전제한다. 과거의 직관 그 자체는 심상화하는 것일 수 없다. 그것은 원본적 의식이다. 물론 여운(餘韻)이 존재한다는 사실이 부정될 수는 없다. 그렇지만 이 여운을 인식하고 구별하는 경우, 우리는 이것들이 요컨대 과거지향 그 자체에 속하는 것이 아니라 지각에 속한다는 사실을 즉시 확인할 수 있다. 바이올린 음의 여운은 곧 미약해

---

23) 이 항과 제13항은 1909년 가을(또는 1908년 늦가을)에 작성한 것으로 추정되는 자료「내용의 계기와 파악의 계기 그리고 신선한 기억의 명증성」에 근거한다.—뵘의 주.

진 현재의 바이올린 음이며, 방금 전에 존재했던 큰 소리의 음의 과거지향과 단적으로 구별된다. 여운 그 자체, 즉 더 강하게 감각이 주어지는 것 때문에 뒤에 남는 잔상(殘像) 일반은 과거지향의 본질과 전혀 상관없고, 따라서 여운은 필연적으로 과거지향의 본질에 속할 수 없다.

어쨌든 시간의 직관은 그것이 지속하는(우리는 반성적으로 이것을 대상으로 만들 수 있다) 각각의 시점에서 바로 전에 존재했던 것에 관한 의식이며, 단순히 지속하는 것으로 나타나는 대상적인 것(Gegenständliches)의 '지금' 시점에 관한 의식은 아니라는 사실은 정말 시간의 직관에 대해 본질적이다. 따라서 이러한 의식 속에는 방금 전에 존재했던 것이 그것에 속한 연속성을 통해 의식되며, 각각의 국면에는 내용(Inhalt)과 파악(Auffassung)이 구별된 채 일정한 나타나는 방식을 통해 의식된다.

지금 울려 퍼지는 기적소리에 주의를 기울여보자. 이 기적소리의 각 시점에는 연장(延長)이 현존하고, 이 연장 속에는 이러한 연장의 각 국면에는 자신의 질의 계기(契機)와 파악의 계기를 지닌 나타남이 현존한다. 다른 한편 질의 계기는 결코 내실적 질이 아니며, 지금 내실적으로 존재하는 음은 비록 내재적이더라도 지금 존재하는 음-내용(Ton-Inhalt)으로 간주될 수 있을 음은 아니다. '지금'의 의식에 내실적 내용은 경우에 따라 감각된 음들을 포함하며, 이것들은 이 경우 객체[대상]화하는 파악을 통해 필연적으로 지각된 음으로, 즉 현재의 음으로 특징지어질 수 있지만, 결코 과거로 특징지어지는 것은 아니다.

과거지향적 의식은 음에 관한 과거의 의식, 즉 1차적 음-기억(TonErinnerung)을 내실적으로 포함하며, 따라서 감각된 음이나 기억으로 파악돼 분해될 수 있는 것이 아니다. 상상-음(Phantasie-

Ton)이 음이 아니고 음에 관한 상상인 것처럼, 또는 음-상상(Ton-Phantasie)과 음-감각(Ton-Empfindung)이 원리적으로 서로 다른—가령 서로 다르게 해석되고 파악된 동일한 것은 아닌—것처럼, 1차적으로 직관적으로 기억된 음은 지각된 음과 원리적으로 다른 것이며, 따라서 음에 관한 1차적 기억(과거지향)은 음에 관한 감각과 다른 것이다.

13 인상이 모든 과거지향에 앞서 선행해야 할 필연성. 과거지향의 명증성

그렇다면 이제 1차적 기억은 선행하는 감각 또는 지각에 연속적으로 결합함으로써만 가능하다는 법칙이 성립하는가? 각각의 과거지향적 국면은 단지 국면으로서만 생각할 수 있다는, 즉 모든 국면 속에 동일한 구간으로까지 확장될 수 없다는 법칙이 성립하는가?

사람들은 이 법칙이 지극히 명증적이라고 단호하게 주장할 것이다. 모든 심리적인 것을 단순한 사실성으로 취급하는 데 익숙한 경험적 심리학자는 그 법칙을 당연히 부정할 것이다. 그는 '미리 어떤 지각을 소유하지 않고 신선한 기억과 함께 시작하는 최초의 의식은 왜 생각될 수 없는가?'라고 물을 것이다. 신선한 기억을 산출하기 위해서는 사실상 지각이 필연적일지 모른다. 사실상 인간의 의식은 지각을 소유한 다음에야 비로소 기억을, 또한 1차적 기억을 지닐 수 있을지 모른다.

그러나 반대의 경우도 생각해볼 수 있다. 우리는 과거지향에 앞서 이에 상응하는 지각 또는 근원적 인상이 선행한다는 아프리오리한 필연성을 배워서 알고 있다. 우선 하나의 국면은 오직 국면으로서만 생각할 수 있으며, 그것이 연장될 가능성은 없다는 주장을 고수해야 할 것이다. 그리고 '지금'의 국면은 과거지향의 연속성의 한계로서만 생각될 수 있고, 이와 마찬가지로 각각의 과거지향적 국면 자체는 그와 같은 연속체의 시점으로서만, 게다가 시간의식의 각각의 '지금'에 대해서만 생각될 수 있다. 하지만 이제 과거지향의 완결된 계열 전체도 이에 상응해 선행하는 지각 없이 생각될 수 없을 것이다. 이 속에는 하나의 '지금'에 속하는 일련의 과거지향이 그 자체로 하나의 한계이며, 필연적으로 변화된다는 사실이 함축되어 있다. 기억된 것은 항상 다시 과거 속으로 가라앉지만, 이것이 필연적으로 가라앉는 것만은 아니다. 즉 다시 주어진 '지금'으로 되돌아가는 명증적 회상(Wiedererinnerung)을 필연적으로 허용하는 것만은 아니다.

어쨌든 사람들은 '어떤 A가 사실상 전혀 일어나지 않은 가운데 나는 A에 관한 기억이나 1차적 기억을 지닐 수 없는가?'라고 물을 것이다. 물론 지닐 수 있다. 게다가 실로 그것은 더 타당하다. 나는 A가 실제로 전혀 일어나지 않은 가운데 A에 관한 지각을 지닐 수 있다.[24] 예를 들면 우리가 (A가 초월적 객체라는 사실을 전제하고) A에 관한 과거지향을 지닐 때 A가 선행된 것이 틀림없다는 것을 명증적으로 주장한다. 그것[A]은 실로 1차적으로 주의되든 않든, 설사 주목되지 않은 방식이든 우연히 주목된 방식이든 의식된 방식으로 생생하게 현존한다.

그러나 내재적 객체가 문제되어 내재적 자료의 잇따른 일어남·변동·변화가 나타나는 경우, 그 잇따른 일어남·변동·변화도 절대적으로 확실하다는 것은 맞다. 마찬가지로 초월적 지각 안에서 구축하는 것에 본질적으로 속한 내재적으로 잇따라 일어나는 것도 절대적으로 확실하다.[25]

---

24) 이러한 경우는, 예를 들면 환각상태의 체험에서 나타날 수 있다.

'내가 실제로 더 이상 존재하지 않는 '지금이 아닌 것'(Nicht-Jetzt)을 '지금'(즉 '지금' 속에 현존하는 기억의 심상)과 비교할 수 없다면, 어떻게 나는 '지금' 속에 '지금이 아닌 것'을 알 수 있는가?'라고 논증하는 것은 **근본적으로 뒤집어진** 것이다. 이것은 마치 '지금' 속에 현존하는 심상이 이와 유사하지만 다른 사태를 가정해 내가 심상으로 표상하는 경우와 같이, 이것들을 비교할 수 있고 또 당연히 비교해야만 한다는 사실이 기억의 본질에 속하는 것과 마찬가지다.

기억 또는 과거지향은 심상 의식(Bildbewußtsein)이 아니라 전혀 다른 것이다.[26] 기억된 것은 물론 지금 존재하지 않는다. 그렇지 않으면 그것은 이미 존재했던 것(Gewesenes)이 아니라 현존하는 것(Gegenwärtiges)이다. 그리고 기억된 것은 기억(과거지향) 속에 지금으로 주어진 것이 아니다. 그렇지 않으면 기억 또는 과거지향은 곧 기억이 아니라 지각(또는 근원적 인상)이다. 더 이상 지각되지 않는 것, 즉 단순히 과거지향적으로 의식된 것을 다른 것과 비교하는 것은 전혀 의미가 없다. 내가 지각 속에 '지금 존재하는 것'(Jetzt-sein)을 간취하고 확장된 지각 속에 지각이 구성되듯이 지속하는 존재를 간취하는 것처럼, 나는 기억이 1차적 기억인 한, 기억 속에 과거의 것을 간취한다. 과거의 것은 기억 속에 주어지며, 과거의 것들이 주어진 것은 기억이다.

'인상적 의식이 계속 이어지는 것이 아니라는 과거지향적 의식이 생각될 수 있는가' 하는 문제를 내가 지금 다시 거론하면, 우리는 "각

---

25) 또한 제44항 이하의 '내적 지각과 외적 지각'의 구별을 참조할 것.—후설의 주.

26) 심상(心像)은 기억, 상상 또는 외적 자극 때문에 의식에 나타난 직관적 표상을 뜻한다. 따라서 기억 또는 과거지향이 심상 의식과 다르다는 것은 '심상'이 지향적 의식 속에서 구성된 것이기 때문이다.

각의 과거지향은 그 자체로 인상으로 소급되기 때문에 그것은 불가능하다"라고 말해야 한다. 과거와 지금은 서로 배척한다. 동일한 것이 지금도 존재하고 과거에도 존재할 수 있지만, 이것은 그것이 '지금'과 '과거' 사이에 지속했다는 사실에 따라서만 그러하다.

14 시간의 객체들의 재생산(2차적 기억)

우리는 1차적 기억 또는 과거지향을 '그때그때의 지각에 연결된 혜성의 긴 꼬리'로 〔비유적으로 앞에서〕 특징지었다. 이것과 2차적 기억 또는 회상은 철저하게 구별되어야 한다. 1차적 기억이 지나가 버린 다음 그것의 운동, 그것의 멜로디에 관한 새로운 기억이 떠오를 수 있다. 이미 시사된 이 둘의 구별을 이제 더 명확하게 할 필요가 있다.

현실적 지각이 지각의 흐름 가운데 있든 완전히 경과된 이후 연속적으로 합일되든, 과거지향이 현실적 지각에 연결되면, 우선 (브렌타노가 말했듯이) "현실적 지각은 감각들에 기초해 직접적 제시 (Präsentation)[27]로 구성되고, 1차적 기억은 심상들에 기초해 재현 (Repräsentation), 즉 현전화(Vergegenwärtigung)로 구성된다"고 분명

---

27) '직접적 제시'는 원본적 지각이 생생한 '지금' 속에 현재 존재하는 것으로 정립하는, 즉 시간적으로 구성하는 시간화(Zeitigung)의 양상으로서의 '현재화' (Gegenwärtigung)다. 반면 '간접적 제시'(Appräsentation)는 직접적 제시와 함께 통각과 연상을 통해 예측으로 주어진 것으로서, 이미 기억 속으로 흘러가 현존하지 않는 것을 시간의 지향적 지평구조에 따라 다시 "함께-현존하게-하는"(『성찰』, 139쪽) '현전화'다. 한편 후설은 타자경험의 간접적 지향성, 즉 '감정이입'(Einfühlung)을 '간접적 제시(유비적 통각)'라고 부른다. 즉 타인의 신체는 직접 제시되지만 그의 심리적 측면은 간접적으로 제시되는데, 이들을 짝짓기(Paarung)로 통일함으로써 타자가 구성된다.

히 말할 수 있다. 실로 현전화가 직접 지각에 연결되듯이 현전화는 지각에 연결되지 않고 독자적으로 나타날 수 있으며, 따라서 이것은 2차적 기억이다. 그러나 이에 대해서는 (브렌타노의 이론을 비판할 때 이미 수행한 것처럼)[28] 가장 중대한 의구심이 제기된다. 2차적 기억의 경우를 고찰해보자.

가령 최근의 콘서트에서 들은 어떤 멜로디를 기억해보자. 그러면 기억의 현상 전체가 필요한 수정을 가해(mutatis mutandis) 멜로디의 지각과 정확히 똑같이 구성(Konstitution)된다는 사실은 분명하다. 기억은 지각과 같이 우선적으로 취급된 하나의 시점을 지니며, 기억의 어떤 '지금'의 시점에 지각의 그 '지금'의 시점이 상응한다. 우리는 상상을 통해 그 멜로디〔시간의 객체〕를 훑어보고, 우선 첫 번째 음을, 그런 다음 두 번째 음 등을 유사하게 듣는다. 그때마다 하나의 음(또는 하나의 음의 국면)이 '지금'의 시점에 존재한다. 그러나 선행한 음들이 의식에서 지워져버린 것은 아니다. 바로 조금 전에 유사하게 들린 음에 관한 1차적 기억과 아직 들리지 않은 음을 예상하는 것(미래지향)이 지금 나타나는 음, 즉 유사하게 지금 들린 음을 파악하는 것과 융합한다(verschmelzen).

'지금'의 시점도 기억을 파악하는 연속성 속에 수행된 시간의 지평(Zeithof)을 의식에 대해 다시 지닌다. 그리고 멜로디의 기억 전체는 그와 같은 시간 지평의 연속체들의, 또는 위에서 기술한 종류의 파악하는 연속체들의 하나의 연속체 속에 성립한다. 그러나 최종적으로는 현전화된 멜로디가 경과되면, 이 유사하게 듣는 것에 과거지향이 연결되고, 당분간은 유사하게 들린 것이 여전히 남아 울려 퍼진다. 즉 파악하는 연속성은 여전히 현존하지만, 더 이상 들린 연속성으로

---

28) 이 책의 제6항 참조할 것.—후설의 주.

현존하는 것이 아니다. 그에 따라 모든 것이 지각이나 1차적 기억과 유사하지만, 그런데도 그것 자체는 지각이나 1차적 기억이 아니다.

멜로디가 각각의 음으로 연주되게 기억이나 상상에 맡기는 동안 우리는 그것을 실제로 듣는 것이 아니며, 실제로 들었던 것도 아니다. 전자〔지각〕의 경우 우리는 실제로 듣고, 시간의 객체는 그 자체로 지각된다. 그리고 멜로디는 그 자체로 지각의 대상이라고 부른다. 마찬가지로 시간, 시간의 규정, 시간의 관계는 그 자체로 주어지며, 지각된다. 또한 멜로디가 점차 사라져버린 다음 우리는 그 멜로디를 더 이상 현재의 멜로디로 지니지 않는다. 하지만 그 멜로디를 여전히 의식 속에 지니는데, 그것은 지금의 멜로디가 방금 전에 지나가버린 멜로디다. 그 멜로디가 방금 전에 지나가버렸다는 것은 단순한 의견이 아니라, 주어진 사태, 즉 그 자체로 주어진 사태이며, 따라서 **지각된** 사태다.

이에 반해 회상은 시간적 현재가 기억된, 현전화된 현재다.[29] 마찬가지로 과거는 기억된, 현전화된 과거이지만, 실제로 현재의 지각이나 지각된 과거, 즉 1차적으로 주어지거나 직관된 과거는 아니다.[30]

다른 한편 회상 그 자체는 현재적이며, 원본적으로 구성된 회상이다. 그리고 그 후에는 방금 전에 존재했던 회상이다. 회상은 그 자체로 근원적 자료와 과거지향의 연속체 속에 형성되고, 이것과 일치해 (회상이 내재적으로 향하는지 초월적으로 향하는지에 따라) 내재적이

---

29) '회상'은 과거에 지각된 것을 상상 속에 다시 기억하는 것으로 생생하게 지각된 현재(지금)와 직접적 관련이 없고 연상적 동기부여라는 매개를 통해 나타나기 때문에 '2차적 기억'이다.

30) 이 항의 여기까지는 1905년 강의수고 37쪽과 38쪽에 근거한다. 그리고 그다음과 제15항은 아마 1907년 작성한 자료 「기억 또는 계속의식의 아프리오리에 관해」(이 자료는 발견되지 않았다)에 근거한 것으로 추정된다.—뵘의 주.

거나 초월적인 지속하는 대상성을 구성(적절하게 말하면, 재구성)한다. 이에 반해 과거지향은 (원본적으로도 재생산적으로도) 결코 지속하는 대상성을 산출하지 않으며, 오히려 의식 속에 산출된 것만 유지하면서 방금 전에 지나가버린 것(soeben vergangen)이라는 특성을 깊게 새긴다.[31]

15 재생산이 수행되는 양상들

그런데 회상은 서로 다르게 수행되는 형식으로 나타날 수 있다. 어떤 기억이 갑자기 떠오르고 우리가 기억된 것을 어떠한 방향의 시선으로 바라보는 경우―이 경우 기억된 것은 모호하며 아마 우선적으로 취급된 순간의 국면을 직관적으로 제시하지만, 이것은 반복하면서 기억하는 것이 아니다―와 같이 우리는 단적인 포착작용 속에 회상한다. 그렇지 않으면 우리는 실제로 재생산하면서, 반복하면서 기억한다. 이 반복하면서 기억하는 것에서 시간의 대상은 현전화의 연속체 속에 완전히 다시 구축되고 우리는 이 대상을 유사하게 다시 지각하지만, 단지 유사하게만 그 대상을 지각한다. 이 과정 전체는 과거지향들에까지 이르는 모든 국면과 단계를 포함하는 지각하는 과정을 현전화하는 변양이다. 그러나 모든 것은 재생산적 변양의 지표(Index)를 지닌다.

우리는 단적으로 시선을 향함(Hinsehen)과 그것을 향한 파악작용(Hinfassen)도 과거지향에 근거해 직접 발견한다. 이것은 과거지향의 통일성 안에 어떤 멜로디가 경과되고 우리가 이것의 한 단편(Stück)

---

31) 과거지향과 재생산의 더 상세한 구별에 대해서는 제19항 참조할 것.―후설의 주.

을 다시 산출하지 않고 그 단편을 돌이켜 주의하는 (반성하는) 경우에 그러하다. 이것은 계기하는 진행 속에 형성된 각각의 것에 대해서도, 예를 들어 사유의 자발성(Spontaneität) 같은 자발성의 진행 속에 형성된 각각의 것에 대해서도 가능한 작용이다. 사유의 대상성도 실로 계기하면서 구성된다.

따라서 다음과 같이 말할 수 있다. 즉 시간의 과정 속에 분절의 방식이나 국면의 방식으로 원본적으로 구성되어 구축된 (연속적이며 여러 가지 형태로 서로 연관되고 통일적인 작용들의 상관자인) 대상성들은, 돌이켜 음미해보면, 마치 그 대상성들이 하나의 시점에서 완성된 대상인 것처럼 파악될 수 있다. 그러나 이 경우 이렇게 주어진 것은 곧 이와 다른, 근원적으로 주어진 것을 소급해 지시한다.

그러므로 과거지향적으로 주어진 것 그리고 과거지향 그 자체에 시선을 향하거나 돌이켜 보는 것은 실로 본래의 재(再)현전화 속에 충족되며, 방금 전에 존재했던 것(soeben gewesen)으로 주어진 것은 회상된 것과 동일한 것(identisch)으로 입증된다. 1차적 기억과 2차적 기억을 더 상세하게 구별하는 것은 이것들을 지각에 관련지을 경우 분명하게 밝혀질 것이다.

16 과거지향 및 회상과 구별되는 현재화로서의 지각[32]

물론 지각에 관한 논의는 여기서 몇 가지 설명이 더 필요하다. 멜로디를 지각할 경우 우리는 '지각된 음'이라 부르는 지금 주어진 (jetzt gegeben) 음과 '지각되지 않은 음'이라 부르는 이미 지나가버린 (vorübergegangen) 음을 구별한다.

---

32) 이 항과 제17항은 1905년 강의수고 38~40쪽에 근거한다.─뵘의 주.

다른 한편 비록 지각된 것은 어쨌든 '지금'의 시점뿐이더라도, 우리는 멜로디 전체를 지각된 멜로디라고 부른다. 멜로디의 연장(延長)이 지각작용의 연장 속에 각각의 시점에 대해 주어져 있을 뿐만 아니라, 과거지향적 의식의 통일성이 경과된 음들을 여전히 의식 속에 견지하고 계속 통일적 시간의 객체, 즉 멜로디에 관련된 의식의 통일성을 세우기 때문이다. 멜로디와 같은 객체성은 이러한 형식 속에서만 지각될 수 있고, 원본적으로 그 자체로 주어질 수 있다. '지금'의 의식과 과거지향적 의식에서 구축된, 구성된 작용[33]은 시간의 객체에 대한 충전적(ädequate) 지각이다.[34]

실로 이러한 시간의 객체는 시간적 차이를 포함하고, 시간적 차이는 곧 그와 같은 작용들, 즉 근원적 의식, 과거지향 그리고 미래지향 속에 구성된다. 사념하는 지향이 멜로디, 즉 객체 전체를 향하면, 우리는 참으로 지각을 지니게 된다. 그러나 사념하는 지향이 그 자체만으로 개별적 음을 향하거나 그 자체만으로 어떤 박자를 향하면, 우리는 이 사념된 것이 바로 지각되는 한 지각을 지니며 그 사념된 것이 지나가버리자마자 곧 단순한 과거지향을 지닌다. 객관적 관점에서 보면 이 경우 그 박자는 더 이상 현재의 것이 아니라, 과거의 것으로 나타난다. 그러나 멜로디 전체는 그것이 여전히 울려 퍼지는 한, 그 멜로디에 속한 음들, 즉 파악하는 하나의 연관 속에 사념된 음들이 여전히 울려 퍼지는 한, 현재적인 것으로 나타난다. 멜로디 전체는 최후의 음이 지나가버린 다음에야 비로소 과거의 것이 된다.

이제까지 상론한 것에 따라 논의해야 하듯이, 이렇게 상대화하는

---

33) 근원적 시간의식 속에 구성된 통일성인 작용들에 관해서는 제37항 참조할 것.—후설의 주.

34) 후설에 따르면 내적 지각만이 충전적이며, 충전적 지각은 객체 자체를 현재화한다. 반면 충전적이지 못한 지각은 심상과 상징의 요소들을 함축한다.

것은 개별적 음들에 대해서도 이어진다. 각각의 개별적 음은 음-자료(Ton-Daten)의 연속성 속에 구성되고, 단지 한 시점의 국면은 그때그때 지금 현존하는 것으로 구성된다. 반면에 그 밖의 다른 국면은 과거지향적〔혜성의〕긴 꼬리로 연결된다. 그러나 다음과 같이 말할 수도 있다. 즉 시간의 객체는, 끊임없이 새롭게 나타나는 근원적 인상 속에 여전히 산출되는 한, 지각된다(또는 인상적으로 의식된다).

그다음 우리는 과거 자체를 지각된 것으로 특징지었다. 사실상 지나가버린 것을 지각하지 않으면, 앞에서 기술한 경우에서 방금 전에 존재했던 것, 방금 전에 지나가버린 것을 그것이 스스로 주어지는 가운데, 즉 스스로 주어졌던 방식으로 직접 의식하지 못하는가? 지각에 관한 여기에서의 의미는 명백히 앞서의 의미와 일치하지 않는다. 따라서 더 상세하게 구별할 필요가 있다.

우리는 어떤 시간의 객체를 파악하는 데 지각하는 의식과 기억하는 (과거지향적) 의식을 구별하는데, 이때 객체에서 지금 현존하는 것과 과거의 것 사이의 대립이 지각과 1차적 기억 사이의 대립에 상응한다. 시간의 객체는 시간의 간격(Zeitstrecke)을 넘어서 그것의 질료(Materie)를 확장하며, 그러한 객체는 곧 시간의 차이를 구성하는 작용 속에서만 구성될 수 있다는 사실은 시간의 객체의 본질에 속한다.

그러나 시간을 구성하는 작용은 본질상 현재와 과거를 구성하는 작용이지만, 이것은 우리가 주목할 정도로 파악되는 구성에 따라 상세하게 기술한 그 시간의 객체에 대한 지각의 유형을 지닌다. 시간의 객체는 반드시 이렇게 구성된다. 이것은 어떤 시간의 객체 자체를 부여한다는 요구를 제기하는 작용이 그 자체 속에 '지금'의 파악, '과거'의 파악 등을 포함하고, 더구나 근원적으로 구성하는 파악의 방식으로 포함한다는 사실을 함축한다.

이제 지각에 관한 논의를 시간의 객체들과 더불어 나타나는 주어지는 것의 차이와 관련 지으면, 지각에 대립하는 것은 여기에서 나타나는 1차적 기억과 1차적 예상(과거지향과 미래지향)이며, 이 경우 지각과 지각이 아닌 것은 연속적으로 서로 간에 이행한다(ineinander übergehen). 어떤 시간의 객체, 예를 들어 어떤 멜로디를 직접 직관적으로 파악하는 의식 속에 지금 들린 박자나 음 또는 음의 부분은 지각되며, 그 순간에 사라져 지나간 것으로 직관된 것은 지각되지 않는다. 여기에서 파악들은 연속적으로 서로 간에 이행하며, 이것들은 '지금'을 구성하는, 그런데도 단지 하나의 이념적 한계에 불과한 파악 속에 한정된다. 그것['지금']은 빨간색 종(Rot-Spezies)의 연속체가 이념적으로 순수한 빨간색을 향해 수렴하는 것과 유사하게, 하나의 이념적 한계를 향해 상승해가는 연속체(Steigerungskontinuum)다.[35]

그렇지만 이 경우 우리는 빨간색의 개별적 뉘앙스에 상응하는 개별적 파악—이것은 실로 그 자체로[독자적으로] 주어질 수 있다—을 지닌 것이 아니라, 그 사실의 본질에 따라 항상 파악들의 연속성만 지니며, 또 지닐 수 있다. 적절하게 말하면, 끊임없이 변양되는 유일한 연속체만 지니며, 또 지닐 수 있다. 만약 이 연속체를 어떠한 방법으로든 인접한 두 부분으로 나누면, '지금'을 포함하는 부분이나 '지금'을 구성할 능력이 있는 부분은 특징적으로 두드러지고, 다른 한 부분은 조야한(grob) '지금'을 구성한다. 이 조야한 '지금'은 이것을 더 나누자마자 곧 다시 더 정교한 '지금'으로 그리고 과거로 계속 분열된다.

---

35) 지각에 주어진 것은 시간적으로 연장된 것이다. 그리고 시간의 성격에서 보면 '지금'이 지각의 본질에서 필연적으로 우위성을 지니며, '지금'을 향해 점진적으로 단계 지어진다는 것, 즉 제로시점(Nullpunkt)으로 향해 상승하는 특징을 지닌다.

그러므로 지각은 작용의 성격들의 연속성을 포함하고 이러한 〔위에서 언급한〕 이념적 한계를 소유함으로써 특징적으로 두드러지는 작용의 성격이다. 이러한 이념적 한계를 소유하지 않은 연속성은 단순한 기억이다. 그렇다면 이념적 의미에서 지각(인상)은 순수한 '지금'을 구성하는 의식의 국면이며, 기억은 연속성의 그 밖의 다른 각각의 국면이다.

하지만 순수한 '지금'은 곧 하나의 이념적 한계일 뿐이며, 그 자체로는 아무것도 아닌 추상적인 것이다. 게다가 이 이념적 '지금'은 '지금이 아닌 것'(Nicht-Jetzt)과 전적으로 '완전히' 구별되는 것이 아니라, 그것에 연속적으로 매개되는 것이라는 사실은 분명하다. 그리고 지각이 1차적 기억 속으로 연속적으로 이행하는 것은 이러한 사실에 상응한다.

17 재생산에 대립해 스스로를 부여하는 작용인 지각

그런데 지각 또는 주어진 과거의 것 속에 자신의 상관자(Korrelat)를 지닌 현재가 스스로를 부여하는 것(Selbstgebung)은 앞에서 논의한 것과는 다른 대립, 즉 지각과 2차적 기억인 회상의 대립에 직면한다. 회상에서는 어떠한 '지금'이 우리에게 나타나는데, 그것은 지각 속에 '지금'이 나타나는 것과는 전적으로 다른 의미에서 나타난다.[36]

이러한 '지금'은 지각된 것, 즉 그 자체로 주어진 것이 아니라, 현전화된 것이다. 이 '지금'은 주어지지 않은 어떤 '지금'을 표상〔우리에게 제시〕한다. 이와 마찬가지로 회상 속에 멜로디의 경과는 방금 전에 지나가버린 것을 표상하지만, 그것은 존재하지 않는다. 또한 단순

---

36) 부록 2 「현전화와 상상—인상과 상상」 참조할 것.—후설의 주.

한 상상 속에 각각의 개체적인 것(Individuelles)은 어떠한 방식으로든 시간적으로 확장된 것이며, 그 자신의 '지금', 그 자신의 '이전'과 '이후'를 지닌다. 그러나 '지금' '이전'과 '이후'는 객체 전체와 마찬가지로 단순히 상상된 것이다.[37]

따라서 여기에서는 전적으로 다른 종류의 개념인 지각이 문제시된다. 지각은 어떤 것을 그것 자체로서 눈앞에 제시하는 작용이며, 객체를 근원적으로 구성하는 작용이다. 이에 대립하는 것이 현전화 또는 객체를 그 자체로 눈앞에 제시하는 것은 아니지만—본래 심상의 의식의 방식으로는 아니더라도—그 객체를 바로 현전화하고 유사하게 심상 속에 눈앞에 제시하는 작용인 재현(Repräsentation)이다. 여기에서 지각과 대립적인 것의 연속적 매개는 전혀 문제가 되지 않는다. 지각이 '지금'을 원본적으로 구성하는 작용의 지각으로 간주되었기 때문에 과거의 의식, 즉 1차적 의식은 지각이 아니었다.

그러나 과거의 의식은 하나의 '지금'이 아니라, 오히려 방금 전에 존재했던 것, 즉 '지금'에 직관적으로 선행하는 것을 구성한다. 하지만 모든 근원이 그 속에 놓여 있는, 원본적으로 구성하는 작용을 지각이라고 부르면, 1차적 기억은 지각이다. 왜냐하면 우리는 오직 1차적 기억 속에서만 과거의 것을 보며, 과거는 오직 1차적 기억 속에서만 구성되는데, 이것은 재현적(repräsentativ)이 아니라 현시적[직접적 제시](präsentativ)으로 구성되기 때문이다.

방금 전에 존재했던 것, 즉 '지금'에 대립된 '이전'은 단지 1차적 기억 속에서만 직접적으로 간취될 수 있다. 왜냐하면 이와 같은 새로운 것과 본래의 것을 1차적인 직접적 직관으로 이끄는 것은, '지

---

37) 상상의 대상성은 시간적인 것이지만, 지각들과 아무 연관이 없기 때문에 그 것의 시간은 현실적인 본래의 시간위치의 장소성을 지니지 않는 구성된 시 간, 즉 유사-시간이다.

금'을 직관으로 직접 이끄는 것이 '지금'의 지각의 본질인 것과 정확히 마찬가지로 1차적인 직접적 직관의 본질이기 때문이다. 이에 반해 상상과 같은 회상은 단순히 현전화만 제공한다. 이것은 시간을 창조하는 '지금'의 작용이나 '과거'의 작용과 유사한 동일한 의식이지만, 어쨌든 변양된 것으로서 유사한 동일한 의식이다. 상상된 '지금'은 어떤 '지금'을 표상하지만, 그 자체로는 하나의 '지금'을 부여하는 것이 아니며, 상상된 '이전'이나 '이후'는 단지 하나의 '이전'이나 '이후'를 계속 표상하는 것이다.

18 지속과 계기에 관한 의식의 구성에 대한 회상의 의미[38]

지속하는 대상성이 주어지는 것 대신 지속하는 것과 잇따라 일어나는 것 자체가 주어지는 것에 주목하면, 1차적 기억과 2차적 기억의 구성적 의미는 다소 다른 것으로 분명히 제시된다.

근원적 인상으로 나타나고 잠시 동안 지속하는 A가 발전하는 단계에 있는 A에 관한 과거지향과 합치해 B가 나타나며, 이때 B는 지속하는 것으로 구성된다고 가정해보자. 이 경우 의식은 이러한 과정 전체 가운데 과거 속으로 후퇴하는 동일한 A의 의식이고, 이 주어지는 방식들의 흐름 속에 동일한 것이며, 그 존재의 내실에 속하는 지속한다는 자신의 존재의 형식상 또는 이렇게 지속하는 모든 시점에 대해 동일한 것이다. 이러한 사실은 B에 대해서도 이들[A와 B]이 지속하는 것의 거리나 이들 시점의 거리에 대해서도 타당하다.

그러나 여기에는 새로운 사실, 즉 'B가 A에 잇따라 일어난다'는 사

---

38) 이 항은, 제14항의 결론단락과 제15항처럼, 아마 1907년 작성한 자료 「기억 또는 계속의식의 아프리오리에 관해」에 근거한 것으로 추정된다.—뵘의 주.

실이 첨가되어 나타난다. 이것은 어떤 일정한 시간의 형식, 즉 잇달아 일어나는 것(Nacheinander)을 포괄하는 시간의 구간과 함께 주어진 두 개의 지속하는 자료가 잇따라 일어나는 것이다. 계기하는 의식은 원본적으로 부여하는 의식이며, 그것은 이 잇달아 일어나는 것에 관한 지각이다.

이제 이러한 지각이 재생산적으로 변양되는 것과 더불어 회상을 고찰해보자. 나는 이렇게 계기하는 것의 의식을 '반복하고', 이 계기하는 것을 기억하면서 현전화한다. 나는 이러한 일을 할 수 있으며, 더구나 임의로 몇 번이든 할 수 있다. 체험을 현전화하는 것은 아프리오리하게 나의 자유(Freiheit)의 영역 속에 놓여 있다('나는 할 수 있다'는 사실은 실천적으로 나는 할 수 있다는 것이지, 단순한 표상은 아니다).

그렇다면 체험이 잇따라 일어나는 것을 현전화하는 것은 어떠한 모습을 드러내며, 무엇이 그 본질인가? 사람들은 우선 다음과 같이 말할 것이다. 즉 나는 우선 A를, 그런 다음 B를 현전화한다. 그리고 만약 내가 근원적으로 A–B를 지니면, 지금 나는 A'–B'(부호 '''는 기억을 뜻한다)를 지닌다. 그러나 이것으로 충분치 않다. 왜냐하면 나는 지금 어떤 기억 A'를 지니고, 그 이후 어떤 기억 B'를, 게다가 이러한 기억이 잇따라 일어나는 의식 속에 지닌다고 말하기 때문이다.

하지만 이 경우 나는 이러한 기억들이 잇따라 일어나는 지각을 지니는 것이지, 그것들에 관한 기억의 의식을 지니는 것은 아니다. 그러므로 나는 기억의 의식을 (A–B)'를 통해 제시해야 한다. 이러한 의식은 사실상 어떤 A', B'를 포함하지만, 어떤 –'도 포함한다. 물론 이 잇따라 일어나는 것은, 마치 기호의 서체(書體)가 잇달아 잇따라 일어나는 것으로 표시하는 것처럼, 어떤 제3의 단편은 아니다.

어쨌든 이 법칙을 다음과 같이 쓸 수 있다.

$$(A-B)'=A'-'B'$$

이것은 A에 관한 기억의 의식과 B에 관한 기억의 의식이 현존하지만, B가 A에 잇따라 일어난다는 변양된 의식도 현존한다는 의미에서 그러하다.

그런데 지속하는 대상성들이 잇따라 일어나는 것 그리고 당연히 지속하는 것 자체가 잇따라 일어나는 것에 대해 원본적으로 부여하는 의식을 심문하면, 이것에는 과거지향과 회상이 필연적으로 속한다는 점을 알게 된다. 과거지향은 '지금'의 생생한 지평을 구성하며, 나는 과거지향 속에 방금 전에 지나가버린 것의 의식을 갖지만, 이 경우에는 가령 방금 전에 들은 음을 견지할 때처럼 '지금'의 국면이나 이미 완전히 구성되었거나 이렇게 이미 완성되었기 때문에 더 이상 구성하지도 않고 더 이상 지각되지도 않는 지속이 〔과거 속으로〕 뒤로 밀려나는 것만 원본적으로 구성된다.

그러나 나는 이렇게 〔과거 속으로〕 뒤로 밀려난 결과와 합치되어 재산출을 시도할 수 있다. 이 경우 나에게 지속하는 것의 과거가 주어지며, 곧 지속하는 것이 다시 주어진 것으로 단적으로 주어진다. 그리고 다음과 같은 사실에 주목해야 한다. 즉 나는 반복하는 작용들 속에 단지 지나가버린 지속하는 것만 원본적으로 직관(anschauen)할 수 있다. 더구나 실제로 직관할 수 있고 동일화(identifizieren)할 수 있으며, 많은 작용의 동일한 객체로서 대상적으로 지닐 수 있다는 사실이다. 나는 현재를 더 오래 살릴 수 있지만, 현재는 다시 주어질 수 없다. 내가 하나의 동일한 계기하는 것으로 되돌아가 이 계기하는 것을 동일한 시간의 객체로서 동일시하면, 이는 내가 언제나 할 수 있는데, 나는 포괄하는 계기하는 의식이 통일되는 가운데 회상하는 체험들이 계기하는 것을 다음과 같이 수행한다.

$$(A-B)-(A-B)'-(A-B)''\cdots\cdots$$

문제는 '이러한 동일화작용이 어떻게 보이는가' 하는 것이다. 우선 잇따라 일어나는 것은 체험들이 잇따라 일어나는 것이다. 첫 번째 체험은 A-B가 잇따라 일어나는 것을 원본적으로 구성하는 것이고, 두 번째 체험은 이 잇따라 일어나는 것에 대한 기억이며, 그런 다음 또 다시 동일한 것 등이 반복된다. 이렇게 잇따라 일어나는 것 전체가 현존(Präsenz)으로서 원본적으로 주어진다. 이 잇따라 일어나는 것에서 나는 다시 하나의 기억을 지닐 수 있으며, 이것은 무한히 반복된다. 본질적 법칙으로 각각의 기억은 임의로 높은 단계의 가능성들이 있다는 의미에서 반복될 수 있을 뿐만 아니라, '나는 할 수 있다'의 영역에서도 반복될 수 있다. 원리적으로 〔반복된 기억〕 각각의 단계도 자유의 활동(이것은 방해받지 않는다)이다.

이렇게 계기하는 것의 최초의 회상은 어떻게 보이는가?

$$[(A-B)-(A-B)']'$$

그렇다면 나는 앞에서 논의한 법칙에 따라 이 속에는 (A-B)'와 〔(A-B)'〕'가 두 번째 단계의 기억이 잇달아 일어나는 가운데 끼어 있으며, 또한 당연히 잇따라 일어나는 것에 관한 기억 (-')도 끼어 있다는 사실을 추측할 수 있다. 또 다시 기억을 반복하면, 나는 더 높은 기억이 변양된 것을 지니게 되고, 동시에 '나는 여러 번 잇달아 일어나는 반복되는 현전화를 수행했다'는 의식을 지니게 된다. 이러한 사실은 매우 일상적으로 일어난다. 내가 책상을 두 번 두드리고 이 잇달아 일어나는 것을 현전화하면, 우선 내가 이 잇따라 일어나는 것을 지각에 합당하게 부여했고, 그런 다음 기억했다는 사실에 주목한다. 그런 다음 나는 내가 곧 이렇게 주목함을 수행했고, 더구나 내가 반복할 수 있는 일련의 〔기억〕계열에서 세 번째 항으로서 수행했다는 것 등에 주목한다. 이 모든 것은 특히 현상학적 연구의 방법 (Arbeitsmethode)[39]에서 지극히 일상적인 것이다.

그런데 공존하는 것으로서가 아니라 단지 계기하는 것 속에 주어진 것인 동등한 (내용적으로 동일한) 객체들이 잇따라 일어나는 경우 우리는 의식의 통일성 속에 독특하게 합치하는 것을 갖는데, 이것은 계기하는 합치하는 것이다. 물론 이것은 비유적으로 말하는 것이다. 왜냐하면 그 객체들은 실로 따로 분리되어 놓여 있으며, 시간의 구간에 따라 분리된 잇따라 일어나는 것으로 의식되기 때문이다.

어쨌든 우리가 동등하게 뚜렷이 드러난 계기들을 지닌, 서로 동등하지 않은 객체들을 만약 잇달아 일어나는 가운데 지니면, 어떤 것에서 다른 것으로의 어느 정도 **동등성의 계열**이 진행된다. 유사성의 경우에는 유사성의 계열이 진행된다. 여기에서 우리는 연달아 일어나는(Aufeinander) 관련된 것을 지니는데, 이것은 〔그 객체에〕 관련 짓는 관찰작용을 통해 구성되는 것이 아니라, 동등성을 직관하거나 차이를 직관하는 것의 전제로서 **비교하는** 것과 **사고작용** 모두에 앞서 놓여 있다. 본래 유사한 것만 **비교**될 수 있으며, **차이**는 **합치**를 전제한다. 즉 이행하는 가운데 (또는 공존하는 가운데) 결합된 동등한 것이 그 본래의 합치하는 것을 전제한다.

---

39) 후설은 사태 그 자체로 되돌아가 다양한 방법으로 기술하는 자신의 현상학을 곧잘 "방법적 연구의 철학"(methodische Arbeitsphilosophie)이라고도 부른다 (『위기』, 104쪽 참조할 것).

19 과거지향과 재생산(1차적 기억과 2차적 기억 또는 상상)의 차이[40]

이제 시간을 파악하는 근원은 상상(Phantasie)의 영역에 놓여 있다는 브렌타노의 학설에 대해 우리의 견해가 최종적으로 결정되었다.

상상은 현전화(Vergegenwärtigung), 즉 재생산으로 특징지어진 의식이다. 현전화된 시간도 존재하지만, 이 시간은 근원적으로 주어진 시간, 즉 상상된 것이 아니라 현시[직접 제시]된 시간으로 필연적으로 소급해 지시한다. 현전화는 근원적으로 부여하는 작용에 대립된 것이며, 어떠한 표상도 이것에서 일어날 수는 없다. 즉 상상은 그 어떤 객체성이나 어떤 객체성에서 본질적으로 가능한 특징을 스스로 주어진 것으로 제시할 수 있는 의식이 아니다. 스스로를 부여하지 않는다는 점이야말로 곧 상상의 본질이다. 상상이라는 개념조차 상상에서 일어나는 것은 아니다. 왜냐하면 상상의 본질을 원본적으로 부여하고자 하면, 우리가 상상을 형성할 수 있음이 틀림없지만, 이러한 사실 자체가 여전히 [상상의 본질이] 주어져 있다는 것을 뜻하지는 않기 때문이다.

따라서 당연히 우리는 상상작용을 관찰해야 하고, 이 작용을 지각해야 한다. 즉 상상을 지각하는 것은 상상이라는 개념을 형성하기 위해 근원적으로 부여하는 의식이며, 이러한 지각 속에 우리는 상상의 본질을 간취하고 상상을 스스로 주어진 것의 의식 속에 파악한다.

재현전화하는 기억과 '지금'의 의식을 확장하는 1차적 기억 사이에 현저한 현상학적 차이가 존재한다는 사실은 이러한 두 가지 측면의 체험을 주의 깊게 비교함으로써 분명히 나타난다.

우리는 가령 두 가지 음이나 세 가지 음을 듣고 이 작용이 시간적

---

40) 이 항은 1905년 강의수고의 42~44쪽에 근거한다.—뷤의 주.

으로 연장되는 동안, 방금 전에 들었던 음에 관한 의식을 지닌다. 시간의 객체의 통일성을 형성하는 음향의 형태에서 하나의 분절(Glied)이 실제 지금[의 것]으로 지각되든 않든, 또는 이러한 사실이 더 이상 발생하지 않고 그 형성물이 단지 과거지향으로만 의식되든 않든, 이러한 의식은 명증적으로 그 본질상 동일한 것이다.

이제 방금 전에 들은 음이나 음향이 경과하는 것을 향한 연속적 지향이 생생하게 남아 있는 동안, 이와 같은 동일한 음이 아마 다시 한번 재생산될 것이라고 가정해보자. 나는 실제로 방금 들었고 내 주의력이 여전히 향해 있는 그 박자를 마음속에 다시 한번 추후에 수행하는 가운데 현전화한다. 그 차이는 분명히 발생한다. 즉 우리는 이제 현전화를 통해 그 음이나 그것의 시간적 연장 전체를 포함해 음의 형태(Tongestalt)를 다시 한번 지닌다. 현전화하는 작용은 그 이전의 지각작용과 똑같이 시간적으로 확장되고, 이 작용은 지각작용을 재생산하고, 각 음의 국면이나 각 음정(音程)을 경과시키며, 이와 동시에 우리가 비교하기 위해 앞에서 선택한 1차적 기억의 국면도 재생산한다.

이 경우 현전화하는 작용은 단순히 반복하는 것이 아니다. 따라서 이러한 차이는 가령 한편으로 단적인 재생산을 하고, 다른 한편으로 재생산에 관한 하나의 재생산을 한다는 사실에 있지 않다. 오히려 내실(Gehalt)[41])에서 근본적 차이가 있다. 이 차이는 가령 우리가 '무엇이 현전화에서 음이 울려 퍼지는 것과 우리가 어쨌든 여전히 상상 속에 그 음이 울려 퍼짐으로써 보유하는 잔류하는 의식 사이의 차이를 만드는가' 하고 심문할 때 분명히 드러난다.

음이 울려 퍼지는 동안 재생산된 음은 울려 퍼짐을 재생산한다. 재

---

41) 후설에서 '내실'은 내재적 내용을 뜻한다. 그리고 '내용'(Inhalt)은 특별히 한정된 의미 없이 광범위하게 사용하지만, 많은 경우에 내실과 혼용하기도 한다.

생산된 울려 퍼짐 이후에 잔류하는 의식은 더 이상 울려 퍼짐을 재생산한 것은 아니고, 방금 전에 존재했고 여전히 방금 전에 들린 울려 퍼짐을 재생산하는 것이며, 이러한 울려 퍼짐은 울려 퍼짐 자체와는 전적으로 다른 방식으로 제시된다. 즉 음들을 제시하는 상상의 산물들(Phantasmen)은 마치 현전화를 통해 각각의 음이 동일하게 머물러 있는 자료로 연속되는 것처럼, 의식 속에 남아 있는 것이 아니다. 만약 그렇지 않다면 어떤 직관적 시간의 표상, 즉 현전화를 통한 어떤 시간의 객체에 대한 표상은 전혀 성립될 수 없을 것이다. 재생산된 음은 사라져버리고, 이 음의 상상의 산물들은 동일한 것으로 남아 있거나 계속 그것을 파악하는 것을 경험하는 것이 아니라, 독특한 방식으로 변양되고, 지속하는 것·변경되는 것·잇달아 일어나는 것 등의 현전화하는 의식을 정초한다.

원본적 '지금'을 재생산된 '지금'으로 변경시키는 의식의 변양은 그것이 원본적인 '지금'이든 재생산된 '지금'이든, '지금'을 '과거의 것'으로 변경시키는 변양과 전적으로 다르다. 후자의 변양은 끊임없는 음영의 성격을 지닌다. 즉 '지금'이 끊임없이 '과거의 것' 그리고 '더 먼 과거의 것'의 층으로 나뉘어 단계 지어지는 것처럼, 직관적 시간의식 역시 끊임없이 층으로 나뉘어 단계 지어진다. 이에 반해 지각에서 상상으로, 인상에서 재생산으로 끊임없이 이행하는 것은 〔여기에서〕 논의되지 않는다. 후자〔지각과 상상, 인상과 재생산〕의 차이는 불연속적 차이다.

따라서 원본적 의식, 인상 또는 지각이라고 부르는 것은 끊임없이 층으로 나뉘어 단계 짓는 작용이다. 각각의 구체적 지각은 이와 같이 층으로 나뉘어 단계 지어지는 연속체 전체를 함축한다. 재생산과 상상의 의식도 정확히 이처럼 층으로 나뉘어 단계 지어질 것을 요구하지만, 곧 재생산적으로 변양된다는 점만 다르다. 어떤 경우든 체험은 이러한 방식으로 확장됨이 틀림없다는 사실, 어떤 시점의 국면은 결코 그 자체로는 존재할 수 없다는 사실은 체험의 본질이다.

재생산적으로 주어진 것과 마찬가지로 원본적으로 주어진 것이 이렇게 층으로 나뉘어 단계 지어지는 것은 (이미 앞에서 파악했듯이) 당연히 파악의 내용과도 참으로 관계한다. 지각은 감각에 기초한다.[42] 대상에 대해 현시[직접 제시]적으로 기능하는 감각은 끊임없는 연속체를 형성하고, 마찬가지로 상상의 산물도 상상의 객체가 재현하는 것에 대해 연속체를 형성한다. 감각(Empfindung)과 상상의 산물(Phantasma) 사이의 본질적 차이를 인정하는 사람은 당연히 방금 전에 지나가버린 시간의 국면에 대해 파악한 내용을 상상의 산물로 주장하면 안 된다. 왜냐하면 이렇게 파악한 내용은 실로 '지금'의 순간에 파악한 내용으로 연속적으로 이행하기 때문이다.

20 재생산의 '자유'[43]

과거 속으로 뒤로 가라앉는 원본적 경과와 재생산된 경과에서 주목할 만한 차이가 드러난다. 나타남에서 경과하는 양상들이 원본적으로 나타나고 흘러가버리는 것은 확고한 일이며 촉발(Affektion)을 통해 의식된 것이고, (주목하는 자발성을 실행하면) 그것을 바라볼 수 있는 것이다. 우리는 더 빠르거나 느리게, 더 판명하고 명백하게 또는 더 혼란스럽게, 번개처럼 빠르게 진행하거나 분절된 걸음으로 진행하는 등으로 현전화를 할 수 있다. 이 경우 현전화는 그 자체로 내적

---

42) '감각'과 '지각'의 차이에 관해서는 제1항의 원주 및 이에 관한 옮긴이주 참조할 것.

43) 이 항은 제8~10항과 같이 1911년 11월 10일부터 13일까지 작성한 자료인「내적 의식의 지향성」의 끝부분에 근거한다.—뵘의 주.

의식에 일어난 일이며, 그러한 것으로서 자신의 현실적 '지금'이나 그것이 경과하는 양상을 지닌다.

그리고 현전화가 실제로 실행되어 생기는 동일한 내재적 시간의 구간 속에 우리는 그 경과하는 양상들을 지니는 현전화된 과정의 더 크거나 작은 부분들을 자유로이 보관할 수 있으며, 이에 따라 그 과정을 더 빠르거나 느리게 흘려버릴 수 있다. 이 경우 현전화된 시간의 구간에 대해 시점들이 상대적으로 경과하는 양상(계속 동일화하는 합치의 전제 아래)은 변화되지 않는다. 나는 항상 동일한 것, 즉 시간의 구간이 경과하는 양상들의 동일한 연속성을 항상 그것 자체가 있는 그대로(im Wie) 언제나 현전화한다. 그러나 내가 그와 같이 언제나 다시 동일한 출발점으로 되돌아가고 시점들이 동일하게 잇따라 일어나는 것으로 되돌아가면, 어쨌든 이 동일한 출발점 그 자체는 끊임없이 그리고 더욱더 과거 속으로 가라앉는다.

21 재생산의 명석함의 단계[44]

이 경우 현전화된 것은 많든 적든 명석한 방식으로 떠오르고, 불명석함의 여러 가지 양상은 현전화된 전체와 그 의식의 양상에 관계한다. 또한 시간의 객체가 원본적으로 주어지는 경우 우리는 시간의 객체가 처음에는 생생하고 명석하게 나타나고, 그런 다음 명석함이 감소되면서 공허한 것으로 이행하는 것을 발견한다. 이러한 변양은 의식의 흐름에 속한다.

그러나 이렇게 변양된 것들이 흐름의 현전화 속에서도 나타나는

---

44) 이 절은 제14항 결론단락과 제15항 그리고 제18항과 같이 아마 1907년 작성한 자료로 추정되는 「기억 또는 계속의 의식의 아프리오리에 관해」에 근거한다.—뷤의 주.

가운데 여전히 그와 다른 **불명석함**에 마주치게 된다. 즉 (첫 번째 의미에서) **명석한** 것까지도 어떤 장막을 통해 보인 것처럼 불명석하게, 게다가 많든 적든 불명석하게 거기에 계속 존재한다.

그러므로 이러한 불명석함과 그 밖의 다른 불명석함을 혼동하면 안 된다. '현전화가 생생한 것으로 있는지 생생하지 못한 것으로 있는지, 명석한지 불명석한지' 하는 특수한 양상은 현전화된 것 또는 현전화하는 방식(Wie)에 의해서만 현전화된 것이 아니라, 현전화의 현실적 체험에 속한다.

22 재생산의 명증성[45]

1차적 기억과 2차적 기억의 명증성에도 주목할 만한 차이가 있다.[46] 우리가 파악했듯이, 내가 과거지향으로 의식하는 것, 이것은 절대적으로 확실하다. 그렇다면 이보다 더 먼 과거의 경우는 사정이 어떠한가?

어제 경험했던 것을 기억하면, 나는 어제 경험된 사건의 과정을 경우에 따라 계기하는 모든 걸음걸이에 맞춰 재생산한다. 그러는 동안 나는 다음과 같이 잇따라 일어나는 의식을 지닌다. 즉 우선 첫 번째 일이 재생산되고, 그런 다음 일정하게 잇따라 일어나는 가운데 두 번째 일이 재생산된다. 그러나 현재의 체험이 경과하는 것인 재생산에서 명증적으로 수반되는 이렇게 잇따라 일어나는 것은 도외시하더라도, 재생산은 지나가버린 어떤 시간적 경과를 제시한다. 그리고 기억에 따라 현재 일어난 일의 개별적 발걸음이 과거에 일어난 일의 발

---

45) 이 절은 1901년 이전에 작성한 것으로 추측되는 자료「시간의 지각과 기억 등의 명증성」에 근거한다.—뷤의 주.

46) 제13항 참조할 것.—후설의 주.

걸음을 피할 수도 있을 뿐 아니라(즉 과거에 일어난 일이 지금 현전화되는 것처럼 일어나지는 않는다는 사실), 더구나 실제적으로 잇따라 일어나는 계열은 실로 기억하면서 잇따라 일어나는 계열이 그것을 생각하는 것과 전혀 다르다는 것은 충분히 가능하다.

그러므로 재생산 그 자체에서 생기는 오류가 발생할 수 있지만, 이것을 시간의 객체들(즉 초월적 시간의 객체들)에 관한 지각이 지배될 때 발생하는 오류와 혼동하면 안 된다. 이러한 혼동이 있다는 사실과 그 의미에 대해서도 이미 언급했다. 즉 내가 시간적으로 잇따라 일어나는 어떤 것을 원본적으로 의식했다면, 시간적으로 잇따라 일어났고, 일어나는 사실은 의심할 여지가 없다. 그러나 이것은 어떤 객관적인 일이 내가 그것을 파악하는 그러한 의미로 실제로 일어난다는 것을 말하지 않는다. 개별적 파악들이 틀릴 수도 있으며, 어떠한 실제성도 이와 같은 것에 상응하지 않는다.

그리고 실로 시간적으로 〔과거 속으로〕 뒤로 밀려난 경우에도 파악된 것을 대상적으로 지향하는 것(이것이 구성하는 내용이나 다른 대상들과 이것의 관계에 따라)이 유지된다면, 그 오류는 나타나는 일어난 일을 시간적으로 파악하는 전체에 두루 영향을 미친다. 그러나 〔대상을〕 제시하는 내용 또는 나타남이 잇따라 일어나는 것에 제한하면, '어떠한 일어난 일이 주어진 것으로 일어나고, 나에게 일어난 사건이 잇따라 일어나는 것이 비록 〔실제로〕 일어나지 않았더라도, 이러한 나타남이 잇따라 일어나는 것은 〔결국〕 일어났을 것이다'라는 점은 의심할 여지없이 진리로 남아 있다.

그런데 바로 '시간의식의 이러한 명증성이 재생산 속에 유지될 수 있는지'가 문제다. 이러한 사실은 재생산적으로 경과하는 것과 과거 지향적으로 경과하는 것의 합치로만 가능하다. c와 d 두 음이 잇따라 일어나면, 신선한 기억이 여전히 존속하는 동안 나는 이렇게 잇따라 일어나는 것을 반복할 수 있고, 게다가 어떤 점에서 충전적으로 반복할 수 있다. 먼저 c가 일어났고, 그런 다음 d가 일어났다는 사실을 의식하면서 나는 마음속에 c와 d를 반복한다. 그리고 이러한 의식이 여전히 생생하게 남아 있는 동안 나는 그러한 것 등을 다시 수행할 수 있다. 확실히 나는 이러한 방식으로 명증성의 근원적 영역을 뛰어넘을 수 있다. 동시에 우리는 '회상이 어떻게 충족되는지' 파악한다. 내가 c와 d를 반복하면 이 계기하는 것을 재생산하는 표상은 여전히 생생한 그 이전에 계기하는 것 속에 자신의 충족을 발견한다.[47]

23 재생산된 '지금'과 과거의 것의 합치.
    상상과 회상의 구별

이제까지 우리는 원본적 의식에 대립해 과거의 것을 재생산하는 의식을 대조했는데도 다른 문제가 발생한다. 만약 내가 들었던 멜로디를 재생산하면, 회상의 현상적 '지금'이 과거의 것을 현전화한다.[48] 즉 상상이나 회상 속에 지금 어떤 음이 울려 퍼진다. 이 음은 요컨대 존재했던 멜로디인 그 멜로디의 첫 번째 음을 재생산한다. 그런 다음 두 번째 음과 더불어 주어진 과거의 의식은 방금 전에 지나가버린 것, 즉 그 이전에 원본적으로 주어졌던 것, 따라서 과거의 방금 전에 지나가버린 것을 재현한다.

그렇다면 재생산된 '지금'은 도대체 어떻게 과거의 것을 재현하는가? 어쨌든 재생산된 '지금'은 곧 하나의 '지금'을 직접 표상한다. 하

---

47) 재생산이 단순히 과거지향적으로 의식된 계기를 직관하도록 하기 때문에 우리는 이러한 사실을 그 역으로 받아들일 수 있다.—후설의 주.

48) 회상은 언제나 과거에 수행했던 의식작용을 다시 불러온다는 의미에서 현전화 활동이다.

지만 방금 전에 지나가버렸다는 형식으로만 원본적으로 주어질 수 있는 과거의 것과의 관계는 도대체 어떻게 성립하는가?

이러한 물음을 해결하려면 이제까지 단지 언급했던 것만, 즉 시간적으로 연장된 객체에 관한 단순한 상상과 회상을 구별할 필요가 있다. 단순한 상상에서는 재생산된 '지금'을 정립하는 것(Setzung)도 재생산된 '지금'과 과거의 '지금'이 합치하는 것(Deckung)도 주어지지 않는다. 이에 반해 회상은 재생산된 것을 정립하며, 이렇게 정립함으로써 재생산된 것의 위치를 현실적 '지금'으로, 또 회상 자체가 속한 원본적 시간 장(Zeitfeld)의 영역으로 설정한다.[49] 재생산된 '지금'과 과거의 것 사이의 관계는 원본적 시간의식 속에서만 수행될 수 있다.[50]

현전화의 흐름은 시간을 구성하는 각각의 흐름과 똑같이 구축되고, 그 자체가 하나의 시간을 구성하는 체험의 국면들의 흐름이다. 시간의 형식을 구성하는 모든 음영과 변양은 여기에서 발견되며, 음의 국면들의 흐름 속에 내재적 음이 구성되는 것과 똑같이 음-현전화의 국면들의 흐름 속에 음-현전화의 통일체가 구성된다.

무엇보다 가장 넓은 의미에서 나타나는 것·표상된 것·사고된 것 등이 현상학적 반성에 따라 내재적 객체화(Objektivation), 즉 내적 의식의 통일체인 지각의 나타남(외적 지각)·기억·예상·원망 등의 객체화의 경험을 구성하는 국면들의 흐름으로 소급된다는 사실은 실로 보편적으로 타당하다. 따라서 보편적으로 시간을 구성하는 형

---

49) 부록 3 「지각과 기억의 연관적 지향들. 시간의식의 양상들」 참조할 것.—후설의 주.

50) 이 항에서 여기까지는 1905년의 강의수고 44쪽에 근거하고, 그 이후는 1907년부터 1909년 사이에 작성된 것으로 추정된 자료 「의식흐름의 이중적 지향성」에 근거한다.—뷤의 주.

태화에 관한 체험이 유출되는 것인 모든 종류의 현전화도 내재적 객체를 구성하는데, 이 내재적 객체는 지속하는, 그러그러하게 흘러가버리는 현전화의 과정이다.

그러나 다른 한편 현전화는 그 자체로 그리고 체험의 모든 국면에 따라 그와 다른 의미에서 '…에 관한' 현전화이며, 이것은 다른 종류인 제2의 지향성(zweite Intentionalität)을 갖춘 독특한 특성을 지닌다.[51] 이 제2의 지향성은 어떠한 체험에도 고유한 것이 아니라, 오직 현전화에만 고유한 것이다. 그런데 이 새로운 지향성은 형식상 시간을 구성하는 지향성에 대립된 심상(Gegenbild)이며, 각각의 요소에 대해서는 현전화의 흐름의 어떤 계기를 재생산하고 전체에 대해서는 현전화의 흐름 전체를 재생산하는 것처럼, 현전화된 내재적 객체에 대한 재생산적 의식을 산출하는 특징을 지닌다.

그러므로 이 지향성은 이중적인 것(Doppeltes)을 구성한다. 즉 처음에는 체험의 흐름의 그 형식을 통해 현전화를 내재적 통일체로 구성한다. 그다음, 이러한 흐름의 체험의 계기들은 이와 평행하는〔현전화의〕흐름(이것은 일상적인 경우 재생산적이지 않은 계기로 이루어진다)의 계기들이 재생산적으로 변양된 것이라는 사실에 따라 그리고 이 재생산적으로 변양된 것은 하나의 지향성을 의미한다는 사실에 따라, 이〔현전화의〕흐름을 구성하는 전체 속에 결합되어 있다. 이 전체 속에 하나의 지향적 통일체, 즉 기억된 것의 통일체가 의식된다.

---

51) 현전화는 현재화와는 다른 지향성을 지니지만, 현전화의 국면들의 흐름은 그에 상응하는 현재화의 국면들의 변양, 즉 재생산이므로 의식의 흐름 전체에 대한 그 국면들의 정확한 '반영'(Spiegelung)이다.

24 회상에서 미래지향[52]

그런데 '기억'(Erinnerung)이라는 구성된 체험의 통일성이 통일적 체험의 흐름 속으로 정돈되는 것을 이해하기 위해 다음과 같은 점도 고려해야 한다. 즉 모든 기억은 예상하는(Erwartung) 지향을 포함한다는 점이다. 이 예상하는 지향을 충족시키는 것은 현재(Gegenwart)로 이끈다. 근원적으로 구성하는 각각의 과정은 일어날 일 그 자체를 공허하게 구성하고, 붙잡고, 충족시키는 미래지향(Protention)에 따라 활성화된다.

그러나 회상하는 과정은 단지 이러한 미래지향만 기억에 적합하도록 새롭게 꾸미지 않는다. 이 미래지향은 붙잡힌 것으로 현존했는데, 붙잡혔으며 충족된다는 사실을 우리는 회상(Wiedererinnerung)을 통해 의식한다. 회상하는 의식에서 충족시키는 것은 (곧 기억의 정립이 변양된 것에서) 재충족하는 것(Wieder-Erfüllung)이다. 그리고 일어난 일을 지각하는 근원적 미래지향이 결정되지 않았다면, 또한 다르게 존재함(Anderssein)이나 존재하지 않음(Nichtsein)〔의 문제〕이 결정되지 않은 채 남아 있다면, 우리는 회상 속에 미리 방향이 정해진 예상을 지닌다. 즉 불완전한 회상의 형식으로가 아니라면 〔다르게 존재함이나 존재하지 않음〕 이 모든 것을 결정되지 않은 채 남겨두지 않는 예상 그리고 결정되지 않은 근원적 미래지향과 다른 구조를 지닌 예상을 지닌다.

그런데 회상에는 결정되지 않은 근원적 미래지향이 포함된다. 그러므로 그 밖의 경우 〔이와 다른〕 새로운 방식으로 현재에 이르기까지 일어난 일들이 차례로 연달아 일어나는 것에 관계하는 예상에 대

---

52) 이 항은 후설이 이 책을 보충할 목적으로 1917년 작성한 초고를 슈타인이 정서한 자료에 근거한다.—뷤의 주.

해서도 지향적으로 분석하기 어려운 점이 있다. 즉 회상은 예상은 아니지만, 미래를 게다가 회상된 것의 미래를 향한 지평(Horizont)[53]을 지닌다. 이 지평은 정립된 지평이다. 이 지평은 회상하는 과정이 진전됨에 따라 항상 새롭게 열리고, 더 생생하고 풍부해진다. 동시에 이 지평은 항상 새롭게 회상된 일어난 일로 충족된다. 이전에 단지 예시된 것들은 '유사'(quasi)-현재적이며, [시간의 객체를] 실현시키는 현재의 양상에서 '유사하게' 존재한다.

25 회상의 이중적 지향성[54]

따라서 어떤 시간의 객체에서 시간'의' 연관 속에 서로 다른 위치를 지닐 수 있는 그 시간의 객체가 지속하는 것(Dauer)과 더불

---

53) 이 용어는 그리스어 'horizein'(구분한다 · 경계지운다 · 구획을 정한다)에서 유래한다. 후설은 발생적 현상학의 중심개념인 이 용어를 제임스(W. James)가 사용한 '언저리'(Fringe)에서 받아들였는데, 의식의 익명성을 밝히기 위해서였다. 의식의 모든 작용에는 직접 주어진 국면은 아니지만 기억이나 예상에 따라 지향된 대상에 속하는 국면들이 있으며, 이것들이 그 대상의 지평을 구성하여 경험이 발생하는 틀을 형성한다.
인간의 신체뿐 아니라 정신과 결부된 이 '지평'은 보이는 것과 보이지 않는 것을 구분짓는 경계다. 이것을 과학적으로 분석하면 존재하지 않는다고 하겠지만 그렇다고 단순한 환상은 결코 아니다. 우리는 세계 속에 있는 어떤 객체를 제거할 수는 있지만, 지평 자체를 제거한 세계는 생각할 수도 없다. 지평은 인간이 신체를 움직이거나 정신이 파악해감에 따라 점차 확장되고 접근할 수 있는 문화와 역사, 사회적 조망을 지닌 무한한 영역이다. 즉 인간의 모든 행동에 앞서 일상적 경험 속에 직접 주어지는, 인간이 자기를 항상 새롭게 이해하고 실현할 수 있는 전제조건이자 미리 지시된 잠재성이다. 따라서 인간과 세계는 서로 분리할 수 없는 지향적 통일체다.
54) 이 항과 제26항(그 끝부분 한 문장을 제외하고) 그리고 제27항 앞부분은 제23항 후반부와 마찬가지로 1907년부터 1909년 사이에 작성된 것으로 추정되는 자료「의식흐름의 이중적 지향성」에 근거한다.—뷤의 주.

어 내용(Inhalt)과 그 시간의 객체가 시간적으로 위치를 지니는 것 (Zeitstellung)을 구별하면,[55] 지속하는 존재를 재생산하는 경우 우리는 충족된 지속하는 재생산 이외에 위치를 설정하는 것에 관계하는 지향을 지니는데, 심지어 필연적으로 지닌다. 지속은 시간의 연관 속에 정립되지 않고는, 즉 시간의 연관의 지향들이 현존하지 않고는 전혀 표상되지 않으며, 더 적절하게 말하면 정립될 수 없다. 이 경우 시간의 연관의 지향들이 과거지향이나 미래지향의 형식을 지닌다는 것은 필연적이다.

충족된 지속하는 것을 향하고, 〔동시에〕 이 지속하는 것의 시간의 위치를 향하는 지향들의 이중성에 이중적 충족이 상응한다. 지나가 버렸지만 지속하는 객체의 나타남을 형성하는 지향들의 복합 전체는 그 지속하는 동일한 것에 속한 나타남들의 체계 속에 충족될 수 있다. 시간 속에 연관의 지향은 현실적 현재에 이르기까지 충족된 연관을 수립함으로써 충족된다.

그러므로 각각의 현전화에서 의식을 재생산하는 것과 그 의식은 구별되어야 한다. 지나가버렸지만 지속하는 객체는 이 의식을 재생산하는 가운데 주어졌다. 즉 지각되었거나 일반적으로 근원적으로 구성되었다. 그리고 그 의식은 과거나 (현실적 '지금'과 동시적인) 현재 또는 미래의 의식에 대해 구성적인 것으로서 이렇게 재생산하는 것에 부착되어 있다.

그렇다면 후자〔의식〕 역시 재생산한 것인가? 이것은 오해를 불러 일으키기 쉬운 물음이다. 물론 의식의 흐름과 더불어 그 당시 의식의 현재뿐만 아니라 **함축적으로는** 생생한 현재에 이르기까지 의식의 전

---

55) 모든 지속은 내용을 지니며 지속하는 모든 존재는 지속 속에 자신의 형식, 즉 지속의 충족 속에 자신의 형식을 지닌다. 그러나 그 자신의 형식과 지속은 시간의 연관 속에 서로 다른 시간의 위치를 지닐 수 있다.

체 흐름(Strom)인 이 전체는 재생산된다. 즉 아프리오리한 현상학적 발생의 근본사항 가운데 하나로서 의식 삶(Bewußtseinsleben)은 끊임없는 흐름(Fluß)[56] 속에 있기 때문에 기억은 끊임없는 흐름 속에 있는 것이지, 그 각각의 분절[고리](Glied)이 연쇄의 사슬 속에 잇대어 끼워져 있는 것이 아니다. 오히려 모든 새로운 것은 오래된 것에 소급해 작용하고, 새로운 것이 전진해나가는 지향은 충족되며 이와 동시에 규정된다. 이러한 사실은 재생산에 어떤 특정한 색조를 부여한다.

따라서 여기에서는 아프리오리한 필연적 소급작용이 분명히 나타난다. 새로운 것은 다시 새로운 것을 지시한다. 새로운 것은 등장하면서 규정되고, 오래된 것에 대해 재생산하는 가능성을 계속 변양시킨다. 이 경우 연쇄의 사슬에 따라 소급해 작용하는 힘은 되돌아간다. 왜냐하면 재생산된 과거의 것은 '과거의 것'(Vergangen)이라는 성격을 지니며, '지금'까지 시간의 상황(Zeitlage)에 대한 규정되지 않은 지향을 포함하기 때문이다. 이것은 우리가 어떤 것에서 다른 것

---

56) 후설이 의식의 본질구조로 파악한 지향성은 '의식은 항상 무엇에 대한 의식으로서 대상을 향해 있다'는 것이다. 즉 의식과 대상은 서로 불가분한 상관관계 속에 있다. 이 의식은 데카르트식의 연장실체와 평행을 이루는 사유실체로서 그 자체로 완결되고 폐쇄된 형이상학적 전통의 실체(Substanz)가 아니라, 마치 폭포처럼 항상 흐르는(恒轉如瀑流), 끊임없는 생성(Werden) 속에 있는 흐름(Strom, Fluß)이다. 후설은 이러한 의식의 삶의 생생한 체험인 현상을 "헤라클레이토스적 흐름"(『이념』, 47쪽; 『위기』, 159쪽 등)으로 부른다.
한편 이 '흐름'의 개념은 '흘러들어감'(einströmen)으로 발전되어 '생활세계'를 이해하는 중요한 실마리가 된다. 즉 생활세계는 선험적 주관이 근원적으로 건설하고 구성한 인식의 침전물이 문화와 기술, 언어의 형태로 생활세계 속으로 흘러들어가 '습득성'으로 침전되고, 이는 다시 상호주관적인 의사소통과 이해를 통해 자명하게 복원되고 그 의미가 더욱 풍부해져 사회성과 발생적 역사성을 지니게 된다.

을 기억하고 그리고 이것에서 그다음 것(〔흐름 속에〕흘러가는 것)을 기억하는 식으로 **연상된** 지향들의 단순한 연쇄의 사슬을 지닌다는 의미가 아니다. 우리는 그 자체로 일련의 충족이 가능한 지향인 하나의 지향을 지닌다.

그러나 이 지향은 비직관적인, **공허한** 지향이다. 그리고 이 지향의 대상적인 것은 일어난 일들의 객관적 시간의 계열이며, 이 시간의 계열은 현실적으로 회상된 것의 희미한 주변이다. 도대체 **주변**을 서로 연관을 맺는 다수의 대상성에 관련되는 것으로, 또한 그 속에서 별개의 것으로 분리되고 다양하게 점차 주어진 것이 충족되는 하나의 통일적 지향으로 특징지을 수 없는가?

공간적 배경의 경우도 사정은 마찬가지다. 그래서 지각에서 각각의 사물은 자신의 배후의 측면을 배경으로 지닌다(왜냐하면 문제가 되는 것은 주의를 기울이는 배경이 아니라, 파악하는 배경이기 때문이다). 모든 초월적 지각에 속하는 본래가 아닌 지각이라는 본질적 구성요소는 일정한 연관 속에, 즉 주어진 것들의 연관 속에 충족될 수 있는 **복합적** 지향이다. 전경(前景)은 배경(背景) 없이는 아무것도 아니다. 즉 나타나는 측면은 나타나지 않은 측면 없이는 아무것도 아니다. 이것은 시간의식의 통일에서도 마찬가지다. 즉 재생산된 지속은 전경이며, 정돈된 지향은 배경을, 즉 시간적 배경을 의식하게 한다. 이러한 사실은 그 자신의 '지금'(Jetzt), '이전'(Vorher), '이후'(Nachher)와 함께 지속하는 것 자체의 시간성을 구성하는 데 어떠한 방식으로든 계속된다.

따라서 우리는 다음과 같은 유비(類比)를 지닌다. 즉 공간적 사물에서는 한편으로 포괄하는 공간과 공간의 세계 속에서 정돈되고, 다른 한편으로 그 자신의 전경과 배경을 갖춘 공간적 사물 그 자체이며, 시간적 사물에서는 한편으로 시간의 형식과 시간의 세계 속에 정돈되고, 다른 한편으로 시간적 사물 자체와 생생한 '지금'으로 그 자신이 변화하는 방향이 정해지는 것이다.

26 기억과 예상의 차이

더 나아가 '기억과 예상은 서로 대등한지'의 문제가 연구되어야 한다. 직관적 기억은 일어난 어떤 일이 경과하는 지속을 생생하게 재생산하는 것을 제공한다. '이전'을 소급해 제시하고(zurückweisen) 생생한 '지금'에 이르기까지 미리 제시하는(vorweisen) 지향만 비직관적으로 남는다.

미래에 일어날 일을 직관적으로 표상하는 가운데 나는 재생산적으로 경과하는 과정의 재생산적 심상(Bild)을 지금 직관적으로 지닌다. 그리고 이러한 심상에는 규정되지 않은 미래지향과 과거지향, 즉 생생한 '지금' 속에 한정되는 시간의 주변에 그 과정의 처음부터 관계하는 지향들이 결합되어 있다. 이러한 한에서 예상하는 직관은 거꾸로 된 기억하는 직관이다. 왜냐하면 기억을 직관하는 경우 '지금'의 지향들은 그 과정에 앞서 나아가는 것이 아니라, 그것을 뒤쫓아가기 때문이다. 이러한 직관은 공허한 주변의 지향으로서 서로 대립된 방향을 취한다.

그렇다면 과정 자체가 주어지는 방식의 경우는 사정이 어떠한가? 기억에서 그 과정의 내용이 규정된 내용이라는 사실이 어떤 본질적 차이를 형성하는가?

기억도 직관적으로 규정될 수는 있지만, 수많은 직관적 구성요소가 실제의 기억의 성격을 전혀 지니지 않는 한, 그다지 규정되지 않는다. 물론 완전한 기억의 경우, 모든 것이 개별적인 것에 이르기까지 명석하게 되고 기억으로 특징지어지기도 한다.

그런데 그러한 사실은 기대의 경우에도 이념적으로(idealiter) 가능하다. 일반적으로 기대는 많은 것을 결정되지 않은 상태로 남겨두는데, 이 결정되지 않은 상태로 남아 있는 것이 다시 관련된 〔기대의〕 구성요소들의 성격이다. 그러나 원리적으로는 존재하게 될 것을 예상하는 모든 성격이 명백하게 나타나는 예언가의 의식[57](자기 스스로를 '예언가'라고 부르는 의식)으로 생각될 수도 있다. 즉 우리가 정확하게 규정된 계획을 지니고 이 계획된 것을 표상하는 경우, 이것을 이른바 미래의 실제성으로 전적으로 받아들이는 것과 마찬가지다. 어쨌든 이러한 경우에도 미래를 직관적으로 선취하는 것(Antizipation)에는 많은 사소한 것이 있을 것이고, 이것들은 임시방편으로 구체적 심상을 가득 채우지만, 그것이 제공하는 심상과 여러 가지 점에서 다를 수 있다. 즉 그것은 처음부터 결정되지 않은 것(Offenheit)으로 특징지어진다.

그러나 〔기억과 예상의〕 원리적 차이는 충족되는 방식에 있다. 과거지향은 직관적 재생산들의 연관을 해명함으로써 필연적으로 충족된다. 즉 과거에 일어난 일을 재생산하는 (내적 의식 속의) 타당성에 대해 결정되지 않은 것을 확인하고 재생산으로 변화시킴으로써 기

---

57) 여기에서 '예언'은 이미 알고 있는 것들에서 '유형적으로 미리 알려진 것'(typische Vorbekanntheit)이라는 선술어적 경험의 지향적 지평구조에 따라 아직 알려지지 않은 것들을 예측해가는 방법적 '귀납추리'(Induktion)다. 즉 "아직 알려지지 않은 것(Nichtwissen) 속에는 언제나 본질적으로 함축적인, 그러나 명백히 해명될 수 있는 명증적 앎(Wissen)이 있고"(『위기』, 366쪽), "경험은 그 사물에 관한 앎과 부수적 앎을 당연히 또 필연적으로 지니기"(『경험과 판단』, 27쪽) 때문에, "알려지지 않은 것(Unbekanntheit)은 항상 동시에 알려진 것(Bekanntheit)의 한 양상"(같은 책, 34쪽)이다. 예를 들어 우리는 이전에 전혀 본 적 없는 동물을 그것이 개와 비슷한 모양이기 때문에, 이제까지 경험했던 개의 유형과 비교하면서 그 행동거지나 아직 보지 못한 이빨·꼬리 등을 예측하고 경험한다.

억을 개선하는 것만 인정한다. 재생산으로 변화하는 것에서는 구성 요소들 각각의 모든 것이 재생산적인 것으로 특징지어진다. 만약 내가 그것을 실제로 보았고 지각했다면, 나는 그 내용을 정확히 지니고 이러한 나타남을 실제로 소유하는가? 이 모든 것은 '지금'에 이르기까지 바로 그와 같은 직관들의 연관을 동시에 긴밀하게 접합시키고 있음이 틀림없다. 그러나 '나타나는 것이 실제적인가' 하는 것은 물론 이와 다른 물음이다.

이에 반해 기대는 지각 속에 충족된다. 그것이 지각될 것이라는 사실은 예상된 것의 본질에 속한다. 이 경우 어떤 예상된 것이 나타나면, 즉 현재의 것으로 되면 예상하는 상황은 지나가버린다는 사실은 분명하다. 왜냐하면 미래의 것이 현재의 것으로 되면, 현재의 것은 상대적으로 과거의 것이 되기 때문이다.[58] 주변(Umgebung)의 지향들의 경우도 사정은 마찬가지다. 또한 주변의 지향들은 인상(印象)으로 체험하는 활동성(Aktualität)으로 충족된다. 그러나 이러한 차이에도 불구하고 예상의 직관은 과거의 직관과 똑같이 근원적인 것이며 독특한 것이다.

27 '이미 지각되어 있음'에 관한 의식의 기억

앞에서 분석한, 정립하는 재생산의 특징을 묘사하는 데 다음과 같은 사실이 가장 중요한 의미가 있다. 즉 그 본질에는 시간적 존재를 재생산으로 정립하는 것뿐만 아니라, 내적 의식과의 관계도 속한다는 사실이다. 기억의 본질은 1차적으로 기억은 '지각되어 있음'

---

58) 위의 두 문장(원전에는 한 문장)은 1901년 이전에 작성한 자료 「성찰 · 지각 · 기억 그리고 예상」에 근거한다.—뷤의 주.

(Wahrgenommen-gewesen-sein)에 관한 의식이라는 사실이다. 만약 어떤 외적〔사건〕과정을 직관적으로 기억한다면, 나는 그 과정을 재생산적으로 직관하는 것이다. 이것이 정립하는 재생산(setzende Reproduktion)이다. 그러나 이와 같은 외적 재생산은 내적 재생산에 따라 필연적으로 의식된다.[59] 외적으로 나타나는 작용은 외적〔사건〕과정이 일정한 나타남의 방식으로 주어짐으로써 재생산되는 것임이 틀림없다. 체험으로서 외적으로 나타나는 작용은 내적 의식의 통일이며, 이 내적 의식에는 내적 재생산이 상응한다.

그러나〔사건〕과정의 재생산에는 두 가지 가능성이 존재한다. 즉 내적 재생산은 하나의 정립하는 재생산일 수 있고, 따라서 그〔사건〕과정의 나타남은 내재적 시간의 통일 속에 정립될 수 있다. 또는 외적 재생산도 정립하는 재생산일 수 있는데, 이때 정립하는 재생산은 이와 관련된 시간적〔사건〕과정을 객관적 시간 속에 정립하지만, 나타남 그 자체를 내적 시간의〔사건〕과정으로 정립하는 것은 아니며, 더구나 이것에 따라 시간을 구성하는 흐름을 삶의 흐름 전체의 통일성 속에 정립하는 것은 아니다.

그러므로 기억은 곧 그 이전의 지각에 대한 기억이 아니다. 그러나 그 이전의〔사건〕과정에 대한 기억은 그〔사건〕과정이 주어졌던 나타남들을 재생산하는 것을 포함하기 때문에, 그 이전의 지각을 기억할 가능성(또는 그 이전의 지각을 주어지게 이끄는 기억 속의 반성의 가능성)도 항상 존재한다. 그 이전의 의식 전체는 재생산되며, 재생산된 것은 '재생산'이라는 성격과 '과거'라는 성격을 지닌다.

예를 들어 이러한 관계를 명확히 해보자. 즉 내가 조명이 밝게 비추어진 극장을 기억한다고 해보자. 이 사실은 내가 극장을 지각했던

---

59) 부록 12를 참조할 것.—후설의 주.

사실을 기억한다는 것을 뜻할 수 없다. 대신 내가 지각했다는 점, 내가 그 극장을 지각했다는 점 등을 내가 기억한다는 사실을 뜻할 수 있다. 즉 내가 밝게 조명이 비추어진 극장을 기억한다는 사실은 내가 조명이 밝게 비추어진 극장을 나의 내부[마음]에서 이미 존재했던 것으로 직관한다는 것을 의미한다. 즉 '지금' 속에 나는 '지금이 아닌 것'(Nicht-Jetzt)을 직관한다. 따라서 지각이 현재를 구성한다. '지금' 그 자체가 나에게 분명히 나타나기 위해 나는 지각해야만 한다. '지금'을 직관적으로 표상하기 위해 나는 재현적으로 변양된 심상 속에 지각해야만 한다. 그러나 이것은 내가 지각을 표상하는 방식이 아니라 **지각된** 것, 즉 지각 속에 현재의 것으로 나타나는 것을 표상하는 방식으로 그러하다.

따라서[60] 기억은 그 이전의 지각을 재생산하는 것을 실제로 함축하지만, 본래의 의미에서 그 이전의 지각에 관한 표상은 아니다. 지각은 기억 속에 사념되고 정립되는 것이 아니라, 지각의 대상과 그 대상의 '지금'이 사념되고 정립되는 것이며, 더구나 이 '지금'은 현실적 '지금'과의 관계 속에 정립된다. 나는 밝게 조명이 비추어진 어제의 극장을 기억한다. 즉 나는 그 극장을 지각하는 것을 재생산한다. 그렇게 되면 그 극장은 나에게 현재의 것으로 표상 속에 떠오르고 나는 이것을 사념한다. 그러나 이 경우 나는 이 현재를 지금의 현실적 지각이 현실적 현재와 맺는 관계 속에 과거에 놓여 있는 것으로 파악한다.

물론 그 극장을 지각한 것이 존재했고, 내가 그 극장을 지각했다는 사실은 지금도 명증적이다. 기억된 것은 [과거에] 현재에 존재했

---

60) 이 단락부터 제28항 두 번째 (원전으로는 첫 번째) 단락까지는 1901년 이전 또는 그 무렵 작성한 자료인 「기억의 성격」에 근거한다.—뷤의 주.

던 것으로 나타나고, 게다가 직접 직관적으로 나타난다. 그리고 기억된 것은 현실적 '지금'의 현재와 일정한 거리가 있는 어떤 '현재'가 직관적으로 나타나는 사실에 따라 그와 같이 나타난다. 후자〔현실적 '지금'〕의 현재가 실제적으로 지각하는 가운데 구성되며, 전자의 직관적으로 나타나는 현재, 즉 '지금이 아닌 것'을 직관적으로 표상하는 것은 지각의 대립된 심상(Gegenbild) 속에, 즉 그 이전 지각을 현전화하는 가운데 구성된다. 그 이전 지각을 현전화하는 가운데 극장은 거의 유사한 지금으로 주어진다. 그러므로 극장에 대한 지각을 이렇게 현전화하는 것은 내가 그 현전화하는 가운데 살면서 지각작용을 사념한다는 사실로 이해하면 안 되고, 내가 지각된 객체를 현재 존재하는 것(Gegenwärtig-sein)으로 사념한다는 사실로 이해해야 한다.

28 기억과 심상의 의식. 정립하는 재생산인 기억

'여기에서 문제되는 현전화는 어떤 종류인가' 하는 물음은 여전히 심사숙고할 필요가 있다. 여기에서는 (회화, 흉상조각 등처럼) 의식된 모사성(Bildlichkeit)의 경우처럼 유사한 객체들을 통한 재현(Repräsentation)이 문제되는 것은 아니다. 이러한 심상의 의식과 대립해 재생산은 자기현전화(Selbstvergegenwärtigung)라는 성격을 지닌다. 더구나 재생산은 정립적이 아닌 것(단순한 상상)인지 정립적인 것인지에 따라 다시 나뉜다. 그리고 실로 이것들에 시간의 성격이 부가된다.

기억은 과거의 것이라는 의미에서 자기현전화다. 현재의 기억은 지각과 매우 유사한 현상이며, 이에 상응하는 지각과 더불어 대상이 나타나는 것을 공동으로 지닌다. 그렇지만 현재의 기억에서 나타나는 것은 단지 변양된 성격만 지니고, 이 성격에 따라 그 대상은 현재의 것으로서가 아니라, 현재의 것으로 이미 존재했다는 것으로서 현존한다.

기억이나[61] 예상으로 부르는 재생산의 본질적 특성은 재생산된 나타남이 내적 시간, 즉 나의 체험이 흘러가버리는 계열의 존재의 연관으로 정돈되는 것에 놓여 있다는 것이다. 또한 일상적으로 정립하는 것은 외적 나타남의 대상적인 것에까지 펼쳐지지만, 이 정립은 폐기될 수도 있고 반박될 수도 있다. 그리고 이 경우 기억 또는 예상이 여전히 남아 있다. 즉 그 이전의 지각이나 미래의 지각을 단순히 추정된 지각이라 묘사하더라도, 우리는 그것을 기억이나 예상이라고 부르는 것을 중단하지 않을 것이다. 처음부터 초월적 객체가 아니라 내재적 객체를 재생산하는 것이 문제라면, 앞에서 묘사한 재생산적 직관들의 단계구조는 소멸되고, 재생산된 것을 정립하는 것은 이것을 체험의 계열, 즉 내재적 시간으로 정돈하는 것과 합치하게 된다.

29 현재의 기억

외적 시간과 대상성을 직관하는 영역에 관해서는 시간적 대상에 관한 다른 유형의 직접 재생산하는 직관이 여전히 고려되어야 한다 (실제로 우리의 모든 상론은 시간의 대상에 관한 직접적 직관에 한정되었고, 간접적 또는 비직관적 예상이나 기억은 고려하지 않았다).

또한 나는 현재적인 것이 그 이전의 지각에 기초하든 기술하는 것에 따르든, 지금 생생하게 나의 앞에 분명히 있지 않는데도 현재적인 것을 지금 존재하는 것으로 표상할 수 있다. 첫 번째〔그 이전의 지각

---

61) 이 단락부터 그리고 제29항은 제23항 후반부와 제25~26항, 제27항의 전반부처럼, 1907년과 1909년 사이에 작성한 자료 「의식흐름의 이중 지향성」에 근거한다.—뷤의 주.

에 기초하는〕경우 나는 어떤 기억을 지니지만, 그 기억된 것부터 현실적 '지금'에 이르기까지 지속을 부여하며 이 지속에 대해 내적으로 기억된 나타남을 지니지 않는다. 기억의 심상은 나를 도와주지만, 나는 기억된 것을 그와 같은 것, 즉 내적 기억의 대상적인 것으로서 그것에 속하는 지속 속에 정립하는 것이 아니다. 지속하는 것은 이러한 나타남 속에 제시되는 것으로 정립된다. 그리고 우리는 나타나는 '지금'을 정립하고, 항상 새로운 '지금'을 계속 정립한다. 그러나 이것을 과거의 것으로 정립하는 것은 아니다.

우리는 기억의 경우 과거의 것이 지금의 기억작용을 통해 그 이전의 것에 관한 그리고 그러한 구조들(Konstruktionen) 이상의 것에 관한 심상을 형성한다는 사실을 뜻하지 않는다는 것도 안다. 오히려 우리는 나타나는 것, 즉 당연히 자신의 시간성(Zeitlichkeit)에 따라 시간적 양상들(temporale Modi) 속에서만 직관될 수 있는 직관된 것을 단순히 정립한다. 이 경우 나타나는 것에 대해 기억의 방식으로 나타남의 주변의 지향에 따라 활동성의 '지금' 위치를 설정한다.

그러므로 우리는 현재에 없는 현재적인 것을 현전화하는 경우에도 직관의 주변의 지향을 묻지 않을 수 없으며, 여기에서 이 주변의 지향은 끊임없는 일련의 내적 나타남—이것들은 아마 전체적으로 정립된 것이다—에 따라 현실적 '지금'과의 어떠한 관계도 맺지 않는다. 물론 전혀 연관이 없다면, 이러한 재생산적 나타남은 존재하지 않는다. 따라서 거기에 나타나는 것, 존재했던 것, 지금 존재하는 것 그리고 앞으로 존재할 것은 지속하는 것일 것이다. 그래서 나는 그 어떤 방식으로든 거기로 가서 보고 여전히 그 사물을 발견할 수 있다. 그런 다음 다시 되돌아가 반복된 나타남의 가능한 계열 속에 직관을 복원할 수 있다. 그리고 만약 방금 전에 출발해 그곳에 도달했다면(이것은 미리 묘사된 가능성이며, 이것에는 가능한 나타남의 계열이 상응한다), 나는 지금 이 직관을 지각의 직관 등으로 지닐 것이다. 따라서 나에게 재생산적으로 머리에 떠오르는 나타남은 '내적인 인상으로 존재했던 것'으로 특징지어지지 않으며, 나타나는 것은 자신의 시간의 지속 속에 지각되었던 것으로 특징지어지지 않는다.

그러나 '여기 그리고 지금'(hic et nunc)과의 관계는 이 경우도 존재하며, 나타남도 어떤 정립하는 성격을 띤다. 즉 이 나타남은 일정한 나타남의 연관(그리고 철저하게 정립적인, 위치를 점유하는 나타남의 연관)에 속하고, 이것과의 관계를 통해 그 나타남은 동기를 부여하는 성격[62]을 띤다. 주변의 지향은 가능한 나타남 자체에 대해 언제나 지향의 지평(Hof)을 부여한다. 이러한 사정은 이전에 그것을 지각하지도 않았고 그것을 지금 기억하지도 않은 채, 내가 지금 지각하고 그 이전부터 존재했던 것으로 정립하며 내가 미래에 존재하게 될 것으로 정립하는 지속하는 존재를 직관하는 경우와 전적으로 마찬가지다.

30 과거지향적 변화에서 대상적 지향을 유지함[63]

방금 전에 지나가버린 것에 관한 과거지향이 여전히 생생하게 살아 있는 동안 그것에 관한 재생산적 심상이 떠오르는 일이 종종 일어나는데, 그것은 물론 '지금'의 시점에서 주어졌던 그것에 관한 심상

---

62) 정신적 세계의 근본법칙인 '동기부여'(Motivation)는 어떤 의식작용이 다른 의식작용을 유발하는 관계를 뜻하는 것으로, "자연의 인과법칙(Kausation)과는 전적으로 다른 의미에서 정신의 인과법칙(Weil-So)"(『이념들』제2권, 229쪽)이다.

63) 이 항과 제31항 앞부분은 1905년 강의수고 44쪽과 45쪽 a 및 b에 근거한다.— 뵘의 주.

이다. 즉 우리는 방금 전에 체험된 것을 개괄하는 것이다. 현전화〔과정〕에서 이렇게 내적으로 새롭게 하는 것은 여전히 신선한 기억 속에 생생한 '지금'과 관계를 맺는 재생산적 '지금'을 정립하며, 여기에서 어떤 것 또는 그 밖의 다른 것의 동일성을 명백히 제시하는 동일성(Identität)의 의식이 수행된다(이러한 현상은 1차적 기억의 영역에는 직관적 부분 이외에 이것보다 훨씬 더 광범위하게 〔영향을〕미치는 공허한 부분이 속해 있다는 사실을 동시에 보여준다. 우리가 이미 존재했던 것을 비록 공허하더라도 신선한 기억 속에 여전히 지니는 동안에는 이것에 관한 심상이 동시에 나타날 수 있다).

모든 '지금'이 과거 속으로 되돌아가 가라앉는 가운데 그 자신의 엄밀한 동일성을 견지한다는 사실은 보편적인 본질적 사태다. 현상학적으로 말하면, 질료 A의 기초 위에 구성된 '지금'의 의식은 그와 동시에 항상 새로운 '지금'의 의식이 구축되는 가운데 끊임없이 '과거'의 의식으로 변형된다. 그러나 이러한 변형에도 불구하고 스스로를 변양시키는 의식은 그 자신의 대상적 지향을 유지한다(또 이 사실은 시간의식의 본질이다).

모든 근원적 시간의 장(場)을, 이것을 구성하는 작용의 성격들과 관련해 포함하는 연속적 변양을, 마치 '지금'의 정립으로 나타나는 것에서 시작해 도달할 수 있는 현상적으로 〔나타났던〕 최후의 과거까지 〔대상으로 하는〕 어떤 객체의 국면에 속한 일련의 파악에 따라 끊임없는 변양이 대상적 지향 속에 일어나는 것으로 이해하면 안 된다. 그 반대로 대상적 지향은 절대적으로 동일한 것으로 남아 있다. 그렇지만 그것이 현상적으로 단계가 정해져 현존하며, 더구나 점차 사라지는 파악의 내용, 즉 '지금'에서는 극도로 강렬하게 감각되고 궁극에는 전혀 감지될 수 없을 정도로 가라앉는 파악의 내용에 관해서만 현존하는 것은 아니다. 무엇보다 '지금'의 계기는 새로운 것으로 특징지어진다. 방금 전에 가라앉은 '지금'은 이미 새로운 것이 아니라, 새로운 것 때문에 옆으로 밀려난 것이다. 이렇게 옆으로 밀려나는 가운데 변화가 생긴다. 그러나 방금 전에 가라앉은 '지금'이 그 자신의 '지금'이라는 성격을 상실하는 반면, 그것은 자신의 대상적 지향 속에 절대적으로 불변하는 것으로 유지된다. 이 '지금'은 개체적 객체성을 향한 지향이며, 게다가 직관하는 지향인 것이다. 따라서 이러한 관점에서 보면 어떠한 변화도 없는 것이다.

그러나 여기에서 '대상적 지향을 유지하는 것이 무엇을 뜻하는지'는 충분히 고려되어야 한다. 대상을 파악하는 것 전체는 두 가지 요소를 포함한다. 즉 하나는 자신의 시간 외적인 규정에 따라 객체를 구성하는 것이고, 다른 하나는 '지금' 존재함(Jetztsein), 과거에 존재했음(Gewesensein) 등의 시간의 위치를 만드는 것이다. 시간의 질료(Zeitmaterie)로서의 객체, 즉 시간의 위치와 시간적 확장을 지닌 것으로서의 객체, 지속하거나 변화되는 것으로서의 객체, 지금 존재하고 그런 다음 존재했던 것으로서의 객체는 파악의 내용들—따라서 감각적 객체의 경우에 감각적 내용들—을 객체화하는 것(Objektivation)에서 순수하게 일어나는 것이다.

그렇지만 이러한 내용들은 시간의 객체라는 사실, 이것들은 근원적 인상과 과거지향의 연속체(Kontinuum)인 연달아 일어남(Nacheinander) 속에 산출된다는 사실 그리고 이러한 감각자료의 시간적 음영은 이것에 따라 구성된 객체의 시간적 규정에 대해 〔독특한〕 의미를 지닌다는 사실을 이 경우 간과하면 안 된다.

그러나 사물의 성질들을 재현하는 것에서는 본질(Was)상 순수한 감각자료의 시간의 성격은 아무 역할도 못한다. 비시간적으로 포착된 파악의 자료는 객체를 그 종적(種的) 존립요소에 따라 구성하며, 이 종적 존립요소가 유지되는 경우 물론 그 동일성에 관해서도 논의할 수 있다. 그렇지만 앞서 대상적 관계를 유지하는 것에 관해 논의했을 때, 그것은 '대상이 그것의 종적인 존립요소로서 유지될 뿐만 아니라, 개체적인 따라서 시간적으로 규정된 대상으로서도 즉 자신의 시간적 규정을 지니고 시간 속으로 뒤로 가라앉는 대상으로서도 유지된다'는 것을 뜻했다. 이렇게 뒤로 가라앉는 것은 의식의 고유한 현상학적 변양이다. 이러한 사실을 통해 항상 새롭게 구성된 현실적 '지금'과의 관계 속에 현실적 '지금'으로 이끄는 끊임없이 변화하는 계열에 따라 〔이것들 사이의〕 끊임없이 증대하는 간격이 형성된다.

31 근원적 인상과 객관적이고 개체적인 시점

여기에서 우리는 다음과 같은 이율배반(Antinomie)으로 이끌리는 것 같다. 즉 객체는 뒤로 가라앉음으로써 끊임없이 자신의 시간의 위치를 변경하지만, 동시에 그것은 뒤로 가라앉음으로써 자신의 시간의 위치를 유지해야 한다는 것이다. 사실 끊임없이 뒤로 가라앉은 1차적 기억의 대상은 결코 자신의 시간의 위치를 변경시키지 않고, 단지 현실적 '지금'에서의 간격을 변경시킬 뿐이다. 게다가 이것은 현실적 '지금'은 항상 새로운 시점으로 간주되는 반면, 지나간 과거의 시간적인 것은 그것이 존재하는 그대로 남아 있기 때문에 그러하다.

그렇다면 이제 문제는 '시간의식이 끊임없이 변화하는 현상에 대립해 객관적 시간에 관한 의식과 무엇보다 동일한 시간의 위치에 관한 의식은 어떻게 성립하는가' 하는 것이다.[64] 이것에는 개체적인 시간적 대상과 〔사건〕 과정의 객체성을 구성하는 문제도 밀접하게 관련된다. 즉 시간의식 속에 모든 객체화(Objektivierung)가 수행된다.

---

64) 이하는 1905년 강의수고 58~61쪽에 근거한다.—뷤의 주.

따라서 시간의 위치의 동일성에 관한 해명 없이는 시간 속에 있는 어떤 객체의 동일성에 관한 해명도 결코 주어질 수 없다.

문제는 다음과 같이 더 상세하게 논의된다. 즉 지각의 '지금'의 국면들은 끊임없이 변양되고, 그것들이 존재하는 그대로 단순히 유지되는 것이 아니라 흘러가버린다. 우리가 시간의 뒤로 가라앉는 것으로 묘사한 것은 그 흐름 속에 구성된다. 음이 지금 울려 퍼지면, 그 음은 곧 과거 속으로 가라앉으며, 이것은 동일한 음이다. 이러한 사실은 그 음의 각각의 국면에서 음에 그리고 이것 때문에 전체 음에 관계된다. 아무튼 밑으로 가라앉는 것은 이제까지의 고찰로 어느 정도 이해할 수 있어 보인다.

그러나 우리가 그 음이 밑으로 가라앉는 것에 대립해 어쨌든 시간 속에 그 음의 어떤 확고한 위치를 정하고, 또한 우리가 재생산적 의식을 분석해 제시했듯이, 반복된 작용들 속에 시점들과 시간의 지속들이 동일화될 수 있다는 사실을 논의하는 것은 어떻게 가능한가? 그 음이나 지속하는 음의 통일성 속에 있는 각각의 시점은 실로 그 자신의 절대적으로 확고한 위치를 객관적 시간(가령 그것 역시 내재적 시간이더라도) 속에 지닌다. 시간은 고정적인 것이지만, 어쨌든 흘러가버린다. 시간의 흐름 속에, 과거 속으로 끊임없이 밑으로 가라앉음 속에, 흘러가버리지 않는 절대적으로 확고하고 동일한 객관적 시간이 구성된다. 바로 이것이 문제다.

우선 밑으로 가라앉는 동일한 음의 상태(Sachlage)[65]를 상세하게

___

65) 후설은 '상태'와 '사태'(Sachverhalt)를 엄밀하게 구별한다(『경험과 판단』, 제59항). 즉 술어적 판단이 지향하는 '사태'는 수용적으로 파악될 수 있는 대상에 기초한 범주적 (오성의) 대상성들로서, 감각적 지각에 따라 구성된 것이다. 그리고 술어 이전에 경험(지각)이 지향하는 '상태'는 수용적으로 파악된 대상성들의 복합으로서, 사태를 구성하는 기초로 이바지하는 수동적인 전

숙고해보자. 왜 우리는 밑으로 가라앉는 동일한 음에 관해 논의하는가? 그 음은 자신의 국면들을 통해 시간의 흐름 속에 구축된다. 우리는 각각의 국면에 관해, 가령 현실적 '지금'의 국면에 관해 그 국면이 끊임없이 변양되는 법칙을 따르면서도 어쨌든 의미의 동일성에 철저히 지배되고 연속적으로 합치하며 존재하는 파악의 연속성이 앞에 놓여 있기 때문에, 이른바 대상적으로 동일한 것으로, 즉 동일한 음의 시점으로 나타날 수밖에 없다는 사실을 안다. 이 합치하는 것은 곧 흐름 속에 대상적 의미의 동일성을 유지하는 시간 외적인 질료와 관계를 맺는다. 이 사실은 모든 '지금'의 국면에 대해서도 타당하다.

하지만 모든 새로운 '지금'은 곧 새로운 '지금'이며, 음이 우리가 볼 수 없는 방식으로 최소한도 변화되지 않은 채 지속하더라도 현상학적으로는 그와 같이 특징지어진다. 따라서 모든 새로운 '지금'이 질의 계기나 강도의 계기 등에 관해 파악의 내용도 전적으로 동등하고 동일하더라도, 어쨌든 근원적 차이, 즉 새로운 차원에 속한 차이가 앞에 놓여 있는 것이다. 그리고 이 차이는 끊임없는 차이다. 현상학적으로 보면, '지금'의 시점만 현실적 '지금'으로, 게다가 새로운 '지금'으로 특징지어지고, 그 이전의 '지금'의 시점은 변양되고, 그보다 더 이전의 '지금'은 더 진전되어 변양된다. 파악의 내용에서 그리고 이것에 기초해 구축된 파악에서 이러한 변양의 연속체는 이미 연장된 것으로서 끊임없이 과거 속으로 가라앉으면서 음의 연장에 대한 의식을 창출한다.

그렇다면 시간의식이 끊임없이 변화하는 현상에 대립해 객관적 시간의 의식 그리고 동일한 시간의 위치와 시간의 연장에 관한 의식은

(前)-범주적 관계다. 사태는 상태의 계기 또는 양상이다. 예를 들어 '지구는 달보다 크다'는 사태이고, '…보다 큼 또는 …보다 작음'의 관계는 상태다.

어떻게 성립하는가? 그 답변은 다음과 같다. 즉 시간적으로 뒤로 밀쳐지는 흐름, 의식의 변양되는 흐름에 대립해 뒤로 밀쳐진 것으로 나타나는 객체는 곧 절대적 동일성으로, 게다가 그 객체를 '지금'의 시점 속에 이것(dies)으로 경험한 정립(Setzung)과 더불어 통각으로 유지되는 것이다. 끊임없는 흐름 속에 있는 파악이 끊임없이 변양되는 것은 파악의 본질인 것(als was), 즉 의미에 관계하는 것이 아니고, 새로운 객체나 새로운 객체의 국면을 사념하는 것도 아니며, 새로운 시점을 산출하는 것도 아니다. 오히려 자신의 동일한 시점들을 지닌 항상 동일한 객체를 사념하는 것이다.

모든 현실적 '지금'이 새로운 객체를 창출하거나 변양되는 흐름 속에 동일한 하나의 개체적 객체의 시점으로 견지되는 새로운 객체의 시점을 창출하기 때문에, 모든 현실적 '지금'은 하나의 새로운 시점을 창출한다. 그리고 그 속에서 언제나 다시 새로운 '지금'이 구성되는 끊임없음은 '문제되는 것은 **새로움**이 아니라, 개체화(Individuation)되는 끊임없는 계기(Moment)'라는 사실을 보여준다. 그리고 이 끊임없는 계기 속에 시간의 위치는 자신의 근원을 지닌다. 이 시간의 위치가 동일하며 필연적으로 동일한 것으로 현존한다는 사실은 변양되는 흐름의 본질에 속한다. 현실적 '지금'으로서의 '지금'은 시간의 위치에서 현재로 주어진 것이다. 현상(Phänomen)이 과거 속으로 밀쳐지면, 그 '지금'은 지나가버린 '지금'이라는 성격을 유지하지만, 그래도 그것은 동일한 '지금'으로 남아 있다. 단지 그때그때 현실적이며 시간적으로 새로운 '지금'과의 관계 속에 지나가버린 것으로 현존할 뿐이다.

그러므로 시간의 객체를 객체화하는 것은 다음과 같은 계기들 때문이다. 즉 객체의 서로 다른 현실적 '지금'의 시점에 속하는 감각의 내용은 질(質)로는 절대적으로 불변하는 것으로 남아 있는데, 그 내용의 동일성이 아무리 크더라도 그 감각의 내용은 어쨌든 참된 동일성을 지니지 않는다. 지금의 그리고 이와 다른 '지금' 속에 있는 동일한 감각은 차이가 있으며, 게다가 그것은 절대적인 시간의 위치에 상응하는 현상학적 차이다. 그 감각은 바로 이것(dies)의 개체성, 따라서 절대적인 시간의 위치의 근원적 원천(Urquell)이다. 변양되는 각 국면은 비록 변양되었더라도 동등한 질의 내용과 동등한 시간의 계기를 본질 속에 지니며, 그것에 따라 곧 그 후의 동일성을 파악할 수 있는 방식으로 그것을 자체 속에 지닌다. 이는 감각의 측면 또는 파악의 근본적 토대의 측면에서다.

그리고 서로 다른 계기는 파악의 서로 다른 측면, 본래 객체화의 서로 다른 측면을 지닌다. 객체화의 한 측면은 그 자신의 근거를 순수하게 감각의 질료의 질적 내실(Gehalt) 속에 발견하며, 이 감각의 질료가 시간의 질료, 예를 들면 음을 산출한다. 이 시간의 질료는 과거로 변양되는 흐름 속에 동일하게 견지된다. 객체화의 다른 측면은 시간의 위치를 재현하는 파악에서 유래한다. 이러한 파악도 변양되는 흐름 속에 끊임없이 견지된다.

요컨대 그 자신의 절대적 개체성에서 음-시점(Ton-Punkt)은 질료와 시간의 위치에 따라 견지되며, 〔이로써〕 시간의 위치는 비로소 개체성을 구성한다. 본질적으로 변양되는 것에 속하며 그 자신의 내재적인 절대적 시간과 더불어 연장된 대상성을 견지하는 가운데 끊임없이 과거 속으로 뒤로 밀쳐지는 것이 나타날 수 있게 하는 파악이 결국 그것에 부가된다.

따라서 어떤 음이 항상 새롭게 울려 퍼지기 시작하고 울려 퍼짐이 사라지는 각각의 '지금'의 시점은 그 자신의 감각의 질료와 객체화하는 파악을 지닌다. 음은 스쳐지나간 바이올린 현(弦)의 음으로 현존한다. 우리가 다시 객체화하는 파악을 도외시하고 감각의 질료만 순수하게 주목하면, 그것은 요컨대 질료에서 항상 c음이며, 강도는 변동되어도 음질이나 음색은 더 이상 변하지 않는다. 그것이 객체화하는 통각의 기초가 되는 것과 같이 감각의 내용으로서 이러한 순수한 내용은 연장된다. 즉 각각의 '지금'은 그 자신의 감각의 내용을 지니며, 비록 감각의 내용이 질료에서 정확히 동일하더라도 그와 다른 각각의 '지금'은 그와 다른 개체적 감각의 내용을 지닌다. 지금이나 그 후에도 절대적으로 동일한 〔음〕 c는 감각적으로는 동일하지만, 개체적으로는 서로 다르다.

여기에서 개체적(individuell)이라고 부르는 것은 감각의 근원적 시간의 형식(Temporalform)이다. 또는 나도 주장할 수 있듯이, 그것은 근원적 감각으로서의 시간의 형식, 즉 여기에서는 그때그때의 '지금'의 시점과 오직 이러한 것으로서의 시간의 형식이다. 그러나 본래 '지금'의 시점 그 자체는 근원적 감각에 따라 정의될 수 있고, 그래서 진술된 명제는 〔이것에 따라〕 사념되어야 할 것에 대한 시사로만 타당할 수 있다. 상상의 산물(Phantasma)에 대립된 인상(Impression)은 원본성(Originalität)의 성격으로 구별된다.[66]

이제 인상들 안에서 우리는 근원적 인상(Urimpression)을 뚜렷이 강조하지 않을 수 없다. 이 근원적 인상에 대립해 1차적 기억의 의식 속에 변양된 것들의 연속체가 현존한다. 근원적 인상은 절대적으로 변양되지 않은 것이고, 그 밖의 모든 의식(Bewußtsein)과 존재(Sein)에 대한 근원적 원천이다. 근원적 인상은 '지금'이라는 말의 가장 엄밀한 의미로 해석되는 한, 그 말이 주장하는 것을 자신의 내용으로 지닌다. 각각의 새로운 '지금'은 새로운 근원적 인상의 내용이다. 언제든지 새로운 인상은 때로는 동등한, 때로는 변화하는, 항상 새로운

---

66) '인상'과 '환상'에 대해서는 부록 2를 참조할 것.—후설의 주.

질료를 지닌 채 솟구친다. 근원적 인상을 〔다른〕 근원적 인상과 구별하는 것은 근원적 시간의 위치의 인상을 개체화하는 계기인데, 이때 시간의 위치의 인상은 감각의 내용의 질이나 그 밖의 질료적 계기들에 대립해 이와 근본적 법칙에서 다른 것이다.

근원적 시간의 위치의 계기는 물론 그 자체만으로는 아무것도 아니며, 개체화는 개체화되는 것을 떠나서는 아무것도 아니다. 그런데 '지금'의 시점 전체, 원본적 인상 전체가 과거로 변양되고, '지금'이 상대적 개념인 한, 또한 과거의 것이 지금의 것을 지시하듯이 과거의 것을 지적하는 한, 우리는 이 과거로 변양됨에 따라 비로소 '지금'이라는 개념 전체를 충분히 검토하게 된다. 또한 이렇게 변양되는 것은 감각의 일반적인 인상적 성격을 폐기하지 않고도 우선 감각에 관계한다. 이러한 변양은 근원적 인상의 내실 전체를 질료에 따라서뿐만 아니라 시간의 위치에 따라서도 변양시키지만, 그것은 상상으로 변양시키는 것과 전적으로 같은 의미에서 변양시킨다. 즉 철두철미하게 변양시키면서도 지향적 본질(내실 전체)은 변경시키지 않는다.

그러므로 질료도 동일한 질료이고 시간의 위치도 동일한 시간의 위치인데, 단지 주어지는 방식(Weise)만 변화된다. 즉 이것은 과거가 주어진 것이다. 그런데 이러한 감각의 질료에 기초해 객체화하는 통각이 구축된다. 확실히 감각의 내용에 (경우에 따라 그것에 기초해 구축되는 초월적 통각은 도외시하고) 순수하게 주목하면, 우리는 시간의 흐름, 즉 지속하는 것이 일종의 대상성으로 우리에게 명백히 제시되는 통각을 수행한다.

따라서 대상성은 통일성의 의식, 동일성의 의식을 전제한다. 우리는 여기서 각각의 근원적 감각의 내용을 그 자체(Selbst)로 파악한다. 근원적 감각은 음-시점에 있는-개체(Ton-Punkt-Individuum)를 부여하는데, 이 개체는 과거로 변양되는 흐름 속에 동일한 그 자체의 것이다. 즉 이러한 [그 음의] 시점에 관련된 통각은 과거로 변양되는 가운데 끊임없이 합치되어 남아 있고, 그 개체의 동일성도 당연히(eo ipse) 시간의 위치의 동일성이다.

항상 새로운 근원적 인상이 끊임없이 밖으로 분출하는 것은 개체적 시점인 이러한 인상을 파악하는 것에서 언제나 새롭고 뚜렷한 시간의 위치를 산출하고 이 끊임없음은 시간의 위치들의 끊임없음을 산출하며, 따라서 과거로 변양되는 흐름 속에 끊임없는 시간의 부분 (Stück), 즉 음조로 충족된 시간의 부분이 현존한다. 다만 근원적 인상에 따라 이러한 부분의 한 시점만 주어지고, 그 시점에서 시간의 위치들은 과거 속으로 되돌아가면서 변양된 단계가 정해지는 가운데 끊임없이 나타나는 것으로 현존한다.

지각된 각각의 시간은 현재 속에 한정하는 과거로 지각된다. 그리고 현재는 하나의 한계시점이다. 각각의 파악은 비록 초월적이더라도 이 합법칙성에 구속된다. 새가 날아가는 것, 또는 기병(騎兵)중대가 질주하는 것 등을 지각하면, 감각의 토대 속에 앞서 기술한 차이를 발견하게 된다. 즉 언제나 새로운 근원적 감각, 그 개체화를 산출하는 자신의 시간의 위치에 성격을 함께 수반하는 것을 발견하게 된다. 이러한 사실에 따라 객체적인 것 자체, 즉 새가 날아가는 것이 '지금'의 시점에서 근원적으로 주어진 것으로 나타난다. 그러나 '지금' 속에 한정하는, 또한 끊임없이 선행된 것이 과거의 연속체 속으로 더 깊이 뒤로 밀쳐지는 가운데 끊임없이 언제나 새로운 '지금' 속에 한정하는 '과거'의 연속체 가운데 완전히 주어진 것으로 나타난다.

그런데 나타나는 [사건] 과정은 항상 동일한 절대적 시간의 가치를 지닌다. 그 [사건] 과정이 경과되어 지나가는 부분들에 따라 점차 더 과거 속으로 뒤로 밀쳐짐으로써 그 [사건] 과정은 그 자신의 절대적인 시간의 위치와 이것에 따라 그 자신의 전체 시간의 간격과 함께 과거 속으로 밀쳐진다. 즉 동일한 절대적 시간의 연장을 지닌 동일한 〔사건〕 과정은 그 자신이 주어지는 형식이 서로 다른 형식이라는 사실에서만 (그 〔사건〕 과정이 일반적으로 나타나는 한) 항상 동일한 〔사건〕 과정으로서 동일하게 나타난다.

다른 한편 그와 동시에 존재의 생생한 원천적 시점, 즉 '지금'에서 항상 새로운 근원적 존재(Ursein)가 분출되어 나오는 것이며, 그때마다 이 〔사건〕 과정에 속한 시점들과 '지금' 사이의 거리는 이 근원적 존재와의 관계에서 끊임없이 증대하고, 그래서 뒤로 가라앉는 나타남, 즉 스스로 멀어지는 나타남이 일어난다.

32 하나의 객관적 시간의 구성에 재생산이 관여함[67]

시점들의 개체성은 과거 속으로 되돌아가 가라앉는 경우에도 유지되지만, 우리는 여전히 통일적인 그리고 동질적인 객관적 시간의 의식을 지니지는 않는다. 이러한 의식이 성립하는 데는 (공허한 지향들의 형식에서처럼 직관하는 기억으로서) 재생산하는 기억이 중요한 역할을 한다. 뒤로 밀쳐진 각각의 시점은 재생산하는 기억에 따라 시간의 직관의 영점(零點)이 될 수 있으며 반복될 수 있다. 현재 뒤로 밀쳐진 것이 하나의 '지금'이었던 그 이전의 시간 장은 재생산되고, 이 재생산된 '지금'은 여전히 신선한 기억 속의 생생한 시점과 동일시된다. 즉 개체적 지향은 동일한 것이다.[68]

재생산된 시간 장은 현실적으로 현재의 시간 장보다 더 광범위하다. 만약 이러한 시간 장 속의 과거의 한 시점을 취하면, 재생산은 그

---

67) 이 항과 제33항 첫 2줄은 1905년 강의수고 46~47쪽에 근거한다.—빔의 주.
68) 부록 4 「회상 그리고 시간의 객체와 객관적 시간의 구성」 참조할 것.—후설의 주.

시점이 '지금'이었던 시간 장과 중첩되어 더 먼 과거 속으로 되돌아가는 것 등을 산출한다.

이는 현실적 기억이 비록 때로는 실천적으로 거부되더라도, 〔이론적으로〕 무한히 계속될 수 있다고 명백히 생각하는 것이다. 각 시점이 '이전'과 '이후'를 지닌다는 점 그리고 그 이전 시점들이나 구간들이 요컨대 강도의 한계처럼 수학적 한계로 접근하는 방식으로 수렴될 수 없다는 점은 분명하다. 가령 어떤 한계의 시점이 존재한다면, 아무것도 그것에 선행하지 않을 어떤 '지금'이 이 한계의 시점에 상응할 것이다. 그런데 이것은 명백히 불가능하다.[69]

하나의 '지금'은 항상 그리고 본질적으로 시간의 구간에 테두리 시점이다. 그리고 이 구간 전체가 뒤로 가라앉음이 틀림없고, 이 경우 그 자신의 크기 전체, 개체성 전체는 유지된다는 사실도 분명하다. 물론 상상(Phantasie)이나 재생산(Reproduktion)은, 내실적으로(reell) 주어진 시간의 단계를 정하는 범위가 순간적 의식 속에 확대된다는 의미에서, 시간의 직관이 연장되는 것(Extension)을 결코 가능하게 하지도 않는다.

아마 이와 관련해 다음과 같이 물을 수 있다. 즉 시간 장들이 이렇게 계기하면서 나란히 연결되었는데도 하나의 고정된 질서를 갖춘 하나의 객관적 시간이 어떻게 성립하는가? 이에 대한 답변은 시간 장들의 끊임없는 중첩을 제시한다. 사실 이 계속 중첩된 것은 시간 장들이 단순히 시간적으로 나란히 연결된 것이 아니다. 서로 중첩되는 부분들은 과거 속으로 직관적으로 끊임없이 되돌아가는 경우 개체적으로 동일화된다. 그렇다면 우리가 실제로 체험된 각각의 시점에서, 즉 지각의 시간 장 속에서 원본적으로 주어진 시점이나 먼 과거를 재생

---

69) 제17항 참조할 것.—후설의 주.

산하는 그 어떤 시점에서 이른바 서로 관련되고 언제나 다시 동일화되는 객체성들의 확고한 연쇄에 따라 과거 속으로 되돌아간다면, 거기에서 하나의 선(線)을 이루는 질서는 어떻게 정초되는가?

이 질서에 따라 임의의 각 시간의 간격과 현실적 시간 장을 포함한 연속성과 무관하게 재생산된 시간의 구간도 현실적 '지금'에 이르기까지 지속되는 유일한 연쇄의 한 부분임이 틀림없다. 제멋대로 상상된 각각의 시간마저 그것이 실제적 시간으로 (즉 그 어떤 시간의 객체의 시간으로) 생각될 수 있어야만 한다면, 그것은 유일한 하나의 객관적 시간 안에 있는 구간으로 존재해야만 한다는 요구를 따를 것이다.

33 몇 가지 아프리오리한 시간의 법칙[70]

이러한 아프리오리한 요구는 앞으로 직접 파악하게 될 시간의 명증성, 즉 시간의 위치가 주어지는 것에 관한 직관에 기초해 분명하게 될 근본적 시간의 명증성이 지닌 타당성에 명백히 근거한다.

우선 두 가지 근원적 감각 또는 이와 상관적으로 하나의 의식 속에 실제로 근원적으로 주어지는 것을, 즉 '지금'으로 나타나는 두 개의 근원적으로 주어지는 것을 비교하면, 이 둘은 그 질료(Materie)에 따라 서로 구별된다. 그러나 이 둘은 하나의 절대적이며 동시적인 시간의 위치를 동일하게 지니고, 둘 다 지금 존재하며 동일한 '지금' 속에 필연적으로 동일한 시간의 위치에 가치를 지닌다.[71]

그것들은 개체화의 동일한 형식을 지니고, 동일한 인상의 단계에 속하는 인상들 속에 구성된다. 이러한 동일성 속에 그것들은 변양되

---

70) 이 항의 첫 2줄을 제외하고는 1905년 강의수고 61〜62쪽에 근거한다.─뷤의 주.

71) 동시성의 구성에 관해서는 제38항과 부록 7을 참조할 것.─후설의 주.

며, 과거로 변양되는 가운데 항상 동일성을 유지한다. 왜냐하면 근원적으로 주어진 것과 서로 다르거나 동등한 내용이 변양되어 주어진 것은 서로 다른 시간의 위치를 지니기 때문이다. 즉 그것들은 동일한 '지금'의 시점에서 발생하면 동일한 시간의 위치를, 서로 다른 '지금'의 시점에서 발생하면 서로 다른 시간의 위치를 지닌다. 현실적 '지금'은 하나의 '지금'이며, 아무리 많은 객체성이 '지금' 속에 별도로 구성되더라도 하나의 시간의 위치를 구성한다.

즉 이러한 객체성은 모두 동일한 시간적 현재를 소유하고, 흘러가 버리는 가운데에도 그 자신의 동시성을 유지한다. 시간의 위치들이 거리가 있다는 점, 이 거리는 양(量)이라는 점 등은 여기에서 명증적으로 간취될 수 있다. 더 나아가 이행하는 법칙이나 a가 b보다 이전의 것이면, b는 a보다 이후의 것이라는 법칙 같은 진리가 명증적으로 간취될 수 있다. 시간은 시간의 위치를 충족시키는, 때로는 동일한 객체성을, 때로는 변동하는 객체성을 지닌 시간의 위치들의 연속성이라는 사실, 절대적인 시간의 동질성(Homogeneität)은 과거로 변양되는 흐름 속에 그리고 하나의 '지금', 창조적 시점들, 시간의 위치 일반의 원천점이 끊임없이 밖으로 분출되는 가운데 폐기할 수 없게 〔필연적으로〕 구성된다는 사실은 시간의 아프리오리한 본질이다.

더구나 감각(Empfindung), 파악(Auffassung), 위치를 취하는 것 (Stellungnahme)—이 모든 것이 동일한 시간의 흐름에 함께 관여한다는 점 그리고 객체화된 절대적 시간은 감각과 파악에 속한 시간처럼 필연적으로 동일한 하나의 시간이라는 점이 이러한 상태의 아프리오리한 본질에 속한다. 감각에 속한 객체화되기 이전의 시간은 감각이 변양되는 것과 이렇게 변양되는 정도에 상응하는 시간의 위치가 객체화되는 유일한 가능성을 필연적으로 기초한다. 가령 종소리가 울려 퍼지기 시작하는 객체화된 시점에는 이에 상응하는 감각의 시점이 상응한다. 그 감각은 출발의 국면에서는 〔객체화된 시점과〕 동일한 시점을 지닌다. 즉 그 감각이 추후에 대상이 되면, 그것은 그에 상응하는 종소리가 울려 퍼지는 시간의 위치와 일치하는 시간의 위치를 필연적으로 유지한다.

　마찬가지로 지각의 시간과 지각된 것의 시간은 동일한 하나다.[72] 지각작용은 나타남 속에서 지각된 것과 아주 똑같이 시간 속으로 뒤로 가라앉으며, 반성 속에서 각각의 지각의 국면에는 지각된 것에서와 동일한 하나의 시간의 위치가 주어짐이 틀림없다.

---

72) 부록 5「지각과 지각된 것의 동시성」참조할 것.—후설의 주.

제3장 시간과 시간의 객체들이 구성되는 단계

34 구성되는 단계들의 구별[1), 2)]

이제까지 가장 두드러진 현상에서 출발해 몇 가지 중요한 방향과 서로 다른 층의 시간의식을 연구한 다음, 서로 다른 구성의 단계를 실로 그 자체로 본질적으로 구축하는 것에서 확립하고 체계적으로 상세히 검토해보자.

우리는 다음과 같은 것을 발견했다.

1. 객관적 시간에서 경험의 사물들(여기에서는 개별적 주관들이 경험하는 사물, 상호주관적으로 동일한 사물, 물리학의 사물처럼 이제까지 고려되지 않았던 경험적 존재의 서로 다른 단계가 여전히 구별될 수 있다).

2. 서로 다른 단계를 구성하는 나타남의 다양체들, 전(前)-경험적

---

1) 이 항과 다음 항에서는 부록 6「절대적 흐름의 파악. 지각의 네 가지 의미」참조할 것.—후설의 주.
2) 이 항은 1907년부터 1909년까지 작성한 보충자료「객관성의 단계들」에 연결된다.—뷤의 주.

(präempirisch) 시간³⁾에서 내재적 통일체들.

3. 시간을 구성하는 절대적 의식의 흐름.

35 구성된 통일체들과 구성하는 흐름의 차이⁴⁾

이제 우선 모든 구성에 앞서 놓여 있는 이러한 절대적 의식을 더 상세하게 논의해야 한다. 이 의식의 특성은 서로 다른 단계로 구성된 통일체들을 대조해봄으로써 뚜렷하게 드러난다.⁵⁾

1. 각각의 개체적 객체(그것은 내재적인 것이든 초월적인 것이든 흐름 속에 구성된 각각의 통일체다)는 지속하며, 필연적으로 지속한다. 즉 그것은 시간 속에 연속적으로 존재하며, 연속적으로 존재한다는 점에서 동일한 것(Identisches)이고, 동시에 그것은 〔사건〕 과정으로 간주될 수 있다. 거꾸로 말하면 시간 속에 존재하는 것은 시간 속에 연속적이며, 〔사건〕 과정의 통일체, 즉 〔사건〕 과정이 일어나는 것에서 결코 분리되지 않은 채 수반되는 지속하는 것의 통일체다. 음의 과정〔경과〕 속에는 그것이 경과되는 가운데 지속하는 음의 통일체가 놓여 있으며, 거꾸로 음의 통일체는 충족되어 지속하는 것, 즉 과정〔경과〕 속의 통일체다. 따라서 그 어떤 것이 하나의 시점에서 존재하는 것으로 규정되면, 그것은 어떤 과정〔경과〕의 국면으로서만 생각될 수 있다. 이 과정〔경과〕의 국면 속에 지속하는 어떤 개체적 존재

---

3) '전-경험적'은 경험 이전의 시간으로, 의식 자체 속에 지향적으로 시간을 구성하는 형식이다. 후설은 이것을 '전-현상적, 전-내재적 시간성'이라고도 부른다(제39항 참조할 것).

4) 부록 6을 참조할 것.―후설의 주.

5) 여기서부터 제39항까지는 1911년 말 이전에 작성한 보충자료 「의식(흐름), 나타남(내적 객체) 그리고 대상」에 근거한다.―뷤의 주.

는 동시에 자신의 시점을 지닌다.

2. 원리적으로 개체적 또는 구체적 존재는 변화하지 않거나 변화한다. 왜냐하면 과정〔경과〕은 변화하는 과정이나 정지한 것이며, 지속하는 객체 그 자체는 변화되거나 정지하고 있기 때문이다. 이 경우 각 변화는 동일한 지속과의 관계에서 (비유해 말하면) 그 자신이 변화하는 속도나 변화하는 가속도를 지닌다. 원리적으로 어떤 변화하는 각 국면은 정지하는 것으로 확장될 수 있으며, 정지하는 각 국면은 변화하는 것으로 이끌릴 수 있다.

그런데 이러한 사실과 비교함으로써 〔시간을〕 구성하는 현상을 고찰하면, 하나의 흐름(Fluß)을 발견하게 되는데, 이 흐름의 각 국면은 하나의 음영의 연속성이다. 그러나 원리적으로는 이러한 흐름의 어떠한 국면도 연속적으로 잇따라 일어나는 것으로 확장될 수 없으며, 따라서 그 흐름이 변형되기 때문에 이 국면이 자기 자신과 더불어 동일성 속에 연장된다고 생각하면 안 된다.

정반대로 원리상 필연적으로 끊임없이 변화하는 한 흐름도 발견하는데, 이 변화는 그것이 경과하는 것과 마찬가지로 정확히 경과하지만, 더 빠르거나 더 느리게 경과할 수 없다는 불합리한 점을 지닌다. 그렇다면 여기에는 변화되는 어떠한 객체도 있을 수 없다. 그리고 각각의 과정〔경과〕 속에 변화되는 어떠한 것도 현존하지 않기 때문에 지속하는 어떠한 것에 관한 논의도 전혀 의미가 없다. 따라서 지속하는 가운데 한 번도 변화되지 않은 것을 여기에서 발견하려고 하는 것은 무의미(sinnlos)하다.

36 절대적 주관성인 시간을 구성하는 흐름

그러므로 시간을 구성하는 현상은 시간 속에 구성된 대상성들과 원리상 명증적으로 다른 대상성이다. 이러한 현상은 결코 개체적 객체나 개체적 과정[경과]이 아니며, 그와 같은 것[후자]의 술어(述語)들은 현상에 유의미하게 적용될 수 없다.

따라서 시간을 구성하는 현상에 대해 "그것들은 '지금' 속에 존재하고 이전에 존재했으며, 시간적으로 잇따라 일어나거나 서로 함께 동시에 존재한다" 등으로 말하는 것은 (동등한 의미로 주장하는 것도) 전혀 의미가 없다. 그러나 확실히 우리는 어떤 나타남의 연속성, 즉 시간을 구성하는 흐름의 국면인 그와 같은 나타남의 연속성이 어떤 '지금', 즉 **구성하는** '지금'에 속하고, 어떤 '이전'(Vorher), 즉 구성적인 (우리는 '구성적이었던'이라는 과거의 형태로 말할 수 없다) 나타남의 연속성으로서의 '이전'에 속한다고 말할 수 있으며, 또 그렇게 말해야 한다.

그러나 흐름은 연달아 일어나는 것(Nacheinander)이 아닌가? 어쨌든 그 흐름은 '지금', 즉 현실적 국면과 과거지향 속에 지금 의식된 과거에 관한 연속성을 지니지 않는가? 따라서 우리는 다음과 같이 말할 수밖에 없다. 즉 이러한 흐름은 **구성된** 것에 따라 그렇게 불리지만, 시간적으로 객체적인 것(Objektives)은 아니다. 그것은 **절대적 주관성**(absolute Subjektivität)[6]이며, 비유하자면 현실성의 시점

---

6) 후설에게 주관성(주관적인 것)은 객관성(대상)과 단절된 일반적 의미의 주관성과는 근본적으로 다르다. '지향성'이 항상 무엇(대상)에 대한 의식이므로 그것은 자아 극(Ichpol), 그때그때 대상 극(Gegenstandpol)과 그 극 지평(Polhorizont)인 세계(Universum)를 포괄한다. 따라서 선험적 주관성은 세계의 궁극적인 존재의 의미의 원천이기 때문에 대상이 대상으로 주어질 수 있는 필요조건이지, 그 대상이 존재할 수 있는 충분조건은 아니다. 즉 '구성'은 창조가 아니라 의미를 해명하는 것이며, 인식작용은 'the Subject-in-relation-to-the Object', 인식내용은 'the Object-in-relation-to-the Subject'이다.
후설은 선험적 주관성을 라이프니츠의 용어를 빌려 '모나드'(Monade) 또는 '절대적 주관성'으로 부른다. 하지만 그의 '모나드'는 그 자체로 완결된 독아론

(Aktualitätspunkt), 근원적 분출점(Urquellpunkt), '지금'을 발원하는 것(Jetzt Entspringendes) 등에서 흐름으로 묘사될 수 있는 것의 절대적 특성을 지닌다. 현실성의 체험 속에 근원적 분출점이나 잔향(殘響)의 계기들의 연속성을 지닌다. 이 모든 사실에 대한 〔표현할 수 있는〕 명칭(Name)을 우리는 갖고 있지 않다.[7]

37 구성된 통일체인 초월적 객체들의 나타남

우리가 지각작용에 관해 논의하고 그것을 과거지향들이 연속으로 잇따라 일어나는 것이 연결된 본래 지각작용의 시점이라고 말한다. 이는 시간적인 내재적 통일체가 아니라 곧바로 흐름의 계기들을 기술하는 것이라는 사실을 여전히 주목해야 한다. 즉 나타남(Erscheinung), 요컨대 어떤 시점의 나타남은 시간적 존재이며, 지속하거나 변화되는 등의 존재다. 그것은 결코 나타남은 아니지만, 이러한 한에서 내재적 음과 아주 똑같다.

그러나 집이 나타나는 것은 〔그 집에 대한〕 지각의 의식이나 과거지향적 의식이 아니다. 이것〔후자〕은 시간을 구성하는 계기, 즉 흐름의 계기로서만 이해될 수 있을 뿐이다. 마찬가지로 기억이 나타나는 것(또는 기억된 내재적인 것, 경우에 따라서는 기억된 내재적인 1차적 내용)은 기억의 과거지향을 지닌 기억의 의식과 구별되어야 한다.

이 아니라, 구체적인 사회성과 역사성의 지평구조, 즉 서로 의사소통할 수 있는 창(窓)을 지닌 상호주관성이다. 그리고 '절대적'은 궁극적으로 기능한다는 선험적 의미이지, 결코 시간·공간적인 실재적 의미가 아니다.

7) 모든 명칭이 절대적 주관성의 시간, 즉 '생생하게 지속되는 지금'(nunc stans)의 절대적 의식흐름 속에 구성된 존재자에 대한 명칭이기 때문이다. 후설은 이에 대해 제38항에서 단지 "보라"고밖에 달리 말할 수 없다고 주장한다.

우리는 의식(흐름), 나타남(내재적 객체) 그리고 초월적 대상(1차적 내용이 내재적 객체가 아닌 경우)을 언제나 구별해야 한다.[8] 모든 의식이, 예컨대 외적 지각의 의식에서처럼, **객관적으로** (즉 초월적으로) 시간적인 것, 즉 객체적 개체성(objektive Individualität)과 관련된 것은 아니다. 각각의 의식 속에 우리는 어떤 **내재적 내용**을 발견하며, 이 내용이 나타남이라고 부르는 내용일 경우 개체적인 것(어떤 외적인 시간적인 것)이거나 비시간적인 것이 나타나는 것이다. 가령 판단작용(Urteilen)에서 나는 판단(Urteil)이라는 나타남, 즉 내재적·시간적 통일체로서의 나타남을 지니며, 그 속에서 논리적 의미로서의 판단이 나타난다.[9]

그러므로 판단작용은 항상 흐름의 성격을 지닌다. 따라서 『논리연구』에서 '**작용**'(Akt) 또는 '**지향적 체험**'(intentionales Erlebnis)이라고 불렀던 것은 언제나 하나의 흐름이며, 이 흐름 속에 내재적 시간의 통일체(판단·원망 등)가 구성된다. 이 내재적 시간의 통일체는 스스로 내재적으로 지속하며, 경우에 따라서는 더 빠르거나 덜 빠르게 진행해간다. 절대적 흐름(Strom) 속에 구성되는 이러한 통일체는 하나의 시간인 내재적 시간 속에 있으며, 이 내재적 시간 속에는 동시적인 것이나 동일한 길이의 지속(경우에 따라서는 동일한 지속, 즉 동시에 지속하는 두 가지 내재적 객체에 대한 동일한 지속), 더 나아가 '이전'(Vorher)과 '이후'(Nachher)에 따른 어떤 규정의 가능성도 있다.

---

8) '내재'와 '초재 또는 초월성'에 대해서는 제1항의 옮긴이주 10 참조할 것.
9) 여기서 '나타남'이라는 말은 확장된 의미로 사용되었다.—후설의 주.

38 의식의 흐름의 통일성 및 동시성과 잇따라 일어나는 것의 구성[10]

그와 같이 내재적 객체가 구성되는 것에 대해 그리고 항상 새로운 근원적 감각이나 변양에서 이러한 객체가 구성되는 것에 대해 이전부터 우리는 연구해왔다.[11]

그런데 반성을 통해 우리는 많은 흐름으로 나뉜 유일한 하나의 흐름(Fluß)을 발견한다. 하지만 이 다수성(Vielheit)은 어쨌든 하나의 흐름에 관한 논의가 허용되고 요구되는 하나의 통일체를 지닌다. 우리는 수많은 계열의 근원적 감각이 시작되고 끝나는 한, 수많은 흐름을 발견한다. '지금'(Jetzt)에서 '더 이상 존재하지 않는 상태'(Nicht-mehr)로 그리고 다른 한편 '아직 존재하지 않은 상태'(Noch-nicht)에서 '지금'으로 변형되는 법칙이 단순히 〔각각〕 나뉘어 일어나는 것이 아니라, '지금'이라는 하나의 공통적 형식, 즉 흐름의 양상에 있는 어떤 동등성(Gleichheit) 일반이 존재하는 한, 우리는 어떤 결합하는 형식을 발견한다.

여러 개의 수많은 감각이 단번에(auf einmal) 존재하고 만약 그 각각의 근원적 감각이 흐른다면, 다수성도 동시에(zugleich) 그리고 완전히 동등한 단계가 정해지는 동등한 양상으로, 동등한 템포로 흐른다. 단지 차이는 전자는 일반적으로 〔근원적 감각이〕 멈추는 반면, 후자〔다수성〕는 여전히 자신의 '아직 존재하지 않은 상태'를, 즉 자신의 새로운 근원적 감각—이것은 의식된 것이 지속하는 것을 여전히 계속한다—을 자신 앞에 둔다는 점이다. 더 적절하게 기술해보면, 이러한 다수의 근원적 감각은 흘러가버리면서 처음부터 동일한 경과

---

10) 부록 7 「동시성의 구성」 참조할 것.—후설의 주.
11) 제11항 참조할 것.—후설의 주.

하는 양상들을 마음대로 처리한다. 단지 지속하는 내재적 객체들에 대해 구성적인 근원적 감각의 계열만 그 내재적 객체들이 서로 다르게 지속하는 것에 상응하면서 서로 다르게 더 계속된다.

　이러한 것이 모두 동등한 방식으로 형식적 가능성을 이용하는 것은 아니다. 내재적 시간은 모든 내재적 객체나 경과에 대해 하나의 시간으로 구성된다. 이와 상관적인 내재적인 것에 관한 시간의식은 하나의 전체 통일성(Alleinheit)이다. 현실적인 근원적 감각의 함께 있음(Zusammen), 동시에 있음(Zugleich)은 모든 것을 포괄하며, 방금전에 선행했던 모든 근원적 감각의 그 이전(Vorhin), 선행되어 있음(Vorgegangensein), 근원적 감각들의 각 함께 있음이 그와 같은 '그 이전'으로 끊임없이 변형되는 것도 모든 것을 포괄한다. 왜냐하면 '그 이전'은 하나의 연속성이며, 이것의 각 시점은 '총체적 함께 있음'에 대한 동등한 종류의, 동일하게 경과하는 형식이기 때문이다. 근원적 감각들의 함께 있음 전체는 다음과 같은 법칙에 지배된다. 즉 '함께 있음'을 의식의 양상들, 경과된 양상들의 끊임없는 연속체로 변화시키고, 끊임없이 다시 경과된 것으로 이행시키기 위해 동일한 '끊임없음'에 따라 근원적 감각들의 언제나 새로운 '함께 있음'이 원본적으로 일어나는 법칙이다. 근원적 감각의 '함께 있음'으로서 '함께 있음'의 본질은 경과된 양상 속에 하나의 '함께 있음'으로 남아 있다.

　근원적 감각은 연속적 경과라는 의미에서 그 자신이 연속적으로 연달아 일어나며, 그 자신의 '함께 있음', 동시에 있음을 지닌다. '동시에 있음'으로 존재하는 것들은 실제적인 근원적 감각이지만, '연달아 일어남'에서 하나의 감각 또는 한 집단의 '함께 있음'은 실제적인 근원적 감각이며, 그 밖의 다른 감각들은 〔이미〕 경과된 감각이다.

　그렇지만 이 사실은 무엇을 의미하는가?

　여기에서 사람들은 "보라"(siehe)고밖에 달리 말할 수 없다.[12] 하나의 근원적 감각 또는 어떤 내재적 '지금'에 따라 의식된 한 집단의 근원적 감각(하나의 '음-지금', 동일한 '지금' 속에 있는 어떤 색 등)은 그 속에서 내재적 객체가 지나가버린 것으로 의식되는 '그 이전'의 의식의 양상들로 끊임없이 변화되고, 동시에 있음 그리고 이것에 따라 '함께 있음'으로서 새로운 그리고 언제나 새로운 감각이 나타나며, 하나의 새로운 '지금'이 확립되고, 이 경우 항상 새로운 '음-지금' '형태-지금' 등이 의식된다. 한 집단의 근원적 감각 속에 각각의 근원적 감각은 내용에 따라 서로 구별되고, 단지 '지금'만 동일할 뿐이다. 의식, 즉 그 자신의 형식상 근원적 감각의 의식으로서 의식은 동일하다.

그러나 더 이전의 근원적 감각이나 더 이전의 '지금'의 의식이 경과하는 양상들의 연속적 계열은 근원적 감각의 의식과 함께 있음으로 존재한다. 하지만 이러한 '함께 있음'이 그 형식상 연속적으로 변화된 의식의 양상들에 관한 '함께 있음'인 데 반해, 근원적 감각의 '함께 있음'은 전적으로 동일한 형식의 양상들에 관한 '함께 있음'이다. 경과하는 양상들의 연속성 속에 우리는 어떤 시점을 끄집어낼 수 있으며, 그런 다음 이 시점 속에 동등한 형식의 경과하는 양상들에 관한 '함께 있음' 또는 하나의 동일한 경과하는 양상을 발견한다.

---

12) 실재를 있는 그대로 보는 것을 지향하는, 즉 '사태 그 자체'로 다가서려는 후설의 철저한 직관주의에서 '봄'(Sehen)은 '보고 해명하는 것'(『형식논리학과 선험논리학』, 167쪽)으로서, 근원으로 부단히 되돌아가 물음으로써 궁극적인 자기 책임에 근거한 이론인식과 이에 근거한 삶의 실천을 구현하려는 '현상학적 개혁'(『심리학』, 252쪽)의 첫걸음이다. 그는 다음과 같이 주장한다.
"직접적 '봄'—단순히 감각적으로 경험하는 '봄'이 아니라 어떤 종류든 원본적으로 부여하는 의식으로서의 '봄' 일반—은 모든 이성적 주장의 궁극적 원천이다"(『이념들』제1권, 43쪽). "나는 단지 내가 본 것을 인도하고 제시하며 기술할 뿐이지, 결코 그것을 가르치려고 시도하지 않는다"(『위기』, 17쪽).

우리는 이 두 가지 '함께 있음'을 본질적으로 구별해야만 한다. 그 하나는 동시성의 구성에 대해 근본적이며, 다른 하나는 시간적으로 잇따라 일어나는 구성에 대해—비록 시간적으로 잇따라 일어나는 것 없이 존재하지 못하고, 동시성 없이 시간적으로 잇따라 일어나는 것이 존재하지 못하며, 따라서 동시성과 시간적으로 잇따라 일어나는 것은 상관적이며 서로 불가분하게 구성되는 것이 틀림없더라도—근본적이다.

전문용어상 유동적인 '이전의-동시에 있음'(Vor-Zugleich)과 유동(流動)에 관한 인상으로서의 '동시에 있음'을 구별할 수 있다. 우리는 궁극적으로 구성하는 의식의 시간에 관해 더 이상 논의할 수 없다. 과거지향의 과정을 끌어들이는 근원적 감각에 따라, 요컨대 어떤 색이나 어떤 음의 동시성, 즉 어떤 현실적 지금 속에 이것들의 존재가 근원적으로 구성되지만, 그 근원적 감각 자체는 동시적이 아니다. 그렇기 때문에 실로 우리는 유동적인 '이전의-동시에 있음'의 국면들을 의식의 동시적 국면들이라 부르지 않으며, 마찬가지로 의식이 연달아 일어나는 것을 하나의 시간이 잇따라 일어나는 것이라 부를 수 없다.

이러한 '이전의-동시에 있음'의 본질을 우리는 이전에 수행한 분석을 통해 안다. 이것은 어떤 근원적 감각과 연결된 의식, 즉 그 이전의 '지금'에 관한 각각의 과거지향적 의식(그 이전의 '지금'에 관한 근원적 기억)인 그러한 국면들의 연속체다.

이 경우 다음과 같은 사실에 주목해야 한다. 근원적 감각이 물러가고 끊임없이 변양되는 경우 일반적으로 우리는 어떤 체험, 즉 그 이전의 체험이 변양된 것으로서의 체험을 지닐 뿐만 아니라, 그 체험으로 눈을 돌릴 수 있었기 때문에 우리는 변양된 체험 속에, 요컨대 그 이전에는 변양되지 않았던 체험도 보는 것이다. 매우 빠르지는 않은

음이 잇따라 일어나 경과하는 경우 우리는 최초의 음이 경과된 다음
―비록 더 이상 감각되지 않더라도―여전히 현재적인 음인 그 음에 주
목할 수 있을 뿐만 아니라, 이 음이 방금 전에 지녔던 의식의 양상은
그 음이 '지금'으로서 주어졌던 근원적 감각의 의식의 양상에 관한
하나의 기억이라는 점도 주목할 수 있다.

   그러나 이 경우 내재적 시간의 객체가 '이전의 것'으로 의식되는
과거의 의식(과거지향적인 그리고 마찬가지로 다시-현전화하는 과거
의 의식)과 그 이전의 근원적 감각의 과거지향 또는 회상하는 재생산
(감각이 변양되는 근원적 흐름이 문제가 되거나, 이 흐름의 다시-현전
화가 문제가 되는 것에 따라)은 날카롭게 구별되어야 한다. 마찬가지
로 이와 다른 그 밖의 유동〔흐름〕도 날카롭게 구별되어야 한다.

   내재적 객체가 지속하는 그 어떤 국면이 '지금'의 국면이고, 이것
이 근원적 감각 속에 의식되면, 연속적으로 서로 잇달아 연결되는 과
거지향은 이 근원적 감각과 더불어 '이전의-동시에 있음' 속에 통일
된다. 서로 잇달아 연결된 과거지향은 〔내재적 객체가〕 구성된 지속
의 시점들, 즉 〔'지금'의 국면의 시점과 다른〕 그 밖의 시간적으로 경
과된 총체적 시점들에 속하는 근원적 감각이 변양된 것으로서 그 자
체로 특징지어진다. 이러한 각각의 과거지향은 '지금'의 시점에서
시간의 거리에 상응하는 일정한 양상을 띤다. 각각의 과거지향은 이
에 상응하는 그 이전의 '지금'의 시점에 관한 과거의 의식인데, 이 의
식은 이미 경과된 지속 속에 자신의 위치를 설정하는 데 상응하는
'그 이전'의 양상으로 그 이전의 '지금'의 시점을 부여한다.

39 과거지향의 이중 지향성과 의식의 흐름의 구성[13]

과거지향의 지향성에서 이중성은 '궁극적으로 구성하는 의식의 흐름이 통일되는 것을 안다는 것이 어떻게 가능한가'라는 어려운 문제를 해결할 지침을 준다. 의심할 여지없이 여기에 어려운 문제가 놓여 있다. 즉 (지속하는 어떤 [사건] 과정이나 객체에 속한) 하나의 완결된 흐름이 경과되면, 어쨌든 나는 그 흐름을 회고할 수 있고, 그 흐름은 그것이 나타나는 것처럼 기억 속에 통일체를 형성한다. 따라서 의식의 흐름도 명확하게 그 의식 속에 통일체로 구성된다. 예를 들어 음-지속의 통일체는 의식의 흐름 속에 구성되지만, 이 의식의 흐름 자체는 '음-지속-의식'(Ton-Dauer-Bewußtsein)의 통일체로 [의식의 흐름 속에] 다시 구성된다.

이 경우 다음과 같이 말하지 않을 수 없다. 즉 이 통일체는 [음-지속의 통일체와] 아주 유사한 방식으로 구성된다. 마찬가지로 구성된 시간의 계열이므로, 우리는 어쨌든 시간적 '지금'(Jetzt), '이전'(Vorhin), '이후'(Nachher)에 관해 논의해야 하지 않은가?

방금 전의 상론에 따라 다음과 같이 답변할 수 있다. 즉 음의 내재적·시간적 통일체가 구성되고, 동시에 의식의 흐름 그 자체의 통일체가 구성되는 것은 곧 유일한 하나의 의식의 흐름 속에서다. 의식의 흐름은 그 자신의 독특한 통일체를 구성하는 것이 (비록 처음부터, 더구나 이치에 어긋나지 않더라도) 매우 이상하게 되더라도, 하여튼 그것은 실재 그대로다. 그리고 이것은 의식의 흐름 그 자체의 본질적 구성에서 이해될 수 있다. 우선 시선은 흐름이 끊임없이 진행되는 가운데 합치하는 국면들에 따라 음(音)에 관한 지향성을 향할 수 있다. 그 시선은 그 흐름, 즉 음이 울려 퍼지기 시작할 때부터 음이 울

---

13) 부록 8 「의식흐름의 이중적 지향성」 참조할 것.—후설의 주.

려 퍼지기를 끝마칠 때까지 흐르는 의식의 이행을, 흐름의 어떤 구간 (Strecke)을 향할 수도 있다.

일종의 **과거지향**(Retention)인 각각의 의식의 음영은 이중 지향성을 갖는다. 그 하나는 내재적 객체, 즉 음이 구성되는 데 도움이 되는 지향성으로, 이것은 (방금 전에 감각된) 음에 관한 '1차 기억'(primäre Erinnerung)이라고 불리는 지향성, 더 명확하게 말하면, 곧 음의 과거지향이다. 다른 하나는 흐름 속에 있는 이 1차 기억의 통일체에 대해 구성적인 지향성이다. 즉 과거지향은 여전히 존재하는 의식(Noch-Bewußtsein), 억제하는 의식이라는 사실과 일치한 채로 흘러가버린 '음-과거지향'의 과거지향이다. 따라서 이 과거지향은 그 자신의 흐름 속에, 끊임없이 음영이 지어지는 가운데 끊임없이 선행된 국면들에 관한 끊임없는 과거지향이다.

의식의 흐름의 어떤 국면(이 국면 속에 음-'지금'이 나타나고, 음-지속의 어떤 구간이 '방금 전에 흘러가버린' 양상으로 나타난다)을 고찰해보면, 그 국면은 '이전의-동시에 있음'(Vor-Zugleich) 속에 있는 과거지향들의 통일적 연속성을 포함하며, 이 연속성은 선행된 흐름의 국면들의 순간적 연속성 전체에 관한 과거지향이다(이 연속성은 출발부분에서는 새로운 근원적 감각이며, 실로 이것에 이어지는 끊임없는 최초의 부분에서는, 즉 최초의 음영의 국면에서는 선행된 근원적 감각의 직접적 과거지향이고, 바로 그다음 음영의 국면에서는 계속 앞서 선행된 근원적 감각의 과거지향의 과거지향이다).

하여튼 흐름을 계속 흘러가게 하면, 우리는 방금 전에 기술한 연속성을 과거지향으로 변경시키는 흐름의 연속체를 경과하는 가운데 지닌다. 이 경우 '순간적으로 동시에 있음'(momentan-zugleich)으로 존재하는 국면들에 관한 각각의 새로운 연속성은 선행된 국면들에서 '동시에 있음'의 연속성 전체와 관계하는 과거지향이다. 그러므로 흐름의 경과에서 끊임없이 자기 자신과 합치되어 통일되는 세로 방향의 지향성(Längs-intentionaltät)이 그 흐름을 통해 나아간다. 절대적으로 이행하는 작용 속에 흐르면서 최초의 근원적 감각은 그 자신에 관한 과거지향으로 변화되며, 이 과거지향은 이러한 과거지향에 관한 과거지향으로 계속 변화된다.

그러나 동시에 최초의 과거지향과 더불어 새로운 '지금', 새로운 근원적 감각이 그곳에 있는데, 그 과거지향과 연속적-순간적으로 결합된 그 흐름의 두 번째 국면이 새로운 '지금'의 근원적 감각이며, 그에 더 앞서는 '지금'의 과거지향이다. 마찬가지로 [그 흐름의] 세 번째 국면은 두 번째 근원적 감각의 과거지향과 더불어 최초의 근원적 감각의 과거지향에 관한 과거지향을 수반하는 새로운 근원적 감각이다.

여기에서 고려되어야 할 점은 어떤 과거지향에 관한 과거지향은 직접 과거지향된 것(Retiniertes)에 관련해 지향성을 지닐 뿐만 아니라, 두 번째 단계의 과거지향작용(Retinieren) 속에 과거지향된 것에 관련해 그리고 마지막으로 여기에서 철저하게 객관화되는 근원적 자료에 관련해 지향성을 지닌다는 사실이다. 이러한 사실은 어떤 사물이 나타나는 현전화(Vergegenwärtigung)가 사물이 나타나는 것에 관련해서뿐 아니라 나타나는 사물에 관련해서도 지향성을 지니는 것과 유사하며, 더 적절하게 말하면, A에 관한 어떤 기억이 단순히 기억만 의식하게 하는 것이 아니라 그 기억에 따라 기억된 것으로서 A를 의식하게 하기도 하는 것과 같다.

그래서 우리는 끊임없이 과거지향으로 변화하는 것에 따라 그리고 '이 변화는 끊임없이 선행된 과거지향들에 관한 과거지향'이라는 사정에 따라 의식의 흐름 속에 그 흐름 자체의 통일체가 하나의 일차원의 유사(quasi)-시간적 질서로 구성된다고 생각한다. 음의 방향을 살펴 주의 깊게 **가로방향의 지향성**(Quer-intentionalität)에 익숙해지면,

(그때그때 음의 '지금'에 관한 감각인 과거지향의 변화에 익숙해지고, 근원적 감각과 이미 현존하는 과거지향들이 과거지향으로 변화하는 흐름 속에 항상 통일체를 경험하는 가로방향의 지향성에 익숙해지면) 지속하는 음은 그 자신이 지속하는 가운데 항상 확대되면서 현존한다.

반면 세로방향의 지향성과 그 속에서 구성된 것에 초점을 맞추면, 나는 반성하는 시선을 (일정 기간 지속한) 음에서 '이전의-동시에 있음' 속의 어떤 시점이 지나간 다음 [등장한] 근원적 감각의 새로운 것에, 어떤 끊임없는 계열에 따라 [이 근원적인 것과] 동시에 있는 과거지향된 것에 던진다. 이 과거지향된 것은 의식의 국면들의 계열 다음의 (우선 의식의 선행된 국면 다음의) 과거의 의식이다. 그런데 나는 의식의 끊임없는 흘러감 속에 현실적인 근원적 감각의 한계시점과 더불어 그리고 과거지향과 근원적 감각을 새롭게 착수함으로써 경과된 의식에서 과거지향된 계열이 끊임없이 뒤로 밀쳐지는 동시에 경과된 의식에서 과거지향된 계열을 파악한다.

여기에서 다음과 같이 물을 수 있다. 즉 나는 '이전의-동시에 있음' 속에 포함된 지나간 의식이 경과하는 과거지향적 의식 전체를 한눈에 발견하고 파악할 수 있는가?

이 필연적 과정은 명백히 다음과 같다. 즉 나는 우선 '이전에-동시에 있음'(Vor-Zugleich) 자체를 파악해야만 하는데, 이 끊임없이 변화하는 '이전에-동시에 있음'은 실제로 그 흐름 속에서만 참으로 그 자신의 본질일 수 있다. 그런데 이 흐름이 그러한 '이전에-동시에 있음'을 변경시키는 한, 그 흐름은 지향적으로 자기 자신과 합치하며, 흐름 속에 통일체를 구성한다. 그리고 이 동일한 하나의 흐름은 끊임없이 뒤로 밀쳐지는 양상을 유지하며, 마찬가지로 즉시 항상 새로운 것이 그 자신의 순간적 연관 속으로 흘러가기 위해 전면에 부착된다. 이러한 과정이 진행되는 동안 시선은 가라앉는 '순간적-동시에 있음'(Momentan-Zugleich)에 고정된 채 머무를 수 있다. 그러나 과거 지향적 통일체가 구성되는 것은 이 '순간적-동시에 있음'을 뛰어넘어 항상 새로운 것을 추가한다. 이러한 가운데 시선은 그러한 사실을 향할 수 있으며, 그것은 구성된 통일체로서 언제나 흐름 속에 있는 의식이다.

그래서 유일한 하나의 의식흐름 속에는 동일한 하나의 사실의 두 가지 측면처럼 분리할 수 없는 통일적인, 서로 간에 서로를 요구하는 두 가지 **지향성**이 서로 얽혀 있다. 그 하나의 지향성에 따라 내재적 시간, 즉 지속하는 것에 관한 지속이나 변화가 그 속에 존재하는 객관적 시간, 진정한 시간이 구성되고, 다른 하나의 지향성 속에 흐름의 국면들의 유사-시간적 배열이 구성된다. 이 흐름의 국면들은 흘러가버리는 '지금'-시점, 즉 현실성(Aktualität)의 국면을 항상 또 필연적으로 지니며, 일련의 이전(vor)-현실적 국면과 이후(nach)-현실적 (아직 현실적이지 않은) 국면을 지닌다.

이 이전(prä)-현상적·이전-내재적 시간성은 시간을 구성하는 의식의 형식으로 또한 의식 그 자체 속에 지향적으로 구성된다. 시간을 구성하는 내재적 의식의 흐름은 존재할 뿐만 아니라, 그 흐름은 '그 흐름 속에 흐름이 스스로 나타남이 필연적으로 현존하고, 따라서 그 흐름 자체는 흘러감 속에 필연적으로 파악될 수 있다'는 진기한, 어쨌든 이해할 수 있는 성질을 지닌다. 흐름이 스스로 나타남은 두 번째 흐름을 요구하는 것이 아니라, 그 자신 속에 현상(Phänomen)으로 구성된다.[14]

〔현상에서는〕 구성하는 것과 구성된 것이 합치되지만, 이 양자가 모든 과정에서 합치될 수 있는 것은 아니다. 동일한 의식의 흐름이

---

14) 부록 9 「근원적 의식과 반성의 가능성」 참조할 것.―후설의 주.

현상적으로 구성되는 의식의 흐름의 국면들은 이러한 구성된 국면과 동일하게 될 수도 없고, 사실 그렇지도 않다. 의식의 흐름의 순간적–현실적인 것〔시점〕속에 나타나게 되는 것은 동일한 의식의 흐름에서 일련의 과거지향적 계기 속에서는 의식의 흐름의 지나간 〔과거의〕국면이다.

40 구성된 내재적 내용[15]

이제 내재적 내용의 층(層)으로 이행해 더 상세하게 고찰해보자. 이 내재적 내용이 구성되는 것은 절대적 의식의 흐름의 작업수행(Leistung)[16]이다. 그리고 그 내재적 내용은 일상적 의미에서의 체험이다. 가령 빨간색이나 푸른색 등의 감각자료(비록 이것도 주목되지 않더라도)나 더 나아가 나타남(집이나 주변의 나타남 등)—이것이나 그 대상에 주목하든 않든—, 그다음 언표·원망·의지 등의 작용들과 이것들에 속한 재생산적 변양(상상·기억)이 내재적 내용이다. 이 모든 것은 의식의 내용이며, 시간의 대상을 구성하는 근원적 의식의 내용이지만, 근원적 시간 자체가 다시 이러한 의미에서 현상학적 시간 속의 내용이나 대상은 아니다.

내재적 내용은 현실적으로 지속하는 동안 미래의 것을 미리 지시하고(vorweisen) 과거의 것을 소급해 지시하는(züruckweisen) 한에서

---

15) 이 항의 강의수고 자료는 발견되지 않았다.—뷤의 주.

16) '산출·수행·수행된 결과·영향·기능·성취·업적' 등을 뜻하는 단어로 능동적인 의식의 지향적 활동들을 지칭한다. 즉 이것은 의식의 단순한 '작용'(Akt)과 달리, 의식이 경험한 내용을 언어의 형태로 축적한다. 이것은 다시 기억되거나 새로운 경험을 형성하는 복잡한 심층구조를 지닌 발생적 역사성을 함축한다.

만, 내재적 내용의 본질이다.

그러나 이러한 앞서 지시(Hinweisen)하거나 소급해 지시하는 경우 여전히 다음과 같은 차이를 구별해야 한다. 즉 내재적 내용을 근원적으로 구성하는 각각의 근원적 국면 속에 곧 이러한 내용이 선행된 국면의 과거지향과 앞으로 다가올 국면의 미래지향을 지닌다. 이러한 미래지향은 그 내용이 지속하는 한 곧 충족된다. 이렇게 규정된 과거지향과 미래지향은 희미한 지평을 지니는데, 그것은 흐름(Strom)의 과거나 미래의 경과에 관계하는 규정되지 않은 과거지향이나 미래지향으로 흐르면서 이행하고, 이 과거지향과 미래지향에 따라 현실적 내용은 흐름의 통일체에 집합된다.

그런 다음 과거지향과 미래지향에서 회상(Wiedererinnerung)이나 예상(Erwartung)을 구별해야 하는데, 이 회상이나 예상은 내재적 내용을 구성하는 국면들에 관계하는 것이 아니라, 과거나 미래의 내재적 내용을 현전화하는 것이다. 그 내용은 지속하며, 그 자신의 시간을 지닌다. 그것은 개체적 객체성이며, 변화하거나 변화하지 않는 통일체다.

41 내재적 내용의 명증성. 변화와 불변화[17]

어떤 내재적 내용이 명증적으로 주어진 것에 관해 말하자면, 이 명증성(Evidenz)은 자명하게 어떤 시점에서 음의 시간적 현존재에 관련된 의심할 여지없는 확실성을 의미하지 않는다. 이렇게 파악된 명증성(예를 들어 브렌타노가 받아들인 명증성)을 나는 허구(Fiktion)로 간주하고 싶다. '지각에서 앞으로 주어질 내용은 시간적으로 확장된

---

17) 이 항은 1905년 강의수고 47~49쪽에 근거한다.―빔의 주.

다'는 사실이 그러한 내용의 본질에 속한다면, 지각의 의심할 바 없는 확실성은 시간적으로 확장된 현존에 관한 의심할 바 없는 확실성 이외에 다른 것이 아니다.[18]

즉 개체적 실존을 향한 모든 물음은 가장 엄밀한 의미에서 우리에게 개체적 현존을 부여하는 지각으로 되돌아감으로써만 그 자신의 답변을 찾을 수 있다. 지각이 아닌 그러한 것이 지각 그 자체와 여전히 혼합되어 있는 한, 그만큼 지각 속에는 의심스러운 점이 여전히 존재한다.

이제 문제되는 것이 경험적 사물성(Dinglichkeit)[19]이 아니라 내재적 내용이라면, 지속하는 것과 변화하는 것, 공존하는 것과 잇달아 일어나는 것은 지각 속에 완전히 그리고 전적으로 실현될 수 있으며, 〔이제까지〕 종종 실제로 충분히 실현되었다. 이는 지속하거나 변화되는 내용 자체를 가장 본래의 의미에서 구성하는 지각, 곧 순수하게 직관하는 지각에서도 일어났다. 그리고 이러한 지각은 어떠한 의심스러운 점도 내포하지 않는다. 따라서 근원적으로 묻는 모든 경우에서 우리는 그러한 지각에 소급해 이끌리지만, 지각 자체는 근원에 관한 더 이상의 물음을 배제한다. 자주 논의된 내적 지각의 명증성, 사유작용(cogitatio)의 명증성은, 만약 명증성의 영역이나 참으로 주어진 것의 영역에서 시간적 연장을 배제하고자 하면 각각의 의미나 의의를 상실할 것이라는 사실이 명백하다.

이제 이렇게 지속하는 명증성 의식을 고찰하고, 이 의식 자체를 분석해보자. c음(게다가 c라는 질뿐만 아니라, 전적으로 변화되지 않은 채 남아 있어야 할 음-내용 전체)이 지속하면서 지각되고 지속하는 것으

---

18) 내재적 지각에 관해서는 제44항 참조할 것.—후설의 주.

19) '사물성'은 경험할 수 있는 자연의 사물이 지닌 성질들의 총체를 가리키는 것으로 "사물들, 사건들 등"(『엄밀한 학문』, 301쪽, 310쪽)을 뜻한다.

로 주어지면, 그 c는 직접적 시간 장(場)의 어떤 구간에 걸쳐 연장된다. 즉 각각의 '지금' 속에 이와 다른 음이 아니라, 잇달아 그리고 연속으로 동일한 음이 나타난다. 동일한 음이 언제나 등장한다는 사실, 이러한 동일성(Identität)의 연속성이 의식의 내적 성격이다. 시간의 위치들은 서로 분리되는 작용에 따라 서로 간에 구별되는 것이 아니며, 여기에서 지각의 통일체는 중단되는 어떠한 내적 차이도 없는 단절 없는 통일체다.

어쨌든 다른 한편으로 각각의 시점이 그와 다른 각각의 시점에서 개체적으로 구별되는 한, 차이가 존재한다. 그러나 이 구별은 곧 〔논리적〕 구별(v e r schieden)이지, 〔실재적〕 단절(g e schieden)이 아니다.[20] 시간의 질료를 구별할 수 없는 동등성(Gleichheit)과 시간을 정립하는 의식이 변양되는 것의 끊임없음(Stetigkeit)은 그 c의 단절 없이 연장되는 통일체로 융합된 것(Verschmolzenheit)[21]을 본질적으로 기초 짓고, 이것에 따라 구체적 통일체가 비로소 생긴다. c음은 시간적으로 연장된 것이어야만 비로소 구체적 개체가 된다. 구체적인 것은 그때그때 유일하게 주어진 것이다. 그리고 방금 시도된 것과 같은 상론을 가능케 해주는 것은 자명하게도 분석하는 지성적 과정이다.

최초로 주어진 것인 c음의 단절 없는 통일체는, 가령 동시에 계기

---

20) 접두사를 격자체로 강조한 의미는 사유상의 구별과 실재상의 구별에 대한 혼동을 막기 위해서다. 이러한 점은 후설이 '실체'(Substanz)라는 형이상학적 용어를 사용하면서도 실재적 의미가 아니라 담지자로서의 '기체'(Substrat)라고 강조하는 것과 같은 맥락이다.

21) 이 '융합됨'은 가다머(H.G. Gadamer) 철학에서 '이해'(Verstehen)의 해석학적 순환의 핵심인 '지평융합'(Horizontverschmelzung)(*Wahrheit und Methode*, Tübingen, 1972, p. 289, 356, 375 참조할 것)의 원형이라고 할 수 있다. 후설은 더 구체적이고 직접적인 원형을 『경험과 판단』, 제*16*항에서 수동적으로 미리 주어진 영역의 연상적 구조를 밝히면서 다룬다.

하는 것의 보조수단—이 보조수단으로 〔통일체와〕 병행해 경과하는 지속 속에 단편들이 구별될 수 있고, 그런 다음 이 단편들을 비교하거나 동일화하는 작용이 일어날 수 있다—으로 하나의 분할할 수 있는 통일체인데, 즉 이념적으로는 그 통일체 속에 앞으로 발견될 수 있는 순간들이 융합된다.

그래도 우리는 이미 약간의 이념화하는(idealisicrend) 허구를 바탕으로 그렇게 기술한다. 음이 절대적으로 불변한 채 지속한다는 사실은 하나의 허구다. 그 어떤 순간에서는 많든 적든 동요가 항상 발생하고, 그렇기 때문에 어떤 순간에 관한 연속적 통일체는 이 통일체에서 간접적으로 분할되는 그와 다른 순간의 차이와 결합될 것이다. 어떤 시간의 위치에서 질적 동일성이 파괴되는 것, 즉 동일한 질(質)의 유(類) 안에서 어떤 질에서 그와 다른 질로 도약하는 것은 변화하는 체험이라는 새로운 체험을 산출하고, 이 경우 어떤 시간의 구간 각 시점에서 불연속성(Diskontinuität)이 가능하지 않다는 사실은 분명하다. 불연속성은 변화가 없이 지속하는 형식이든 끊임없이 변화하는 형식이든, 연속성을 전제한다. 후자, 즉 끊임없이 변화하는 것에 관해서는 변화하는 의식의 국면들도 변화하지 않고 지속하는 경우와 마찬가지로 단절이 없으며, 따라서 통일체에 관한 의식, 즉 동일성에 관한 의식의 방식으로 서로 간에 이행한다.

그러나 통일체는 어떠한 차이도 없는 통일체로 입증되는 것이 아니다. 처음에 아무 차이도 없이 서로 간에 이행하는 것이 연속으로 종합(Synthesis)되면서 편차가, 점차 더 커다란 편차가 명백히 제시된다. 그래서 동등함과 차이가 혼합되며 증가하는 연장을 지닌 차이가, 고양되는 연속성이 주어진다. 근원적 '지금'의 지향은 개체적으로 유지되기 때문에, 항상 새로운 순간의 의식 속에 다른 지향들과 통일적으로 정립된 채 나타난다. 이 다른 지향들은 '지금'의 지향에서 시간적으로 더 멀리 떨어져 있을수록 끊임없이 커지는 차이, 즉 어떤 간격을 더 부각시키게 된다. 처음에는 합치되고 그런 다음 거의 합치 되는 것은 항상 더 떨어지게 되고, 오래된 것과 새로운 것은 더 이상 본질에서 완전히 동일한 것으로서가 아니라, 유(類)의 공통성에도 불구하고 언제나 다른 것 또는 더 생소한 것으로 나타난다. 이렇게 해서 점차 변화된 것에 관한 의식, 고양된 간격에 관한 의식이 끊임없 는 동일화하는(Identifizierung) 흐름 속에 생긴다.

변경되지 않고 지속하는 경우 우리는 끊임없는 통일체에 대한 의 식을 지니며, 이 의식은 그것이 진행되는 가운데 항상 동질적 통일체 에 관한 의식으로 남아 있다. 합치(Deckung)는 끊임없이 진행되는 일 련의 지향 전체에 두루 걸쳐 정립되어 있으며, 이 관통하는 통일체는 합치의 통일체이고 이것은 그와 다른 것에 관한 의식, 멀어지는 것에 관한 의식, 간격에 관한 의식을 발생시키지 않는다. 변경되는 것에 관 한 의식 속에는 합치도 일어나고, 이 합치는 어떤 방식으로든 시간적 연장 전체를 관통한다. 그러나 보편적인 것에 관한 이러한 합치 속에 는 그 차이에 따른 편차가 동시에 그리고 점차 커지면서 나타난다.

시간의 구간 속에 변경의 질료가 분배되는 방식은 신속하든 완만 하든, 그 변경·속도·가속도에 관한 의식을 규정한다. 그러나 끊임없 이 변경되는 경우뿐만 아니라 모든 경우에도 다름에 관한 의식, 차이 에 관한 의식은 통일성을 전제한다. 변화 속에는 지속하는 것이 현존 함이 틀림없고, 마찬가지로 변경 속에는 변경되는 것 또는 어떤 변화 를 겪는 것의 동일성을 형성하는 것이 현존함이 틀림없다. 자명하게 도 이러한 사실은 어떤 개체적인 것에 관한 의식의 본질적 형식을 소 급해 지시한다.

우리는 음의 질은 변화되지 않은 채 남아 있고 음의 강도나 음향이 변화된다면, 동일한 음이 그 음향의 색조를 변경시키거나 강도에 관해 스스로를 변화시킨다고 말한다. 현상 전체에서 아무것도 변화되지 않은 채 남아 있고 그것이 모든 규정성에 따라 변화되면, 이러한 경우 통일체를 세우는 것, 곧 차이가 없음—이것으로 인접한 국면들은 서로 뒤섞여 이행하며, 이렇게 함으로써 통일체에 관한 의식을 세운다—을 세우는 것만으로도 충분하다. 〔현상〕 전체의 방식과 형식은 유(類)로는 동일한 것으로 남아 있다.

물론 유사한 것은 유사성의 다양체(Mannigfaltigkeit)[22] 안에서 〔다른〕 유사한 것으로 이행하며, 거꾸로도 마찬가지다. 즉 유사한 것은 하나의 연속으로 이행하는 통일체에 속할 수 있다. 또는 바로 동등한 것과 마찬가지로 어떤 간격을 지닌 모든 것은 아무 변화도 없는 지속(정지)하는 것의 통일체를 정초할 수 있는 것, 즉 어떠한 간격도 없는 것이다. 따라서 변경이나 변화가 항상 문제시되는 경우 사정은 언제나 마찬가지다. 〔거기에는〕 통일성에 관한 의식이 근거한다.

42 인상과 재생산[23]

만약 인상적 내용들에 관한 구성(Konstitution)을 지속하는 가운데 추구하는 것이 아니라 가령 기억에 적합한 내용들에 관한 구성을 추구한다면, 우리는 기억에 적합한 내용들의 '지금'의 시점에 상응하

---

22) '다양체'는 리만(G.F.B. Riemann) 이래 현대기하학에서 일정한 공리의 연역 체계를 지칭하는 용어로 쓰이는데, 일종의 유개념(집합)이라고 할 수 있다. 후설은 이 개념을 순수 수학의 의미에서, 모든 개별 과학의 학문적 성격을 보장하고 학문들의 경계를 설정하는 규범법칙, 즉 학문을 진정한 학문으로 성립시킬 수 있는 학문이론(Wissenschaftslehre)으로서 순수 논리학을 정초하는 형식적 영역 존재론(regionale Ontologie)의 의미로까지 발전시킨다.

23) 이 항부터 제45항까지 강의수고의 자료는 발견되지 않는다. 이것들은 1911년 이후에 작성된 것으로 추정된다.—뵘의 주.

는 근원적 인상에 대해 논의할 수 없다는 사실에 주목해야 한다. 여기서는 (절대적 국면인) 근원적 기억이 선두에 선다. 이것은 〔어떤 것이〕 외부에서, 의식에 생소하게 안으로 들어와 정립된 것, 근원적으로 산출되어 발생된 것이 아니다. 오히려 이것은 (적어도 기억의 경우) 우리가 말할 수 있듯이, 갑자기 떠올려진 것, 다시 갑자기 떠올려진 것이다. 이러한 계기(契機)는 비록 그 자체가 인상은 아니지만, 어쨌든 인상과 동등하게 자발성(Spontaneität)의 사물이 아니라, 어떤 방식으로 받아들인 것(Rezeptives)이다.

이 경우 수동적으로 받아들이는 것을 논의할 수도 있고, 새로운 것·생소한 것·원본적인 것을 끌어들이는 수동적으로 받아들이는 작용과 단지 되돌려주는, 현전화하는 수동적으로 받아들이는 작용을 구별할 수도 있다.

모든 구성된 체험은 인상이거나 재생산이고, 재생산인 그 체험은 현전화의 작용(Vergegenwärtigen)이거나 아니다. 모든 경우 그 구성된 체험 자체는 (내재적으로) 현재의 것(Gegenwärtiges)이다. 그러나 모든 현재의 의식 또는 현재화하는 의식에는 이 의식에 관해 정확하게 부합하는 현전화의 이념적 가능성이 상응한다. 가령 인상적 지각작용에는 그것에 관한 현전화의 가능성이 상응하고, 인상적 소망작용에는 그에 관한 현전화가 상응한다. 이러한 현전화의 작용은 모든 감성적 감각의 내용에도 관계한다. 감각된 빨간색에는 빨간색의 상상의 산물(Phantasma), 인상적인 빨간색에 관한 현전화의 의식이 상응한다. 이 경우 감각작용(즉 질료적 감각자료의 지각작용)에 감각작용의 현전화가 상응한다. 그러나 모든 현전화의 작용은 그 자체로 인상적 의식에 따라 다시 현재화된 것이다.

따라서 어떤 의미에서는 모든 체험은 인상에 따라 의식되거나 인상된다. 하지만 그러한 체험 가운데는 재생산된 것으로서, 즉 인상에 따라 현전화해 변양된 것으로서 머리에 떠오르는 체험도 있으며, 각각의 의식에는 그와 같이 변양된 것이 상응한다(이 경우 현전화의 작용을 동시에 주목하는 사념작용으로 이해하면 안 된다). 지각작용은 어떤 대상에 관한 의식이다. 이것은 동시에 의식으로서 인상이며, 내재적인 현재의 것이다. 이러한 내재적 현재화의 작용, 어떤 A에 관한 지각작용에는 재생산적으로 변양된 것이 상응한다. 즉 지각작용의 현전화, 상상 속의 또는 기억 속의 지각작용이 상응한다.

그러나 그러한 상상(Phantasie) 속의 지각은 동시에 지각된 객체에 관한 상상이다. 지각 속에는 우리가 사물이나 사물의 〔사건〕경과라고 부르는 어떤 대상이 현재의 것으로 현존한다. 따라서 지각은 그 자체로 현재의 것일 뿐만 아니라, 동시에 현재화의 작용이다. 지각 속에는 어떤 현재의 것, 즉 사물이나 경과가 현존한다. 마찬가지로 지각이 변양된 것은 동시에 지각된 객체에 관한 현전화다. 즉 사물의 객체는 상상되고 기억되고 예상된다.

모든 인상, 즉 '…에 관한 의식'이라는 체험 같은 1차적 내용은 근원적 의식 속에 구성된다. 왜냐하면 체험은 이러한 두 가지 체험의 부류로 나뉘기 때문이다. 이 부류 가운데 하나는 작용으로 '…에 관한 의식, 어떤 것과의 관계'를 갖춘 체험이며, 다른 하나는 그렇지 못한 체험이다. 그런데 감각된 색조는 무엇과 맺는 관계가 전혀 없다.[24]

마찬가지로 상상의 내용, 예를 들면 (비록 주목되지 않더라도) 눈앞에 아른거리는 빨간색으로서의 빨간색 환상도 무엇과 맺는 관계가

---

24) 근원적 의식, 즉 내재적 시간과 이것에 속한 체험들을 구성하는 흐름 자체를 작용으로 묘사하거나 이것을 통일체나 작용에 따라 나누는 권리를 지닌 한, 우리는 '어떤 근원적 작용이나 이 작용들의 연관의 통일체—이것은 그 자체로 작용이거나 아니다—를 구성한다'고 주장할 수 있고, 또 분명히 주장할 수 있어야 한다. 그러나 이러한 사실은 어려운 문제를 불러일으킨다.—후설의 주.

전혀 없다. 그러나 빨간색에 관한 상상-의식, 즉 모든 원초적 현전화는 분명히 무엇과 맺는 관계를 지닌다. 따라서 우리는 인상적 의식에 관한 현전화인 인상을 발견한다. 인상적 의식이 내재적인 것에 관한 의식이듯이, 인상적 현전화 역시 내재적인 것에 관한 현전화다.

(현전화에 대립되는 더 좁은 의미에서) 인상은 1차 의식으로서, 의식된 어떠한 의식도 그 자신의 배후에 지니지 않는 것으로 파악될 수 있지만, 반면 현전화 또한 가장 원초적인 내재적 현전화는 실로 2차 의식이며, 이것은 그것이 인상적으로 의식되는 1차 의식을 전제한다.

43 사물의 나타남과 사물의 구성. 구성된 파악과 근원적 파악

가령 구리로 만든 재떨이에 대한 지각 같은 1차 의식을 고찰해보자. 이 재떨이는 지속하는 사물적 존재로 현존한다.

반성을 통해 우리는 지각 자체(파악하는 자료와 구체적으로 통일되어 받아들여진 지각이 파악하는 것, 즉 확실성의 양상에서 지각의 나타남)와 지각된 것(지각의 토대 위에 기초된 명증적 판단으로 기술될 수 있는 것)을 구별할 수 있다. 이 지각된 것은 동시에 사념된 것이며, 사념작용은 지각작용 속에 살아 있다(leben). 반성이 가르쳐주듯이 파악하는 양상으로 있는 지각이 파악하는 것은 비록 그것이 사념된 것이 아니더라도, 그 자체는 현재성(Gegenwärtigkeit)의 통일체 속에 현존하는 내재적-시간적으로 구성된 것이다. 그것은 '지금'의 국면들과 과거지향들의 다양체에 따라 구성된다. 파악하는 내용뿐만 아니라, 확실성의 양상이 속하는 파악하는 지향도 이러한 방식으로 구성된다. 감각의 내용은 감성적 인상 속에 통일체로 구성되고, 파악하는 것은 감성적 인상과 다른, 즉 이것과 뒤엉킨 작용의 인상 속에 구성된다. 구성된 현상으로서 지각은 그 자신의 측면에서 보면 사물에 관한 지각이다.

1차 시간의식 속에서는 사물의 나타남, 즉 지속하는 현상, 변화되지 않거나 변화되는 현상인 사물에 대한 파악이 구성된다. 그리고 이러한 변화의 통일체 속에 하나의 새로운 통일체가 의식된다. 그것은 변화되지 않거나 변화되는, 즉 자신의 시간이나 자신의 지속 속에 변화되지 않거나 변화되는 사물의 통일체다. 지각이 구성되는 동일한 인상적 의식 속에 지각된 것도 곧 이러한 의식을 통해 구성된다. 내재적 통일체에 관한 의식과 동시에 초월적 통일체에 관한 의식이 존재할 수 있다는 사실이 이렇게 구축된 의식의 본질에 속한다. 그리고 사념하는 시선이 어떤 때는 감성적 감각을, 어떤 때는 나타남을, 어떤 때는 대상을 향할 수도 있다는 사실도 이러한 의식의 본질에 속한다.

적절하게 필요한 변경을 하면, 이러한 사실은 모든 작용에 적용된다. 초월적 지향성을 지닌다는 것 그리고 내재적으로 구성된 것을 통해서만, 즉 파악을 통해서만 지닐 수 있다는 것은 언제나 그 작용의 본질에 속한다. 이는 내재적인 것, 즉 그 자신의 내재적 내실을 지닌 파악을 초월적인 것과의 관계 속에 정립할 수 있는 가능성을 언제나 정초한다. 그 '관계 속에 정립하는 것'(In-Beziehung-setzen)은 다시 하나의 작용, 즉 더 높은 단계의 작용을 산출한다.

동시에 다음과 같은 사실을 특히 주목해야 한다. 즉 지각은 근원적인 시간의 흐름 속에 그 자체로 구성된 통일체인 감각내용들의 복합체가 파악하는 통일을 경험하는 것이다. 그리고 통일적 파악 자체는 최초의 의미에서 구성된 통일체다. 내재적 통일체는 그 자신이 구성되는 가운데 초월적 나타남 속에 나타나는 것이 의식되거나 초월적 지각 속에 지각된 것이 의식되는 것처럼 의식되지는 않는다.

다른 한편 내재적 통일체는 본질의 공통성을 반드시 지닌다. 왜냐하면 지각작용(Wahrnehmen)이 현재화의 작용(Gegenwärtigen)인 것처럼, 내재적 인상도 현재화의 작용이기 때문이다. 그래서 우리는 어떤 경우에는 내재적 현재화의 작용을 지니고, 또 다른 경우에는 나타남을 통해(durch) 초월적 현재화의 작용을 지닌다. 그러므로 초월적 나타남이 내적 의식 속에 구성된 통일체인 반면에, 이러한 통일체 속에(in) 그와 다른 통일체가 다시 구성될 것이다. 이 통일체는 나타나는 객체다.

우리가 파악했듯이, 내재적 통일체는 시간적 음영의 다양체들의 흐름 속에 구성된다. 즉 의식의 흐름을 세로방향으로 뒤따라가면, 우리는 거기에서 내재적 내용의 각 시간적 시점에 속하는 변양된 다양한 근원적 내용을 지니게 된다. 이렇게 변양된 다양한 근원적 내용은 '지금'의 성격에서 근원적 내용이 과거지향으로 변양된 것으로 특징지어진다. 그리고 이 근원적 내용은 근원적 파악을 지닌 것[25]이다. 이 근원적 파악은 그것이 흐르는 연관 속에 과거 속으로 후퇴하는 내재적 내용의 시간의 통일체를 구성한다. 지각이 나타나는 경우 내용은 곧 시간적 통일체인 이러한 나타남들 전체다. 따라서 지각이 파악하는 것도 시간적 파악의 통일체에 따라 통일될 그러한 음영의 다양체들 속에 구성된다.

여기에서 파악을 이중의 의미로 이해해야 한다. 즉 내재적으로 구성된 파악과 내재적 구성에 속한, 근원적 흐름 자체의 국면들에 속한 파악, 즉 더 이상 구성되지 않는 근원적 파악이다. (예를 들면 어떤 사물을 회전시키는 경우 동일한 사물의 조망들Aspekte로 나타나는 일련의 조망처럼) 파악하는 것들의 연속성이 변화되어 나타나는 통일체

---

25) 이렇게 '지닌 것'은 '실체'(Substanz) 같은 형이상학적 · 실재적 의미가 아니라, 그 구성요소들을 포괄하는 '기체'(Substrat)의 의미다.

뿐만 아니라 지속하거나 변화되는 어떤 사물이 나타나는 것들에 관한 통일체도 산출하는 한, 나타나는 것이 내재적으로 유출되는 가운데, 즉 현상학적 시간 속에 파악하는 것—우리는 이것을 지각이라고 부른다—이 연속으로 잇따라 일어나는 가운데, 실로 하나의 시간적 통일체가 구성된다.

내재적 시간은 '현상학적 시간의 통일체인 감각내용들의 음영의 다양체 속에, 또는 이러한 내용들에 관한 현상학적-시간적 음영의 다양체 속에 어떤 동일한 사물성—이것은 모든 국면에서 음영의 다양체 속에 항상 자기 자신을 제시한다—이 나타난다'는 사실에 따라 내재적 나타남들 속에 구성된 객체의 시간으로 객체화된다.[26] 사물은 그 자체로 근원적 인상들의 흐름 속에 내재적 통일체로 구성된 그 자신의 나타남들이 유출되는 가운데 구성되며, 이와 다른 것과 합치를 이루면서 필연적으로 구성된다.

근원적 흐름 속에 감각의 통일체나 통일적 파악이 구성되고, 따라서 항상 무엇에 관한 의식, 무엇을 제시하는 것, 더 정확하게 말하면, 무엇을 현재화하는 것 그리고 동일한 것을 제시하는 것이 연속으로 잇따라 일어나는 가운데 구성되기 때문에, 나타나는 사물은 구성된다. 제시하는 것의 유동적 요소들(Fluentien)은 그와 같은 흐름과 연관되기 때문에 곧 이러한 요소들 속에 그것이 나타나는 것은, 감각내용이 감각의 음영 속에 서로 나뉘는 것과 똑같이, 그와 같이 형성되어 제시하는 것의 음영들의 다양체로 서로 나뉜다. 바로 이러한 이유 때문에 파악의 다양체는 내재적 인상들이 현재하는 것으로 특징지어지는 것과 똑같이 현재하는 것으로 특징지어진다.

---

26) 부록 10 「시간의 객관화와 시간 속에 있는 사물적인 것의 객관화」 참조할 것.—후설의 주.

우리는 다음과 같은 사실을 즉시 파악한다. 즉 만약 근원적으로 현존하는 감성적 자료가 근원적인 직접적 제시(Urpräsentation)와 이것과 본질적으로 서로 관련된 근원적 과거지향이나 근원적 미래지향 이외에도 공간적 사물이 구성되는 파악의 성격을 계속 띠면, 감각자료와 사물을 파악하는 것이 귀속되는 현상학적 시간과 사물의 공간-시간은 각각의 시점에서 반드시 합치한다는 사실이다. 현상학적 시간이 충족된 각각의 시점과 더불어 (감각의 내용이나 현상학적 시간 속에 놓여 있는 이것을 파악함으로써) 충족된 객관적 시간의 어떤 시점이 제시된다.

이 경우 다음 도표에서 수직선 계열과 현상학적 시간의 구성에 속하는 〔위아래로〕 관통하는 수직선이 합치(이 합치에 따르면 근원적 자료 E2와 과거지향적 변양 O'와 E1'가 하나의 순간 속에 합일된다)될 뿐만 아니라, 각각의 수직선 계열에 속한 사물을 파악하는 것 자체의 과거지향적 음영들도 관통해 합치된다. 이것은 두 가지의 합치다.

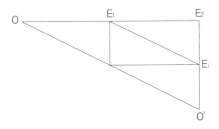

사물을 파악하는 계열은 연속으로 잇따라 일어나는 것을 함께 구성하는 한에서만 합치되지 않고, 그것이 동일한 사물을 구성하는 한 합치된다. 전자는 〔파악들을〕 결합하는 본질의 동등성(Gleichheit)이 합치하는 것이고, 후자는 잇따라 일어나는 것을 연속적으로 동일화함으로써 지속하는 동일한 것이 의식되기 때문에 동일성(Identität)

이 합치하는 것이다. 물론 여기에는 객관적-공간적 의미도 지닌 미래지향이 충족되는 가운데 수직선 계열에서 〔다른〕 수직선 계열로 연속으로 계기하는 동일화(Identifizierung)도 속한다.

내재적 통일체와 초월적 통일체를 구성하는 데 유비(類比)는 이미 시사되었다. 감각-음영(현상학적 시간 속에 감각의 통일체를 위해 제시하는 근원적 자료)이 자신의 법칙, 자신의 본질적 성격을 근원적으로 잇따라 일어나는(Urfolge) 가운데 지니며, 〔앞의〕 도표에서 묘사된 변양으로 감각의 통일체를 구성하는데, 이는 사물들에 관한 음영 또는 실로 근원적으로 잇따라 일어나는 근원적 자료로 기능하는 나타남에서도 유사하다. 나타남의 계기들이 근원적으로 잇따라 일어나는 것이 시간을 기초 짓는 과거지향 등에 따라 (변화되었든 않았든) 나타남(Erscheinung)을 현상학적-시간적 통일체로 구성한다.

이때 변화되지 않은 동일한 사물에 속하는 나타남의 다양체로 만들어진 나타남이 존재적 본질(ein ontisches Wesen), 즉 나타나는 것(Erscheinendes)의 본질을 지닌다. 그리고 이 본질에는 가령 변화되지 않은 빨간색에 속한 어떤 순간적 자료가 완전히 동등한 본질에 관한 자료인 것처럼, 완전히 동일한 것(dasselbe)이라는 사실이 첨부되어 있다. 사물이 변화하는 계열도 빨간색이 변화하는 계열과 마찬가지로 확고한 법칙에 지배된다. 그래서 나타남과 나타나는 것 그리고 변화되지 않은 서로 다른 나타남이나 변화되어 나타나는 것이라는 이중적인 것(Doppeltes)이 하나로(in eins) 지향적으로 구성된다.

이제 다음과 같은 물음이 당연히 생긴다. 즉 동일한 것(Selbes)에 관한 나타남인 사물의 나타남(Dingerscheinung)은 어떤 종류의 특성을 지니는가? 이것은 공간적 사물의 구성에 관한 문제이고, 따라서 이 문제는 시간의 구성(Zeitkonstitution)을 전제한다.

44 내적 지각과 외적 지각[27]

그러나 이제 지속하는 지각에 관해, 게다가 사물을 지각하는 경우와 마찬가지로 내재적 지각의 경우에도 지속하는 지각에 관해 논해야 한다.

사물을 지각하는 경우 끊임없는 지각의 나타남만을, 즉 과거지향이나 미래지향으로 서로 뒤얽힌 것은 도외시하고 사물이 '지금'-나타나는 연속성만을 지각으로 간주한다. 사물이 나타남, 즉 일정하게 제시함 등에서 자신의 방향이 정해지는 사물은 나타나는 사물 그 자체와 마찬가지로 지속하는 것이다. 나는 본래 자신의 방향이 정해지는 사물이라고 말하면 안 되고, 사물이 나타나는 〔사건〕 과정이라고 말해야 한다. 이러한 사물이 나타나는 것은 방향을 정하는 것이 변화되지 않고 남아 있는 경우 그대로 지속하고, 그렇지 않은 경우 나타나는 것들은 끊임없이 변화하며 경과한다. 그러나 이 경과는 지속하는 것(Dauer) 안에 있다.

또한 어떤 내재적 객체를 지각하는 경우, 우리는 '지금'의 내재적인 것을 그것의 연속성(Kontinuität)을 통해 총괄할 수 있다. 그러나 이 경우 내재적인 것은 객체 자체의 지속이다. 이 객체는 곧 외적 지각의 경우와 같은 의미로 나타나는 것은 아니다.[28] 따라서 지각은

---

27) 부록 11 「충전적 지각과 비충전적 지각」 그리고 부록 12 「내적 의식과 체험들의 파악」 참조할 것.―후설의 주.

28) '외적 지각'은 초월적 실재를, '내적 지각'은 내재적 존재를 파악할 때 이루어진다. 초월적 실재는 음영을 지닌 채 우연적인 어느 한 측면만 지각되기 때문에 충전적이지 않고, 새로운 경험을 통해 확인되거나 수정될 수 있으므로 필증적이 아니다.

반면 내재적 존재는 지각대상이 지각작용과 동일한 체험 흐름 속에 있기 때문에 전체를 남김없이 한꺼번에 파악하므로 충전적이고, '존재'와 '의식되어 있음'이 달리 있을 수 없게 일치하므로 필증적이다. 즉 "내재적 존재는 원리상 그것이 존재하기 위해 다른 사물이 전혀 필요 없다는 절대적 의미에서 의심할

어떤 외적 객체에 관한 의식의 경우 외적 나타남을 내재적 객체로 표시할 수 있는 반면—이 경우 지각과 지각된 것은 자명하게 서로 다르다—, 우리가 내적 지각에 관해 논의하고 또한 이 경우 지각과 지각된 것이 서로 구별되어야 하면 내재적인 것, 즉 바로 객체 그 자체는 지각하는 가운데 이해될 수 없다.

우리가 내적 지각에 관해 논의하면, 그것은,

1. 통일적인 내재적 객체의 내적 의식(inneres Bewußtsein), 즉 주의를 기울이지 않아도 시간적인 것(Zeitliches)을 구성하는 의식으로 현존하는 내적 의식으로, 또는

2. 이렇게 주의를 기울임을 수반하는 내적 의식으로만 이해될 수 있다. 이 경우 주의를 기울이는 작용, 파악하는 작용은 그 자신의 내재적 지속—이것은 내재적 음(音)에 주의를 기울이는 동안 내재적 음의 지속과 합치된다—을 지닌 내재적 [사건] 과정이라는 사실을 쉽게 파악할 수 있다.

따라서 외적 객체의 경우에도 다음과 같은 것을 지닌다.

1. 외적 나타남(äußere Erscheinung).

2. 구성하는 의식(konstituierendes Bewußtsein). 이 의식 속에 외적 나타남은 내재적인 것(Immanentes)으로 구성된다.

3. 주의를 기울임(Zuwendung). 나타남과 그 구성요소들에 주의를 기울이는 것처럼 나타나는 것으로 주의를 기울일 수도 있다. 외적 지각에 관해 논의하는 경우 오직 후자만 문제가 된다.

기억(Erinnerung)도 유사하게 고찰될 수 있다. 단지 기억 자체는 그 자신의 고유한 지향성, 즉 현전화(Vergegenwärtigung)의 지향성

수 없고"(『이념들』 제1권, 92쪽), "의식에 명증적으로 주어진 체험이 존재하지 않는다는 것은 모순"(『논리연구』 제2-2권, 225쪽, 238쪽)이며, 이 "내적 지각의 명증성은 모든 상대주의를 불가능하게 한다"(『논리연구』 제1권, 121쪽).

을 지닌다는 점만 다르다. 기억은 내적 의식 속의 〔사건〕 과정으로서 자신의 통일체를 지니며, 내재적 시간의 통일체 속에 자신의 위치(Stelle)와 지속(Dauer)을 지닌다. 그리고 이는 그것이 내재적인 것에 관한 기억이든 초월적인 것에 관한 기억이든 타당하다. 그리고 각각의 기억은 (우리가 주의를 기울이는 것을 도외시하면) 내재적인 것에 관한 기억이기도 하다. 따라서 원본적인 내적 의식인 내재적 음에 관한 의식이 어떠한 내재적 시간성도 지닐 수 없는 반면, 내재적 음에 관한 현전화의 의식(이것은 그에 상응해 변화된 의미에서 음의 내적 의식에 관한 현전화의 의식이다)은 내재적 시간성에 속하는 내재적 객체다.

45 비시간적인 초월적인 것의 구성

더 나아가 '통일적 의미에서 (구성된 내재적 통일체인) 각각의 의식도 동시에 필연적으로 이것이 관계되는 대상적인 것에 관한 의식의 통일체다'라는 사실이 고려되어야 한다. 그러나 각각의 의식이 그 자체로 시간의식, 즉 어떤 시간적인 것에 관한 의식, 지향적 시간을 구성하는 의식은 아니다. 따라서 어떤 수학적 사태(Sachverhalt)[29]에 관해 판단하는 의식은 인상이지만, 그 자신의 통일체 속에 통일적으로 현존하는 수학적 사태는 결코 시간적인 것이 아니며, 〔이러한〕 판단작용(Urteilen)은 결코 현재화의 작용(또는 현전화의 작용)이 아니다.[30]

---

29) '수학적 사태'로는 가령 '3은 2보다 크다'는 것을 예로 들 수 있다. '사태'와 '상태'에 관해서는 제31항의 옮긴이주 65 참조할 것.
30) 부록 13 「내재적 시간객체인 자발적 통일체들의 구성. 시간형태인 판단과 시간을 구성하는 절대적 의식」 참조할 것.―후설의 주.

그래서 우리에게 어떤 사물·사건·시간적 존재는 상상 속에 표상되거나, 그것의 상상·기억·예상의 양상에 따라 과거지향으로 나타난다. 또는 우리가 말할 수 있듯이, '그것이 현재적으로 나타나고 지각된다'는 사실에 관해 논할 수 있다. 반면 우리는 '어떤 수학적 사태가 현재적으로 또는 현전화된 것으로 나타난다'는 것에 관해 이야기할 수 없다.

판단작용은 더 길든 짧든 지속할 수 있으며, 주관적 시간 속에 확장될 수 있고, 현재적이든 현전화된 것이든 존재할 수 있다. 그러나 판단된 것(Geurteiltes)은 길거나 짧지도 않으며, 지속하거나 덜 지속하는 것도 아니다. 판단을 현전화하는 가운데 있는 유사-판단된 것도 마찬가지다. 현전화된 것은 판단이지, 판단된 것은 아니다. 만약 어떤 사람이 어떤 사태를 단지 생각한다는 사실로서만 논하면, 그것은 그 사태가 현전화되었다는 사실을 주장하는 것이 아니다. 즉 그 사태가 믿는(Glauben) 성격으로 현존한다는 것 대신 중립성이 변양되는(Neutralitätsmodifikation)[31] 성격으로 현존한다는 사실을 주장하는 것이다. 그러나 믿음의 양태는 현재적-현재적이 아닌 것 (Gegenwärtig-Nichtgegenwärtig)의 양태와 결코 일치하지 않고 오히려 그것과 서로 교차한다. 개체적 사태의 경우 그 사태 속에 논리적-분석적으로 분절되고 종합적으로 파악된 사실이 지각적으로 현재적

---

31) '정립성의 의식'은 지향된 대상을 그것의 모든 존재의 양상에 따라 현실적으로 존재하는 것으로 긍정하거나 부정하면서 정립하는 것이다. 이것은 단적인 존재(세계)의 믿음인 근원적 속견(Urdoxa)을 전제하며, 믿음의 방식의 변양되지 않고 양상화되지 않은 근원적 형식의 역할을 한다. 반면 '중립성의식'은 그 대상에 현실적이거나 가능적인 존재를 부여하지 않고 제쳐놓은 채 단순히 사념하는 것으로서, 아무런 결정을 내리지 않는 무기력한 유사-정립성이다. 이것의 가장 중요한 형식은 '상상'이다('정립성의 변양'에 대한 상세한 분석은 『이념들』제1권, 제109~114항을 참조할 것).

이거나 상상적으로 현전화될 수 있는 한, 여전히 본래의 것이 아니지만 시간의 성격을 논할 수도 있다.

그러나 비시간적 사태, 즉 시간적인 것에 관해 전혀 논하지 않는 사태에 대해 그와 같이 시간의 성격을 논하는 것은 전혀 의미가 없다. 수학적 판단 속으로 들어가 상상하는 것은, 마치 그 수학적 사태가 현재화되거나 현전화되어 제시될 수 있는 것처럼, 그 수학적 사태를 상상의 표상으로 이끄는 것을 뜻하지 않는다.

직접적 제시(Präsentation)라는 말 그대로 나타남은 현재화의 영역과 이 현재화가 변양되는 영역에만 속하며, 나타나는 것의 구성에는, 또는 더 적절하게 말하면, 개체적 존재가 본래 주어지는 것에는 '그 개체적 존재가 제시됨으로써 나타남의 연속성이라는 형식으로 주어진다'는 사실이 속한다. 사태도 단순히 나타날 수 있으며, 본래 주어짐에서 확증을 요구하는 것은 자명한 일이다. 개체적 나타남(자연적 나타남) 위에 기초한 사태(자연의 사실)는 그것의 토대가 되는 나타남이 주어진 것에 근거한다. 따라서 이와 유사한 방식으로 제시하는 무한함에서 주어진 것이 된다는 사실은 위에서 언급한 것을 전혀 변경시키지 않는다.

그렇지만 우리는 사태가 제시되는 것(나타나는 것)은 본래의 의미에서 제시되는 것이 아니라, 어떠한 파생된 의미에서 제시되는 것이라고 말해야만 한다. 사태 역시 본래 시간적인 것이 아니다. 사태는 일정한 시간에 대해 존재하지만, 그 자체는 어떤 사물이나 〔사건〕과정처럼 시간 속에 있는 것이 아니다. 시간의식이나 제시하는 작용은 사태(Sachverhalt) 그 자체에 속하는 것이 아니라, 그 사태의 사실 (Sache)에 속한다.

이와 동일한 것이 그 밖의 다른 모든 기초 지어진 작용(fundierte Akt)[32]과 이 작용의 상관자(Korrelat)에 대해서도 타당하다. 어떤 가치(Wert)도 시간의 위치(Zeitstelle)를 전혀 지니지 않는다. 어떤 시간적 객체는 아름답거나, 마음에 들거나, 유익한 것 등일 수 있으며, 어떤 일정한 시간에서 그럴 수 있다. 그러나 아름다움, 마음에 듦 등은 자연 속이나 시간 속에 아무 위치도 지니지 않는다.[33] 이것들은 현재화나 현전화 속에 나타나는 것이 아니다.

---

32) 기초 짓는 작용은 직관처럼 단적인 직접적 의식작용이며, 기초 지어진 작용은 이것에 따라 매개된 간접적 의식작용이다. 단순한 작용과 합성된 작용, 기초 짓는 작용과 기초 지어진 작용의 기초 지음(Fundierung)의 관계는 부분과 전체의 관계와 같다.

33) 이 이념적인 것(Ideales)은 어떠한 시간의 위치나 시간 속의 지속도 없는, '도처에 있으나 아무데도 없는'(überall und nirgends) 것으로 전 시간적(all-zeitlich), 비시간적(un-), 초시간적(über-)이다. 후설은 『논리연구』 제1권에서 심리학주의가 이념적인 것과 실재적인 것(Reales)의 인식론적 근본적 차이를 혼동해(metabasis) 회의적 상대주의에 빠졌다고 비판하고, 『엄밀한 학문』과 『이념들』 제1권에서 이념적인 것을 자연화한 경험적(실증적) 자연주의의 오류와 모순을 비판한다.

제2부

1905~1910년
시간의식의 분석에 대한 부록과 보충

우리는 의식의 흐름 속에 이중 지향성을 지닌다.
우리는 이 흐름의 내용을 그 흐름의 형식으로 관찰한다.
이때 우리는 지향적 체험들의 한 계열인 근원적 체험의 계열,
즉 '…에 관한 의식'을 고찰한다.
또는 지향적 통일체,
즉 흘러들어가는 흐름 속에 있는
통일적인 것으로서 지향적으로 의식된 것에 시선을 향한다.
이 경우 객관적 시간 속에 있는 객체성,
즉 체험의 흐름의 시간 장(Zeitfeld)에 대립된
본래의 시간 장이 우리에게 현존한다.

1 근원적 인상과 그 변양된 것들의 연속체[1], [2]

모든 근원적 인상(Urimpression)은 그 자체로 특징지어지고, 모든 변양(Modifikation)도 그 자체로 특징지어진다. 모든 변양은 끊임없이 변양되는 것이다. 이 사실은 이러한 종류의 변양을 상상의 변양과 심상의 변양에서 구별한다. 이 모든 시간적 변양은 하나의 연속체(Kontinuum) 속에 있는 비독립적 한계(Grenz)다. 그리고 이 연속체는 한 측면[근원적 인상의 측면]에서 한정된 곧바른 다양체(orthoide Mannigfaltigkeit)[3]의 성격을 지닌다. 이 다양체는 근원적 인상에서 출발하고, 어떤 방향에서 변양으로 진행한다. 이러한 연속체 속에 동등한 간격을 지닌 시점들의 쌍들(Paare)은 객관적으로 동등하게 멀리 떨어진 객체들의 시간의 국면을 구성한다.

---

1) 제11항 참조할 것.
2) 이하 부록은, 부록 10을 제외하고, 수고가 발견되지 않는다. 그리고 부분적으로 1910년 이전부터 1917년까지 작성한 것으로 추정되는 기록에 근거한다.— 뵘의 주.
3) '다양체'에 관해서는 제41항의 옮긴이주 22 참조할 것.

변양에 관해 논할 때, 우리는 무엇보다 변화, 즉 근원적 인상이 끊임없이 사라지는 변화에 주목한다. 그렇지만 각각의 변양은 명백히 동등한 의미에서 어떤 임의로 선행하는 변양이 변양된 것으로 간주할 수 있다. 만약 연속체의 그 어떤 국면을 끄집어내면, 우리는 '그 국면은 사라지며, 이것은 그 밖의 다른 국면에 대해서도 마찬가지다' 라고 말할 수 있다.

이러한 사실은 그와 같은 모든 (한 측면으로 방향이 정해진) 연속체의 본질 속에 있다. 그것은 O(제로)에서 퍼져나간 강도(强度)의 연속체와 정확히 똑같은 상황이다. 여기에서 상승되는 것은 모든 강도를 겪은 변양이다. 모든 강도는 그 자체로 자신의 본질이며, 각각의 새로운 강도는 하나의 새로운 강도다. 그러나 임의로 미리 주어진 강도와의 관계에서 이 계열에 있는 나중의 국면은 어떤 조작(Operation)의 결과로 간주될 수 있다. 만약 b가 a에서 상승된 것이면, c는 a와 관계된 어떤 상승이 상승된 것이다. 연속성에 따라 모든 시점은 단순히 선행하는 것과 관계된 상승이 아니라, '상승이 상승된 상승 등'이라는 무한한 것(in infinitum)이다. 그리고 무한소(無限小)다. 즉 서로 뒤섞여 있는(ineinander) 변양들의 무한성이다. 오직 여기에서만 그 자체가 강도로 간주될 수 있는 출발시점(Anfangspunkt)이 없다. 여기에서 출발시점은 제로시점(Nullpunkt)이다.

모든 직선적 연속체의 본질에는 우리가 어떤 임의의 시점에서 출발한 그 밖의 모든 시점이 그 시점[출발점]에서 산출되었다고 생각할 수 있고, 끊임없는 모든 산출은 끊임없이 반복됨으로써 산출된 것이라는 사실이 놓여 있다. 실로 우리는 모든 간격을 무한히 나눌 수 있고, 나누는 모든 경우 이전에 나눈 시점에 따라 이후에 나눈 시점이 간접적으로 산출된다고 생각할 수 있다. 이렇게 해서 임의의 어떤 시점은 무한히 많은 상승의 한 시점에 따라 산출된다(이 상승들의 각각은 무한히 작은 동일한 상승이다). 그러므로 이것은 시간적으로 변양되는 경우와 마찬가지다. 더구나 그 밖의 연속체들의 경우 산출에 관한 논의가 비유적(ein Bild)인 데 반해 여기에서 산출에 관한 논의는 본래의 의미를 지닌다.

시간을 구성하는 연속체는 변양된 것이 변양되는 것을 끊임없이 산출하는 하나의 흐름이다. 현실적 '지금', 즉 그때그때의 근원적 인상 u에서 출발한 변양은 반복하며 나아가는데, 끊임없이 앞으로 향해 나아간다. 그것은 u와의 관계 속에 있는 변양일 뿐만 아니라, 그것이 경과하는 일련의 잇따라 일어나는 〔것〕 가운데 순서에 따라 서로 간에 변양되는 것이다. 이는 끊임없이 산출되는 것의 특징이다. 변양은 항상 새로운 변양을 끊임없이 낳는다. 근원적 인상은 이렇게 산출하는 절대적 출발시점이자 근원적 원천으로서, 이것에서 그 밖의 모든 것이 끊임없이 산출된다.

그러나 근원적 인상 자체는 산출되지 않는다. 그것은 산출된 것으로서가 아니라 자발적 발생(genesis spontanea)에 따라 생기는 것으로서, 근원적으로 산출하는 것이다. 근원적 인상은 성장하지 않으며(그것은 어떠한 씨앗도 없다), 대신 근원적으로 창조하는 것이다. 이러한 사실은 새로운 '지금'(Jetzt)이 '지금이 아닌 것'(Nicht-Jetzt)으로 변양된 '지금'에 결합되는 것, 또는 새로운 '지금'이 매우 갑자기 어떤 원천을 산출하고 발생시키는 것을 뜻하는가? 이것은 비유일 뿐이다. '의식은 인상이 없으면 무(無)다'라고만 말할 수 있다. 어떤 것이 지속하는 경우 그것은 a가 xaʹ로, xaʹ가 yxʹaʺ 등으로 점차 이행한다. 그래도 의식이 산출하는 것은 a에서 aʹ로, xaʹ에서 xʹaʺ로 나아갈 뿐이다. 반면 a, x, y는 의식이 산출한 것이 아니다. 그것은 근원적으로 산출된 것(Urgezeugtes), 새로운 것이고, 고유한 의식의 자발성에 따라 산출된 것에 대립해 의식에 생소하게 형성되고 받아들여진 것이다.

하지만 이러한 의식의 자발성(Spontaneität)의 특징은 근원적으로 발생된 것을 성장하고 발전하게 이끌 뿐이지 어떠한 새로운 것도 창조하지 않는다는 점이다.[4] 물론 경험적으로 '생성'(Werden)이나 '산출'(Erzeugung)이라고 하는 것은 객체성(Objektivität)[5]에 관계되지만, 그것은 어딘가 전혀 다른 곳에 놓여 있는 문제다. 여기에서는 의식의 자발성 또는 더 신중하게 말하면, 의식의 근원적 자발성이 문제다.

이제 구성된 내용이 관련된 '지금'에 대한 근원적 원천이 문제되거나 이러한 '지금'의 동일성이 이미 존재했음 속에 견지되는 자발적 의식이 산출하는 것이 문제되기 때문에 따라서 근원적 계기(Ursprungsmoment)는 근원적 인상이든 근원적 기억(Ur-Erinnerung), 근원적 상상(Ur-Phantasie)이라고 할 수 있다.

층들이 잇따라 일어나는 계열을 추적해보면, 어떤 층의 모든 근원의 계기(契機)는 자발적으로 산출하는 근원적 원천이다. 이 자발적으로 산출하는 것은 그것이 끊임없이 변화됨으로써 그 밖의 다른 층으로 관통해나가고, 그 속에서 이러한 근원의 계기를 대표한다(즉 이 근원적 계기는 오직 최초에 주시된 층에만 속한다).

더 나아가 모든 근원의 계기는 여러 층들이 잇따라 일어남으로써 서로 뒤섞여 이행하는 근원의 계기들의 끊임없는 계열의 국면이다. 또는 각각의 근원의 계기는 구체적으로 지속하는 것을 구성하게 도와주며, 어떤 현실적 '지금'은 이렇게 지속하는 각 시점에 상응한

---

4) 따라서 후설에게 '구성'은 결코 실재의 창조가 아니라 존재의 의미의 해명이다. 즉 '구성'은 새로운 세계를 획득하는 것이 아니라, 동일한 세계를 새로운 관점에서 보고 경험할 수 있는 방식을 획득하는 것이다('구성'에 관해서는 제2항의 옮긴이주 23 참조할 것).

5) '객관성'에 관해서는 '서론'의 옮긴이주 3 참조할 것.

다. 이 현실적 '지금'이 그 자신의 측면에서 자신을 구성하기 위해 근원의 계기가 필요하다는 사실은 이 구체적으로 지속하는 것의 구성에 속한다. 잇따라 일어나는 가운데 이 계기들은 끊임없이 동일하며 (eins), 끊임없이 서로 뒤섞여 이행한다. 이렇게 이행하는 것은 질(質)적으로 매개[성립]되어 있으며, 동시에 시간적이다. 즉 유사(quasi)-시간적 성격은 끊임없는 성격이다.

2 현전화와 상상(Phantasie)—인상과 상상(Imagination)[6]

가장 넓은 의미에서의 현전화(Vergegenwärtigung)와 가장 넓은 의미에서의, 즉 비록 완전히 일의적(一意的)이지는 않지만 일반적 용어의 의미에서의 상상(Phantasie)은 동일한 것이 아니다. 우선 비직관적 기억과 그 밖의 현전화가 있는데, 아무도 이것들을 '상상'이라고 부르지 않을 것이다.

다른 한편, 우리는 직관적 현전화의 경우 '기억된 것이 상상 속에 눈앞에 아른거린다'고 말하지만(또는 이렇게 말할 수 있지만), 기억 (Erinnerung)을 그 자체로 '상상'이라고 하지 않는다. 더구나 현전화는 자기현전화이거나 심상화하는 (유비적인) 현전화일 수 있다. 후자의 경우 우리는 '현전화된 것이 어떤 상상의 심상(Phantasiebild)의 형식으로 눈앞에 아른거린다거나 어떤 상상의 나타남 속에 심상화한다'고 말할 것이다. 이 경우 상상의 심상은 상상의 일이지만, 그것을 넘어서는 것, 즉 묘사된 것과의 관계는 상상의 일이 아니다.

우리는 마치 여기에 잇달아 구축된 두 가지 상상이 놓여 있다는 듯이, 묘사된 것 자체를 상상 속에 나타나는 것으로 특징짓지 않을 것

---

6) 제17항 참조할 것.

이다. 상상이 언급되고 더구나 어떤 대상에 관한 상상이 언급되는 모든 곳에서는 '대상은 어떤 나타남 속에 게다가 현전화하는 나타남 속에 나타나는 것이지, 어떤 현재화하는 나타남 속에 나타나는 것이 아니다'라는 사실이 공통적이다.

이것은 무엇을 함축하는가? 여기에서 나타남이란 무엇인가? 대상은 직관될 수 있고, 그것은 상징적으로 (기호를 통해) 표상될 수 있으며, 결국 공허하게 표상될 수 있다. 직관(또한 공허한 표상)은 대상의 단적인(schlicht) 직접적 표상인 데 반해, 상징적 표상은 단적인 표상을 통해 매개된 기초 지어진(fundiert) 표상이며, 더구나 공허한 표상이다. 직관적 표상은 대상을 나타남으로 이끌 수 있지만, 공허한 표상은 그렇지 못하다.

우선 단적인 표상을 단적인 직관적 표상과 단적인 공허한 표상으로 나눌 수 있다. 그러나 공허한 표상도 대상을 공허하게 표상할 뿐 아니라, 기호(Zeichen)나 심상(Bild)을 통해 대상을 표상하는 상징적 표상일 수 있다. 후자의 경우 대상은 심상화되고 어떤 심상 속에 직관화되지만, 그 자체가 직관적으로 표상되지는 않는다. 어떤 대상적인 것(Gegenständliches)[7]에 관한 모든 직관적 현전화는 동일한 것(dasselbe)을 상상에 적합하게 표상한다. 그것은 대상적인 것에 관한 상상의 나타남을 포함한다. 이 경우 현전화는 활동성(Aktualität)이나 비활동성(Inaktualität)의 성격을 지닐 수 있으며,[8], [9] 그 확실성의 양상(태도를 취하는 양상)은 임의의 것, 즉 확실성·추측·억측·의심 등일 수 있다.

---

7) '대상적인 것'에 관해서는 '서론'의 옮긴이주 18 '대상성' 참조할 것.

8) 여기서 '활동성'과 '비활동성'은 『이념들』 제1권의 정립성(Positionalität) 및 '중립성'(Neutralität)과 동일한 것을 뜻한다.—후설의 주.

9) '정립성'과 '중립성'에 관해서는 제45항의 옮긴이주 31 참조할 것.

더 나아가 현전화가 대상적인 것을 과거의 것으로 파악하든 '지금' -존재하는 것으로 파악하든 아무 상관이 없다(어쨌든 예상의 경우 그것이 예상된 것을 직관화하면, 우리는 이미 어떤 상징적 의식을 지닌 다). 이 경우 단순한 상상의 나타남은 언제나 공통적 핵(核)으로 남아 있다. 물론 여기에서 문제는 '어떻게 이 핵이 요컨대 그 밖의 모든 다른 것과 더불어 덮여 있는가' '핵을 파악하는 것은 그 밖의 다른 것을 파악하는 것과 어떻게 결합되어 있는가'를 명백히 설명하는 것이다.

마찬가지로 우리는 모든 단적인 현재화(Gegenwärtigung)의 경우 어떤 나타남을 발견한다. 즉 상징적으로 직관화된 현재화의 기초가 되는 나타남과 상상의 나타남이 아니라 지각의 나타남을 지금 발견 한다. 따라서 우리는 지각이 나타나는 것과 상상이 나타나는 것을 구 별하는데, 후자는 파악의 질료인 상상의 산물(감각에 관한 현전화의 변양)을 포함하고, 전자[지각의 나타남]는 감각을 포함한다.

그렇다면 어떻게 상상이 나타나는 것이 그에 상응하는 지각이 나 타나는 변양(현전화하는 변양)인가? 물론 그것은 질적(質的) 양상의 측면, 실로 아무 관련이 없는 태도를 취하는 양태의 측면에 따른 것 이 아니다. 다른 한편 우리는 이러한 양상에 따라 변화되는 것에 개 의치 않고, 어떤 변양된 것을 지닌다. 감각에는 상상의 산물이 상응 한다. 그러나 파악하는 것(그리고 완전히 나타나는 것)은 두 가지 측 면에서, [서로 간에] 게다가 동일한 관점에서 변양되고, 파악하는 것 은 자신의 양상에 개의치 않는다. 만약 파악하는 것과 나타나는 것이 어떤 질적 양상을 요구한다는 것이 사실이면, 그것은 여기에서 논의 하는 **상상적**(imaginativ) 변양과 아무 관련이 없다.

우리는 태도를 취하는 양상에 대해 독립적인 지각이 나타나는 것을 '**제시됨**'(Apparenz)[10]이라 부른다. 더 정확하게 말하면, 그것이 (믿음 의 양상인) 지각(Wahrnehmung) 속에 일어나면 '**지각적**(perzeptiv) 제

시됨'이라, 환상(Illusion) 속에 일어나면 '환상적(illusionär) 제시됨'
이라 부른다.

다른 한편 우리는 (감각의 제시됨인) 인상적(impressional) 제시됨과
상상적(imaginativ) 제시됨을 구별하는데, 후자는 자신의 측면에서 어
떤 기억의 내용, 기억 속에 있는 어떤 환상의 내용 등일 수 있다.

그러므로 모든 직관적 작용의 동일한 핵으로서 제시됨은 인상
(Impression)과 상상(Imagination)의 차이에 관계하며, 이 차이는 현
상 전체에 대해 현재화와 현전화의 차이를 결정짓는다. 더 나아가
인상과 상상의 이러한 차이가 외적 감각의 영역뿐만 아니라 내적 감
각의 영역에도 관계한다는 사실은 명백하다. 요컨대 제시됨이 결합
될 수 있는 모든 양상의(modal) 성격과 상관적인 존재의(korrelativ
ontisch) 성격—즉 현존하는 것, 이미 존재했던 것, 앞으로 존재할 것,
더구나 앞으로 일어날 것으로서 실제적(wirklich) 성격, 가상(Schein)
의 성격, 현전화해 '지금'-존재하는(Jetzt-sein) 성격 등—은 인상과
상상을 분리하는 데 기초가 된다. 그리고 이것은 소망이나 의지 등에
서도 마찬가지다.

그러나 이 경우 내적 감각(Sinn)의 분야에서도 외적 감각에서와 마
찬가지로, 감각(Empfindung)과 제시됨(Apparenz)을 구별해야 한다.
하지만 제시됨의 경우, 이 제시됨 자체와 그 양상의 성격을 구별해야
한다. 예를 들어 나는 이러저러한 것을 믿는다. 이 믿음(Glaube)은 현
실적 믿음이고 인상이다. 이것에는 믿음이라는 상상의 산물이 상응
한다. 믿음 자체 또는 믿음의 감각은 나의 상태, 나의 판단작용으로

---

10) 이 용어는 라틴어 'parere'(나타나다, 명백해지다)에 접두사 'ap'(덧붙여,
더하여)가 붙은 것으로서, 사물의 구성에서 사물 그 자체가 자신의 도식
(Schemata) 속에 제시되고 알려지는 것을 뜻한다. 이러한 점을 고려해 '나타
남'(Erscheinung)과 구별하기 위해 이 용어를 '제시됨'으로 옮긴다.

서 파악하는 가운데 믿는 작용과 구별해야 한다. 이 경우 나는 나에 관해 그리고 나의 판단작용에 관해 지각하는 의식을 지닌다. 그리고 이렇게 파악하는 것에서 우리는 내적 제시됨과 존재를 정립하고(나의 믿는 작용), 현존하는 실제성(Wirklichkeit) 속에 편입되는 믿는 작용의 양상(Modalität)을 구별해야 한다.

믿는 작용과 이 믿는 작용은, 파악하는 것이, 현실적 세계와의 연관 속에 내재적인 것(Immanentes)을 정립하는 것처럼, 심리학적 통각 (Apperzeption)으로 받아들이지 않고도 충분히 구별할 수 있다. 그러므로 모든 의식은 감각의 성격이나, '상상의 산물'이라는 성격을 지닌다. 즉 모든 의식, 가장 넓은 의미에서 감각은 곧 지각할 수 있는 것, 표상할 수 있는 것 또는 기억할 수 있는 것, 모든 방식으로 경험할 수 있는 것이다. 하지만 우리는 언제나 자신의 가능한 대응물을 상상의 산물 속에 지니는 의식을 갖추고 있다.

3 지각과 기억의 연관적 지향들. 시간의식의 양상[11]

기억(Erinnerung)이라는 의식을 고찰해보자. 그것은 변양되지 않은 의식으로서 감각(Empfindung) 또는 인상(Impression)—비록 동일한 것이지만—이다. 더 명확하게 말하면, 그것이 상상의 산물을 포함할지도 모르지만, 그것 자체는 그에 상응하는 감각인 그 밖의 다른 어떤 의식이며 상상으로 변양된 것은 아니다. 그러나 그 속에는 제시됨(Apparenz)이 포함된다. 나는 어떤 〔사건〕 과정을 기억한다. 즉 이 기억 속에는 나 자신까지 속해 나타나는 배경과 더불어 나타나는 과정의 상상적(imaginär) 제시됨이 포함되며, 이러한 나타남 전체는 상

---

11) 제23항 이하 참조할 것.

상에 따른(imaginativ) 제시됨이라는 성격을 띤다. 그러나 그 성격은 기억을 특징짓는 믿음의 양상이다.

그렇다면 우리는 상상(Phantasie) 속에 기억 자체를 정립할 수 있고, 상상 속에 기억을 또한 기억 속에 기억을 지닐 수 있다. 즉 내가 기억 속에 살아가는 경우, '나는 이러저러한 것을 기억했다'는 기억이 갑자기 떠오르거나 나는 어떤 기억을 지니고 있다는 사실을 상상한다. 이 경우 우리는 기억의 양상이 그에 상응하는 어떤 상상의 산물로 변화되는 것을 발견하지만, 기억의 질료(Materie), 기억이 제시됨 자체는 그 속에 포함된 상상의 산물이 더 이상 변양되지 않는 것과 마찬가지로, 더 이상 변양되지 않는다. 두 번째 단계의 상상의 산물은 존재하지 않는다. 그리고 기억의 질료를 형성하는 기억이 제시됨 전체는 상상의 산물이며, 더 이상 변양되지 않는다.

더 나아가 내가 어떤 기억에 대한 기억을 지니면, 어떤 기억의 과정, 즉 상상적 제시됨이 기억의 질적 양상으로 현존하게 되고, 경과하는 어떤 의식의 연관 속에 **변양된** 기억이 갑자기 떠오른다. 이 경우 본질적으로 동일한 것을 이전의 것과 마찬가지로 말할 수 있다. 단적인 기억의 질적 양상은 '기억에 대한 기억'으로 대체된다. 즉 나는 어떤 기억의 상상의 산물을 기억의 질적 양상으로 (기억의 과정 전체와 일치한 채 동행하면서) 지닌다.

그러나 기억의 상상의 산물은 어떤 상상의 제시됨에 기초해 '…에 관한' 기억의 성격을 지니며, 이것은 단적인 기억이나 기억에 대한 기억에서 동일하다. 기억의 내용을 형성하는 모든 것에 대립해 현실적 지각의 실제성과 기억을 관계 맺어주는 파악이 그곳에 있다는 사실이 기억의 고유한 특징이라고 말한다 해도, 어쨌든 이 속에는 정당한 것이 있지만, 이것은 위에서 말한 것을 전혀 변화시키지 않는다.

그렇다면 이러한 파악 자체에서 내용과 믿음의 양상을 구별할 수 있다. 물론 내가 가령 지금 지니고 있는 단적인 기억의 경우 그리고 기억된 기억이 현실성의 시점인 어떤 기억된 '지금'(Jetzt)에 관계하는 기억에 관한 기억인 경우, 파악은 서로 다른 것이다. 그러나 여기서 중요한 사항은 제시됨(Apparenz)—우리는 곧 나타남(Erscheinung)으로서 이것을 직관적으로 받아들인다—이 전혀 변양될 수 없다는 점이다. 그리고 이와 동일한 것이 제시됨에 따라 '지금'과의 관계를 부여하는 기억이 파악하는 내용에 대해서도 타당하다. 물론 이 기억이 파악하는 것이 완전히 직관적으로 되지는 않는다.

그러나 기억의 고유한 특징이며 이것을 단순한 상상에서 구별하는 현실적 '지금'과의 이러한 관계는 외적으로 부가된 것으로 파악될 수 없다. 이 관계에서 모든 지각은 현실적 '여기'(Hier)와의 관련 속에 명백한 유사성을 지닌다. 더 나아가 모든 기억이 무한한 기억의 연관(어떤 '이전의 것')을 지시하는 것과 마찬가지로, 모든 지각은 무한한 지각의 연관(다양한 무한함)으로 소급해 지시한다(이 경우 '여기'는 지각할 수 있는 것이 아니다. 즉 기억 속에 그 자체로 주어지지 않는다).

이제 우리는 지각을 순수하게 그 자체로서, 즉 지각의 연관 외부에서 받아들일 수 있다. 그러나 이 연관이 그 밖의 다른 지각과 더불어 지각의 연관으로서 내실적으로 그곳에 있지 않더라도, 어쨌든 그 연관은 지향 속에 잠재적으로 놓여 있다. 즉 모든 순간의 완전한 지각을 받아들이면, 그 지각은 '더 이상의 지각으로 이끌고, 이것이 평가되어 더 이상의 지각들 속에 충족되는 일정한 또는 규정되지 않은 지향들이 복합된 것이 그 지각에 속해 있다'는 형식으로 여전히 연관을 지닌다. 이러한 연관의 지향들은 절단되지 않는다. 개별적 감각에 관해 말하면, 사실 그것은 개별적인 것이 아니다. 즉 1차 내용[감각]은 언제나 파악하는 광선(Auffassungsstrahlen)을 지닌 것이며, 그와 같이 파악하는 광선 없이는 비록 이것이 그렇게 규정되지 않았더라도, 1

차 내용은 일어나지 않는다.

이것은 기억의 경우도 마찬가지다. 기억은 그 자체로 자신의 연관을 지닌다. 즉 기억은 기억으로서 자신의 형식을 지닌다. 우리는 이러한 형식을 앞이나 뒤로 향한 지향적 계기들(Momente)로 기술하는데, 이러한 형식이 없으면 기억은 존재할 수 없다. 이러한 형식을 충족시키는 것은 현실적 '지금' 속으로 흘러들어가는 기억의 계열을 요구한다. 다른 기억과 결합하는 지향을 도외시하고 기억을 단독의 기억으로 분리하는 것은 불가능하며, 이러한 지향 자체를 분리하는 것도 불가능하다.

단독의 기억은 이미 이러한 지향을 지니는데, 이 기억에서는 단순한 상상을 전혀 이끌어낼 수 없다. 그런데 누군가 기억은 어떤 이전의 '지금', 즉 유사(quasi)-지각에 대한 기억이고, 그것은 하나의 시간적 경과를 의식하게 이끄는데, 그렇다면 '왜 우리는 현상 전체를 견지하고 본래 기억의 지향을 두 가지 측면으로 절단할 수 없는가'라고 묻는다면, '지각 그 자체, 즉 원본적(originär) 작용은 자신의 공간성(Räumlichkeit)의 연관뿐만 아니라, 시간성(Zeitlichkeit)의 연관도 지닌다'고 답변할 수 있다. 모든 지각은 자신의 과거지향적 지평(Hof)과 미래지향적 지평[마당]을 지닌다. 또한 지각이 변양되는 것은 변양된 방식으로 이러한 이중의 지평을 포함함이 틀림없고, 단순한 상상을 기억에서 구별하는 것은 이러한 지향적 복합 전체가 한편으로는 활동성(Aktualität)의 성격을, 다른 한편으로는 비활동성(Inaktualität)의 성격을 띤다.

모든 감각은 '지금'에서 어떤 새로운 '지금' 등으로 이끄는 자신의 지향을 지닌다. 즉 [한편으로는] 미래로의 지향을 그리고 다른 한편으로는 과거로의 지향을 지닌다. 이러한 지향은 충족되는 것(물론 이 충족되는 것이 도대체 뜻대로 되면)이 일정한 방향으로 나아가고 내용적으로 완전히 규정되는 한, 완전히 규정된 지향이다. 반면 지각의 경우 미래의 지향은 일반적으로 질료〔적인 측면〕상 규정되어 있지 않으며, 그 후의 사실적 지각을 통해서만 비로소 규정된다(규정되는 것은 결국 일어나게 될 것일 뿐이다).

과거의 지향에 관해 말하면, 이것은 지각 속에 완전히 규정된 것이지만 이른바 반대방향의 지향이다. 그때그때의 지각과 기억의 연쇄 사이에는 일정한 연관이 있지만, 그렇기 때문에 (한 측면으로 방향이 정해진 것으로서) 기억의 지향은 지각 속에 한정된다. 이 기억은 실로 명백하게 가능성이지만, 단지 예외적으로 또는 그 가운데 약간만 지각과 더불어 현실적으로 함께 주어진다.

그러나 다른 한편 그렇기 때문에 지각은 어쨌든 그에 상응하는 과거의 지향과 더불어 부여되는데, 그 기억이나 기억들의 연관에 상응하는 공허한 과거의 지향과 더불어 부여된다. 현실적 '지금'으로 방향이 전해진 공허한 '방금 전에 지나가버린 것'(Soebenvergangen)뿐만 아니라, 우리가 흔히 말하듯이, 그 이상의 '배후에 놓여 있는 것'(Zurückliegendes)에 관련되는 모호하고 공허한 지향도 모두 '지금'을 향해 있다. 이 지향은 우리가 이른바 회상을 통해 과거 속으로 일거에 우리 자신을 되돌려 옮겨놓은 다음 과거를 직관적으로 '지금'에 이르기까지 계속 현전화하는 가운데 현실화되거나 충족된다.

우리는 '현재는 언제나 과거에서 태어났으며, 당연히 일정한 과거에서 일정한 현재가 태어났다'고 말할 수 있다.[12] 또는 더 정확하게

---

12) 그래서 궁극적 근원으로 부단히 되돌아가 묻는 선험적 현상학은 술어적 판단의 근거인 선술어적 경험의 발생적 역사성을 지향적으로 분석한다. 그것은 지각이 단적으로 파악되고 해명되며 그 관계가 관찰되는 단계부터 지각의 대상이 수용되고 통일적으로 구성되는 보편적 구조인 '내적 시간의식'과 '신체'(Leib)의 수동적 종합을 고찰하는 단계까지 파고들어간다.

말하면, 어떤 일정한 흐름(Fluß)은 언제나 다시 일어나고, 현실적 '지금'은 가라앉고, 새로운 '지금' 등으로 이행한다. 만약 이것이 아프리오리한 필연성이면, 어쨌든 그것은 연상(Assoziation)을 전제한다. 즉 지나간 과거의 연관과 더 나아가 앞으로 일어나게 될 것은 경험에 적합하게 규정된다. 그러나 이제 우리가 이 2차적인 것(시간적 경험의 지향들의 복합체)에서 원본적인 것으로 이끌리면, 이것은 바로 그때그때의 '지금'에서 새로운 '지금'으로 이행하는 것 이외에 달리 존립할 수 없다.

지각은 단지 시점의 '지금'만 시선 속에 지니고, 이러한 시선에서 방금 전에 존재했음(Eben-gewesen)을 잊어버린 채 '방금 전에 존재했음'이라는 독특한 방식으로 여전히 의식하고(noch bewußt) 있을 뿐이다. 이때 지각이 '지금'에서 〔새로운〕 '지금'으로 이행하고, 예견하며 그 '지금'을 향해 마주 나아간다는 사실은 지각의 본질이다. 일깨워진 의식, 일깨워진 삶은 '지금'에서 새로운 '지금'으로 향해 나아가는 삶, 즉 어떤 것을 향해 나아가는 삶(Entgegenleben)이다. 이 경우 우리는 단지 그리고 우선 첫째로 주의(Aufmerksamkeit)에 관해 생각하는 것이 아니다. 오히려 (더 좁은 의미이든 더 넓은 의미이든) 주의와 독립해 '지금'에서 〔새로운〕 '지금'으로 〔향하는〕 어떤 원본적 지향이 때로는 다소간에 규정된 경험의 지향—이것은 과거에서 유래한다—과 결합되어가는 것처럼 보인다. 실로 이러한 경험의 지향은 결합하는 계통을 미리 지시한다.

그러나 '지금'에서 새로운 '지금'으로 시선〔을 옮기는 것은〕, 즉 이렇게 이행하는 것은 비로소 미래의 경험의 지향에 길을 터주는 원본적인 것이다. 앞에서 이것은 지각의 본질이라 말했다. 더 적절하게 말하면, 이것은 인상의 본질이다. 확실히 이것은 모든 1차 내용, 즉 모든 감각에 대해서도 타당하다. 상상의 산물과 기억의 내용은 **동등함**

(Gleichsam)의–의식인 이러한 의식의 상응하는 변양을 의미한다. 그리고 그것이 실제적 기억이 되려면, 과거 속으로 정돈되는 것이 이러한 동등함의–의식에 속해야 한다. 관련된 순간의 원본적 의식 전체는 완전히 자신의 변양을 유지하고, 따라서 시간적 지향도 자신이 변양된 것을 유지한다는 사실에 따라 기억은 변양된다. 시간적 지향에서 인상적 시선의 연관은 철두철미하게 또 일반적으로 지향적 연관 전체에 속하고, 이 속에서 원본적 인상은 적용되고 원본적 인상에 자신의 성격을 부여한다.

우리는 감각작용(Empfinden)을 근원적 시간의식으로 간주한다. 이 시간의식 속에 색(色)이나 음(音)이라는 내재적 통일체가, 소망이나 좋아함 등의 내재적 통일체가 구성된다. 상상작용(Phantasieren)은 이러한 시간의식이 변양된 것이며, 현전화, 즉 이러한 시간의식 속에 구성된 현전화된 색깔, 현전화된 소망 등이다. 그러나 현전화는 기억, 기대 또는 단순한 상상—이 경우 어떤 변양된 것에 관해 논할 수 없다—일 수도 있다.

감각은 현재화하는 시간의식이다. 또한 현전화도 감각작용이며, 현재적이고 현재화하는 시간의식 속에 통일체로 구성된다. '지금'-현재화와 '방금 전'-현재화의 차이는 현재화하는 시간의식의 양상으로서만 고찰될 수 있다. 이 차이는 구체적 현재화 의식에 함께 속한다. 또한 현재화와 자립적 과거지향의 차이도 이러한 양상으로서만 고찰될 수 있다. 현재화는 그 자체로 자신의 '지금'-현재화의 국면을 지닌다. 그리고 자립적 과거지향은 현실적 '지금'과 관계를 맺지만, 예를 들면 방금 전에 울려 퍼진 어떤 음에 대한 의식처럼 스스로 어떤 '지금'-현재화의 시점을 내포하지는 않는다.

따라서 우리는 시간의식의 본질적 양상으로 다음과 같은 것을 지닌다.

1. 현재화(Gegenwärtigung), 직접적 제시(Präsentation)인 감각과 이 것과 본질적으로 서로 뒤얽힌, 그러나 독자적으로 일어나는 과 거지향과 미래지향(더 넓은 의미에서 원본적 영역).

2. 정립적 현전화(Vergegenwärtigung)(기억), 함께 현전화 (Mitvergegenwärtigung), 다시 현전화(Wiedervergegenwärtigung) (기대).

3. 순수한 상상(Phantasie)인 상상-현전화. 이것을 통해 동일한 양 상은 상상-의식 속에 일어난다.

4 회상 그리고 시간의 객체와 객관적 시간의 구성[13]

어떤 시간의 객체(Zeitobjekt)에 대한 지각을 나는 '반복할' 수 있 다. 그러나 이러한 지각들이 계기하는 가운데 두 가지 동등한 시간의 객체가 계기하는 것에 관한 의식이 구성된다. 나는 회상 속에서만 동 일한 하나의 시간의 대상(Zeitgegenstand)을 반복할 수 있고, 이전에 지각된 것이 그 이후에 회상된 것과 동일한 것이라는 사실을 기억 속 에서 확인할 수도 있다.

이러한 사실은 '내가 그것을 지각했다'는 단적인 기억 속에 그리 고 '내가 그것을 기억했다'는 두 번째 단계의 회상 속에 일어난다. 그 러므로 시간의 객체는 동일하게 반복해 경험할 수 있는 작용이 된다. 객체가 일단 주어지면, 그것은 임의로 빈번히 다시 주어지며, 다시 관찰되고, 그런 다음 계기하는 것을 형성하는 서로 다른 작용 속에 동일화될 수 있다.

회상은 객체를 단순히 '다시 의식하는 것'이 아니라, 어떤 시간의

---

13) 제32항 이하 참조할 것.

객체에 대한 지각처럼 자신의 시간의 지평(Zeithorizont)을 수반하며, 그래서 회상도 이러한 지평의 의식을 반복한다. 두 가지 회상은 동등한 시간의 객체, 예를 들면 두 가지 동등한 음(音)에 관한 기억일 수 있다. 그러나 단순히 지속하는 내용이 동일한 것이 아니라 시간의 지평이 동일하면, 따라서 두 가지 회상이 명석함이나 애매함 또는 불완전함 등의 차이에 관계없이 지향적 내실(Gehalt)에서 서로 간에 완전히 반복되면, 그것들은 동일한 시간의 객체에 관한 회상이다. 그러므로 시간의 객체의 동일성은 회상에 관해 가능하게 동일화해 합치된(Identifizierungsdeckung) 구성적 통일체의 산물이다. 시간의 객체성은 주관적 시간의 흐름(Zeitfluß) 속에 수립되고, 회상 속에 동일화될 수 있으며, 따라서 동일한 술어들의 주어로 될 수 있는 것은 시간의 객체성에 본질이다.

현실적인 현재의 시간은 언제나 그 방향이 정해지고, 흐름 속에 있으며, 새로운 '지금'에서 방향이 정해진다. 회상 속의 시간은 기억의 모든 순간에서 방향이 정해진 것으로 주어지는데, 모든 시점은 언제나 다시 동일화될 수 있는 객관적 시점을 제시하고, 시간의 구간(Zeitstrecke)은 순수한 객관적 시점들에서 형성되며, 그 자체로 다시 동일화될 수 있다.

여기에서 동일한 객체란 무엇인가? 근원적 인상과 끊임없이 변양되는 계열, 동등함이나 차이의 계열이 합치되는—그러나 일반적 동등성 안에서—형태들을 수립하는 유사함의 계열, 이러한 계열은 근원적 통일체의 의식을 제공한다. 그렇게 변양되는 계열에서는 필연적으로 어떤 통일체가 의식된다. 즉 그 통일체는 지속하는 (끊임없이 동등하거나 변화된) 음이다. 다른 시선으로 주목하면 그 속에서 그 음은 변화되든 않든 하나의 음으로 지속하는 것이다. 그리고 그 음은 계속 지속하고, 이 지속은 **점차 커지며**, 그 음이 울려 퍼지기를 중단해 끝나고, 이것의 지속 전체는 경과하며, 더욱더 과거 속으로 밀린다. 그러므로 그 음은 자신의 지속 속에, 즉 결코 변화되지 않은 음으로 여기에 주어진다.

그러나 자신이 지속되는 가운데 내용적으로 변화되지 않은 이 음은 내용에 관계하는 것이 아니라, 자신이 지속하는 가운데 내용이 주어지는 방식 전체에 관계하는 변화를 겪는다. 만약 현상에 집착하면, 우리는 곧 서로 다른 통일체를 형성하게 된다. 즉 그것은 주어지는 방식의 끊임없는 변화, 그리고 지속의 모든 시점에 상응하는 변화의 계열에 따라 구성된 하나의 통일체인 그 음-시점이다. 그러나 이러한 통일체와 관계없이 음-시점은 언제나 다시 다른 음-시점, 즉 시간의 깊이(Zeittief)의 양상에 있는 음-시점이다. 다른 한편 시간적 흐름의 연속성은 통일체, 변화되거나 변화되지 않은 어떤 내용의 통일체, 즉 시간의 대상의 통일체를 제공한다. 과거 속으로 밀쳐지는 것은 바로 이러한 통일체다. 그러나 이것 때문에 우리가 아직 완전한 시간의 객체성을 지니는 것은 아니다.

동일화하는 가능성은 시간을 구성하는 것에 속한다. 나는 언제나 다시 소급해 기억(회상)할 수 있고, 자신이 충족된 모든 시간의 단편(Zeitstück)을 언제나 다시 산출할 수 있으며, 내가 지금 지닌 재산출하는 것이 잇따라 일어나는 가운데 실로 동일한 것(dasselbe), 즉 동일한 내용을 지닌 동일한 지속, 동일한 객체를 파악할 수 있다. 객체는 반복된 작용들 속에 (따라서 시간적으로 잇따라 일어나는 것 속에) 동일한 것으로 수립될 수 있는 의식의 통일체이며, 임의의 다수의 의식의 작용 속에 동일화될 수 있다. 더구나 객체는 임의의 다수의 지각 속에 지각할 수 있거나 다시 지각할 수 있는 지향에 대해 동일한 것(Identisches)이다. 나는 언제나 동일한 그것이 있음(es ist)을 확인할 수 있다.

그러므로 시간 속의 〔사건〕경과를 나는 처음에 경험할 수 있으며, 그것을 반복된 재경험 속에 다시 경험할 수 있고, 이것의 동일성(Identität)을 파악할 수 있다. 나는 나의 사유작용 속에 언제나 다시 그러한 〔사건〕경과로 되돌아갈 수 있으며, 원본적 재경험을 통해 이러한 사유작용을 입증할 수 있다. 또한 이렇게 해서 비로소 객관적 시간이 구성되는데, 우선—지속이 수립되고, 지속 전체의 모든 과거지향과 단순한 음영인 경험의 과정의 관계에서—방금 전에 지나가버린 것의 객관적 시간이 구성된다. 나는 근원적 도식(Schema), 즉 자신의 내용을 지닌 하나의 흐름(Fluß)을 지닌다.

게다가 '나는 할 수 있다'(ich kann)는 근원적 다양성도 지닌다. 즉 나는 흐름의 모든 위치에서 〔시간을〕 되돌려놓을 수 있으며, 그러한 흐름을 다시 한번 산출할 수 있다. 또한 여기에서 우리는 객관적 공간성을 구성하는 경우처럼 최적의 조건(Optimum)을 지닌다. 단순히 되돌아보는 경우 지속의 심상(Bild)은 명석하지 않다. 명석하게 재생산하는 것에서 나는 그 자신(selbst)을 지니며, 더 명석할수록 더 완전하게 지닌다.

5 지각과 지각된 것의 동시성[14]

지각(Wahrnehmung)과 지각된 것(Wahrgenommenes)이 동시적이라고 말할 수 있는 근거는 무엇인가? 이것은 객관적 시간과—소박한 태도에서는—맞지 않는다. 왜냐하면 지각의 시점 속에는 지각된 객체가 더 이상 전혀 존재하지 않기 때문이다(예를 들어 별). 실로 이러한 관점에서 우리는 지각의 시점과 지각된 것의 시점은 언제나 서로

---

14) 제33항 이하 참조할 것.

나뉘어 분리된다고 말해야 할 것이다.

이제 현상학적 태도(Einstellung)[15]에서 나타나는 객관적 시간을 고찰해보자. 초월적 객체는 이 객관적 시간에 따라 지속한다. 그렇다면 지각이 지속하는 것은 지각된 객체가 지속하는 것과 합치하지 않는다. 즉 우리는 '그 객체는 이미 지각에 앞서 존재하고, 지각이 경과한 다음에도 여전히 계속 존재할 것'이라고 말한다. 〔동시에〕 '그 객체는 자신이 지속하는 시작에서부터 끝까지 추적하는 가능한 연속적 지각의 상관자(Korrelat)다'라고 말할 수 있다. 그렇다면 객체가 지속하는 각 국면에는 하나의 지각의 국면이 상응한다. 그러나 이것에 따라 객체가 지속하는 출발점과 지각의 출발점이 일치해야 한다든지, 따라서 서로 간에 상응하는 국면들의 시점이 동일해야 한다는 것을 주장하는 것은 아니다. 다만 초월적 객체를 구성하는 데 자신의 역할을 담당하는 감각자료가 그 자체로 시간의 경과 속에 구성된 통

---

15) 현상학은 완결된 체계를 추구하는 것이 아니라, 비판을 거치지 않은 소박한 선입견을 제거하고 자유롭게 태도를 변경함으로써 각기 다른 대상의 영역을 그에 걸맞는 방식으로 탐구할 수 있는 시선을 제공하는 부단한 "사유실험"(Denkexperimente)(『형식논리학과 선험논리학』, 167쪽)이다. 후설은 우선 소박하게 존재의 믿음을 전제하는 '자연적 태도'와 이러한 태도를 판단중지하는 '반성적 태도'를 구분한다. '반성적 태도'에는 일상적 삶의 경험에서 주관과 객관의 외적 상관관계를 자연스럽게 고찰하는 '인격주의적 태도'와 추상활동 등을 통해 주관을 인위적으로 배제하고 객관적 자연을 관찰하는 '자연주의적 태도'가 있다. 그리고 '반성적 태도'에는 실증적 사실과학에 입각해 경험(세속)적으로 고찰하는, 그렇기 때문에 여전히 소박하고 독단적이며 비철학적인 '심리학적 태도'와 자연적 태도를 총체적으로 판단중지해 주관과 객관의 내적(본질 필연적) 상관관계를 철저하게 선험적으로 고찰하는 '현상학적 태도'가 있다. 그는 자칫 소박한 자연적 태도로 전락하거나 부단히 자연적 태도와 혼동될 수 있기 때문에 철저한 선험적(현상학적) 태도를 수행하는 것이 종교적 개종(改宗)만큼 어려운데도 인간성을 근본적으로 변혁시키기 위해 반드시 필요하다고 강조한다.

일체라는 점이 고려되어야 한다.

지각은 파악하기 시작하는 순간 일어난다. 그 전에 지각에 관해 논할 수 없다. 파악하는 것은 감각자료를 활성화하는 것(Beseelung)[16]이다. 그래도 '파악하는 것이 감각자료와 동시에 시작하는지, 감각자료는 활성화하는 파악이 시작되기 전에, 비록 잠시의 시간적 차이가 있더라도, 구성될 수 없는지'의 문제가 여전히 남는다. 이것은 후자가 맞는 것 같다. 이 경우 파악하는 것이 일어나는 순간에는 감각자료의 한 부분이 이미 경과한 상태고, 단지 과거지향으로만 여전히 유지되기 때문이다.

파악하는 것은 그때그때 근원적 감각의 국면을 활성화할 뿐만 아니라, 경과된 구간을 포함해 감각자료 전체도 활성화한다. 그러나 이것은 파악하는 것이 감각이 경과하는 것에 상응하는 상태에서 감각이 경과하는 지속 전체에 대해, 따라서 파악하는 것 자체, 즉 지각이 파악하는 것에 선행하는 시간의 단편에 대해 객체를 정립한다는 사실을 뜻한다. 따라서 지각이 출발하는 시점과 객체가 출발하는 시점 사이에 시간적 차이가 있다. 어떤 감각자료가 나타나게 하는 외적 조건을 해명한다면, 위에서 언급된 지각과 지각된 것의 비동시성에 관한 자연주의적 주장도 아마 명백하게 이해될 것이다.

초월적 객체를 배제하고 '내재적 영역에서 지각과 지각된 것의 동시성은 어떠한 상태에 있는지'도 물어보자. 이 경우 내재적 통일체가 주어지게 이끄는 반성의 작용으로 지각을 파악하면, 그 작용은 그 작용이 되돌아볼 수 있는 이미 구성된 것 그리고 과거지향으로 유지된 것이 있다는 사실을 전제한다. 따라서 이 경우 지각은 지각된 것을 뒤따라가며, 지각된 것과 동시적인 것이 아니다.

---

16) '활성화'에 대해서는 제1항의 옮긴이주 14 참조할 것.

그런데 우리가 살펴보았듯이, 실로 반성과 과거지향(Retention)은 그것에 관련된 내재적 자료의 인상적(impressional) 내적 의식을 자신이 근원적으로 구성되는 가운데 전제한다. 아울러 이러한 의식은 그 때그때의 근원적 인상과 구체적으로 일치하며, 이것과 분리될 수 없다.[17] 또한 만약 내적 의식을 지각으로 묘사하면, 이 경우 사실상 지각과 지각된 것은 엄밀한 동시성을 지닌다.

6 절대적 흐름의 파악. 지각의 네 가지 의미[18]

여기에서 문제되는 객체는 구성되는 것이 틀림없는 시간의 객체다. 감성적 핵(파악하는 것이 없는 나타남)은 **지금** 존재하며, 방금 전에 존재했으며, 그보다 더 이전부터 계속 존재했다. 이러한 '지금'에는 지금 의식된 지속하는 모든 단계가 지나가버린 '지금'의 과거지향이 동시에 존재한다.

모든 지나가버린 '지금'은 더 이전의 단계를 자신 속에 과거지향으로 간직한다. 예를 들어 한 마리의 새가 해가 비치는 정원을 가로질러 방금 전에 날아갔다. 내가 곧 포착한 국면에서 나는 모든 새로운 '지금'에서와 마찬가지로 시간의 상태(Zeitlage)가 지나가버린 음영의 과거지향적 의식을 발견한다. 모든 국면의 시간의 꼬리는 그 자체 시간 속으로 뒤로 가라앉고 자신의 음영만 지닌다. 모든 '지금'의 내용 전체는 과거 속으로 가라앉았지만, 이 가라앉는 것이 무한히 재생산되는 [사건] 과정은 아니다. 그 새는 자신의 장소를 변경시킨다. 즉 그 새는 날아간다. 모든 새로운 상태에서 더 이전에 나타남의 잔향

---

17) '내적 의식'에 관해서는 부록 12 참조할 것.—후설의 주.
18) 제34항 이하 참조할 것.

(殘響)은 그 새(즉 그 새의 나타남)에 결부된다. 그러나 이러한 잔향의 모든 국면은 그 새가 더 멀리 날아가는 동안 점차 사라진다. 그래서 일련의 여운이 잇따라 일어나는 모든 국면에 속한다. 우리는 잇따라 일어나는 국면의 단순한 계열(Reihe), 즉 하나의 국면을 지닌 모든 현실적 '지금'을 지니는 것이 아니라, 잇따라 일어나는 모든 개별적 국면에 하나의 계열(Serie)을 지닌다.

그러므로 현상학적 환원(Reduktion)[19]에 따라 모든 시간적 나타남은 그와 같은 하나의 흐름(Fluß)으로 해소된다. 그러나 나는 모든 것이 해소되는 의식을 그 자체로 다시 지각할 수 없다. 왜냐하면 이 새롭게 지각된 것은 다시 그와 같이 구성하는 의식을 소급해 지시하는 어떤 시간적인 것(Zeitliches)일 것이고, 이것은 무한히 진행되기 때문이다. 따라서 '나는 어디에서 구성하는 시간에 관한 앎을 지니는가' 하는 물음이 제기된다.[20]

이제까지의 상론에 따라 시간의 객체를 기술하는(그리고 구성하는) 단계는 다음과 같다. 우리는,

---

19) '현상학적 환원'은 의식과 대상 사이의 관계에서 이루어진 지향적 체험, 즉 현상을 직관하도록 하는 현상학 고유의 방법이다. 이 현상학적 환원에는 판단중지, 형상적 환원, 선험적 환원이 있는데(그 밖에 심리학적 환원, 생활세계의 환원, 상호주관적 환원 등이 있다), 이것들은 시간적 선후에 따른 구별이 아니라 상이한 목적에 따른 논리적 구별이다. 판단중지(Epoche)는 세계의 존재를 소박하게 전제하는 자연적 태도의 일반정립(Generalthesis)을 무력하게 하고, 그 속에 깃든 확신과 타당성을 일단 괄호 속으로 묶어, 경험의 새로운 영역을 보게 하는 것이다. 형상적 환원은 현상의 개체성과 우연성에서 상상(Phantasie)에 따른 자유변경(freie Variation), 즉 이념화작용(Ideation)으로 보편성과 필연성을 지닌 새로운 대상성인 형상(eidos), 즉 본질을 직관하는 것이다. 선험적 환원은 의식초월적 대상을 의식내재적 대상으로 환원해 대상과 본질적 상관관계에 있는 선험적 주관성(transzendentale Subjektiviät), 즉 선험적 자아와 그 체험영역 전체를 적극적으로 밝히는 것이다.
20) 제40항 이하 참조할 것.

1. 일상적인 의미에서 경험적 객체에 대한 지각. 그것이 거기에 존립한다는 지각 등.

2. 현상학적 고찰을 통해 나는 객체를 현상으로 간주하고, 지각, 서로의 상관관계(Korrelation)[21] 속에 있는 나타남(Erscheinung)과 나타나는 것(Erscheinendes)을 향하게 된다. 실제적 사물은 실제적 공간 속에 존재하고, 실제적 시간 속에 계속 지속하고 변화된다. 사물에 대해 나타나는 지각은 하나의 나타남의 공간과 하나의 나타남의 시간을 지닌다. 그리고 다시 나타남 자체와 모든 의식의 형태는 그것의 '지금'과 '지금-그 이전'(Jetzt-Vorher)의 형식에 따라 그것의 시간이 확장된다. 즉 주관적 시간(subjektive Zeit)을 지닌다.

이 경우 '지각의 객체는 주관적 시간 속에 나타나고, 기억의 객체는 기억된 주관적 시간 속에, 상상의 객체는 상상된 주관적 시간 속에, 예상된 객체는 예상된 주관적 시간 속에 나타난다'는 사실에 주목해야 한다. 지각·기억·예상·상상·판단·감정·의지—요컨대 반성의 객체인 이 모든 것은 동일한 주관적 시간 속에 나타나며, 더구나 지각의 객체들이 나타나게 되는 동일한 주관적 시간 속에 나타난다.

3. 주관적 시간은 시간이 없는(zeitlos) 절대적 의식 속에 구성된다. 이 절대적 의식은 객체(Objekt)가 아니다.

---

21) 현상학의 지향적 분석은 지향성이 항상 '무엇(대상)에 대한 의식'이듯이, 의식작용 자체와 의식의 불가분적 상관자인 대상성을 함께 고찰한다. 그리고 대상성과 주관성은 부단히 상호작용하는 발생적 역사성을 지닌다. 따라서 의식의 구조에 대한 분석은 곧 경험에 관한 가장 기본적이고도 직접적인 연구다. 결국 후설의 일관된 작업은 경험의 대상과 그것이 의식에 주어지는 방식 사이의 지향적 상관관계의 아프리오리를 분석하는 것이다. 후설의 마지막 연구조교이자 공동연구자였던 핑크(E. Fink)는 이러한 점을 강조하기 위해 현상학을 '상관주의'(Korrelativismus)라고도 표현했다(*Studien zur Phänomenologie 1930~1939*, Den Haag, 1966, p.80).

이제 '어떻게 이러한 절대적 의식이 주어지는지'를 고찰해보자. 우리는 음의 나타남을 지니고, 이 나타남 자체에 주목한다. (사물로 생각된) 바이올린의 음처럼 음의 나타남은 스스로 지속하며, 이 지속 속에 스스로 변화되거나 변화되지 않는다. 나는 이러한 나타남의 그 어떤 국면에 주목할 수 있다. 즉 이 경우에 나타남은 내재적 음이거나, 그것의 의미를 도외시하더라도 내재적 음의 운동(Ton-Bewegung)이다. 그러나 이것이 최종적 의식은 아니다. 이러한 내재적 음은 구성된다. 즉 그때그때의 음-'지금'(Ton-Jetzt)과 더불어 연속으로 우리는 음의 음영도 지닌다. 더구나 이러한 음의 음영 속에 이 '지금'에 속하는 음-과거(Ton-Vergangenheit)의 구간이 제시된다. 우리는 이러한 계열을 어느 정도 주목할 수 있다. 예를 들어 어떤 멜로디의 경우 이른바 어떤 순간을 정지시키면 그 속에서 지나가버린 음들의 기억의 음영을 발견할 수 있다. 이러한 사실이 모든 개별적 음에 대해서도 타당하다는 점은 명백하다.

그렇다면 우리는 내재적 음의 '지금'과 내재적 음의 '과거'를 그것의 계열 또는 연속성 속에 지닌다. 그러나 다음과 같은 연속성도 지닌다. 즉 '지금'의 지각과 '과거'의 기억 그리고 이 연속성 전체는 그 자체로 하나의 '지금'이다. 사실상 대상[에 관한]의식 속에 살아가면서 나는 '지금'의 시점에서 과거 속을 되돌아 바라본다.

다른 한편 나는 그 대상[에 관한]의식 전체를 하나의 '지금'으로 파악할 수 있고, 이러한 지금에서 순간을 포착하고 의식 전체를 '함께 있는 것'(Zusammen), '동시에 있는 것'(Zugleich)으로 파악한다고 할 수 있다. 예를 들어 나는 방금 전에 긴 피리소리를 들었다. 그 소리는 하나의 연장된 선(線)과 같다. 모든 순간 나는 정지하고, 거기에서 선은 연장된다. 이러한 순간에 시선은 선 자체를 포함하고, 이 선[에 대한]의식은 피리소리의 '지금' 시점과 동시적인 것으로 파악된다.

그러므로 나는 다양한 의미로 지각한다.[22]

1. 나는 기적〔소리〕의 지각이나 기적〔소리〕의 높은 음을 지각한다.

2. 나는 지속하는 음의 내용(Ton-Inhalt) 그 자체의 지각과 자신이 지속하는 가운데 음의 〔사건〕 과정(Ton-Vorgang)—그것이 자연 속에 편입된 것은 도외시하더라도—을 지각한다.

3. 음-'지금'을 지각하고, 동시에 함께 결합된 방금 전에 존재했던 음을 주목한다.

4. '지금' 속에 시간의식(Zeitbewußtsein)을 지각한다. 나는 높은 소리 또는 어떤 음이 '지금'-나타나는 것을 주목하고, 이러저러하게 과거로 연장된 높은 소리가 '지금'-나타나는 것을 주목한다 (이러한 '지금' 속에 지금-높은 소리의 국면과 음영의 연속성이 나에게 나타난다).

그렇다면 최후의 이러한 지각들에 어떤 어려움이 있는가? 물론 나는 시간의식을 지니지만, 그것 자체가 다시 객체가 되는 것은 아니다. 그리고 내가 그것을 객체로 삼으면 그것 자체가 다시 하나의 시간의 위치(Zeitstelle)를 지니며, 내가 그것을 매순간 추적하면 그것은 시간의 연장을 지닌다. 그와 같은 지각이 존재한다는 사실에는 추호의 의심도 없다. 재빨리 포착하는 시선은 음의 국면들이 흐르는 것에 주목하듯이 사물의 객체적인 것(Dinglich-Objektives)이 제시되어 나타나는 작용의 '지금' 속에 흐르는 그 국면들의 연속성에 주목할 수도 있고, 다시 이러한 순간의 연속성이 변화되는 연속성에 주목할 수도 있다. 그리고 이렇게 **변화되는** 시간은 객체적인 것의 시간과 같은 것이다. 예를 들어 변화되지 않은 음의 경우, 내재적 음의 주관적 시간이 지속하는 것은 나타남이 변화되는 연속성의 시간이 연장되

---

22) 제17항 이하 그리고 제18항 이하 참조할 것.

는 것과 동일하다.

그러나 여기에서 무엇이 극히 주목할 만한 것인가? 우리는 본래의 의미에서 변화되지 않는 것, 변화되지 않고 충족되어 지속하는 것을 생각할 수 없는 곳인 여기에서 어떤 변화에 관해 논할 수 있는가? 변화가 불가능한 어떠한 것도 나타남의 국면의 끊임없는 흐름에 비견될 수는 없다.

근원적 흐름에는 어떠한 지속도 존재하지 않는다.[23) 왜냐하면 지속은 지속하는 어떤 것의 형식, 즉 지속하는 존재, 자신의 지속으로 기능하는 시간의 계열 속의 동일자(Identisches)의 형식이기 때문이다. 벼락·유성(遊星)의 운동 같은 [사건] 과정의 경우, 문제되는 것은 지속하는 객체가 통일적으로 변화되는 연관이다. 객관적 시간은 항속적(beharrlich) 대상의 형식, 이 대상이 변화하는 형식 그리고 이것에서 그 밖의 [사건] 과정의 형식이다. 그러므로 [사건] 과정은 항속성[24)을 전제하는 개념이다. 그러나 항속성은 흐름 속에 구성되는 통일체다. 이 흐름 속에 아무런 항속(恒續)도 없다는 것은 흐름의 본질이다. 흐름 속에는 체험의 국면들과 이 국면들의 끊임없는 계열이 있다. 그러나 그와 같은 국면은 항속적인 것이 아니고, 마찬가지로 끊임없는 계열도 항속적인 것이 아니다. 확실히 그것도 일종의 대상성이다.

나는 흐름 속에 현저하게 드러난 어떤 국면에, 또는 흐름의 어떤 구간에 시선을 향할 수 있고, 반복된 현전화를 통해 그것을 동일화할 수 있다. 아울러 언제나 다시 동일한 구간에 되돌아갈 수 있고, 그것을 '이 흐름의 구간'이라고 할 수 있다. 그리고 이것은 내가 고유

---

23) 아래의 논의는 특히 제36항을 참조할 것.
24) '항속성'에 관해서는 제7항의 옮긴이주 9 참조할 것.

한 방식으로 이러한 하나의 흐름으로 동일화할 수 있는 흐름 전체에 대해서도 타당하다. 그러나 이 동일성은 어떤 항속적인 것의 통일체가 아니며, 결코 그와 같은 통일체가 될 수도 없다. 항속하는 것이 불변하는 것이든 변화하는 것이든 항속할 수 있다는 사실은 항속성의 본질이다. 모든 변화는 이념적으로 변화하지 않는 것으로 이행할 수 있고, 운동은 정지로 이행할 수 있으며, 거꾸로 질적으로 변화되는 것은 변화되지 않는 것으로 이행할 수 있다. 그렇다면 지속은 동일한(derselbe) 국면들로 충족된다.

그러나 흐름 속에서는 흐름이 아닌 것(Nicht-Fluß)의 어떠한 부분도 발생할 수 없다. 흐름은 어떤 객관적 흐름과 마찬가지로 우연적 흐름이 아니며, 흐름의 국면들이 변화되는 것은 결코 정지할 수 없다. 아울러 언제나 동등한 국면들이 계속되는 것으로 이행할 수 있는 것도 아니다. 하지만 흐름의 어떠한 부분도 흐름이 아닌 것으로 변화될 수 없더라도, 흐름 역시 어떠한 방식으로는 남아 있는 것을 지니지 않는가?

우선 흐름의 형식적 구조, 즉 흐름의 형식이 남아 있다. 요컨대 흐르는 작용(Fließen)은 단지 일반적으로 흐르는 작용이 아니다. 오히려 모든 국면은 동일한 하나의 형식의 국면이며, 끊임없는 형식은 내용으로 언제나 새롭게 충족되는데, 이 내용은 곧 외부에서 형식 속으로 집어넣어진 것이 아니라, 합법칙성으로 규정된 것이다. 그렇기 때문에 이 합법칙성은 구체적인 것만 규정하지 않는다. 그 형식은 '지금'이 인상(Impression)을 통해 구성된다는 점, 이 인상에 과거지향의 꼬리와 미래지향의 지평이 결합되어 있다는 점에 있다.

그러나 남아 있는 이 형식은 끊임없이 변화하는 의식을 지닌다. 끊임없이 변화하는 것은 근원적 사태다. 즉 그 의식은 인상이 끊임없이 다시 그곳에 있으면서도, 인상이 과거지향으로 변화되는 의식이다.

또는 인상의 본성(Was)에 관해 방금 전에 여전히 '지금'으로 의식된 것[본성]이 방금 전에 존재했던 것(soeben gewesen)의 특성으로 변양되면서도, 이러한 본성이 변화되는 의식이다.

그러므로 이렇게 파악함으로써, 이미 앞에서 시사되었듯이, 음의 나타남에 관한 시간의식의 시간이 구성되는 시간의식에 대한 물음에 이르게 된다.

내가 음의 나타남 속에 살면, 그 음은 나에게 현존하고, 스스로 지속하거나 변화된다. 내가 음이 나타나는 것에 주목하면, 그 음이 나타나는 것은 현존하고, 이제 스스로 시간적으로 연장되고 스스로 지속되거나 연장된다. 이 경우 음이 나타나는 것은 서로 다른 것을 의미할 수 있다. 우선 그것은 '지금' '방금 전' 같은 음영의 연속성에 주목하는 것을 의미할 수도 있다. 이제 흐름(절대적 흐름)은 다시 대상적이어야 하고, 다시 자신의 시간을 지녀야 한다. 또한 거기에는 이 객체성을 구성하는 의식과 이 시간을 구성하는 의식이 다시 필요할 것이다. 원리적으로 다시 반성할 수 있다면, 이것은 무한히 진행될 것이다. 과연 이러한 무한소급은 무익하지 않은 것으로 입증될 수 있는가?

1. 음은 지속되고 국면들의 연속성 속에 구성된다.

2. 음이 지속되는 동안 또는 음이 지속되는 한, 관련된 '지금'에서 희미하게 사라지는 과거로의 일련의 음영은 지속하는 각 시점에 속한다. 그러므로 우리는 모든 시점이 하나의 끊임없는 연속체인 하나의 끊임없는 의식을 지닌다. 그러나 이것은 다시 주목할 수 있는 하나의 시간의 계열이다. 따라서 조작[일](Spiel)은 새로운 것에서 일어난다. 이러한 계열의 그 어떤 시점을 고정시키면, 일련의 과거의 계열에 관계되는 과거의 의식 등은 이러한 시점에 속해야 한다.

이제 반성이 무한히 수행되지 않더라도, 그리고 도대체 어떠한 반성도 필요하지 않더라도, 이러한 반성을 가능케 하는 것 또는 그것이 나타나듯이 적어도 원리적으로 무한히 가능케 하는 것이 주어져야 한다. 그리고 여기에 문제가 놓여 있다.

7 동시성의 구성[25]

가령 어떤 음 a가 그 국면들 가운데 하나인 일정한 국면의 어떤 시점에서 근원적 인상 α에 따라 자신이 지속하는 것으로 구성되고, 이 근원적 인상에 이러저러하게 변양된 것이 근원적 인상(새로운 '지금'의 순간)을 근원적으로 산출한 것과 더불어 연결되었다고 하자. 아울러 b가 동시적인 내재적 통일체, 가령 색(色)이라고 하고, 이것이 그 음의 시점과 **동시에** 어느 시점으로 주시된다고 하자. 구성 속에는 근원적 인상 β가 이에 상응한다.

이제 α와 β가 공통으로 지니는 것은 무엇인가? 이것들이 동시성을 구성한다는 것 그리고 α'와 β'라는 두 가지 변양된 것이 동시에 존재했다는 것을 구성하는 것은 무엇을 의미하는가? 내적 의식의 한 층에는 다양한 근원적 인상, 근원적 상상의 산물 등, 요컨대 다양한 근원적 계기(契機)가 속한다. 우리는 이것을 내적 의식의 근원적 계기라고 할 수도 있다. 하나의 층에 속한 모든 근원적 계기는 동일한 의식의 성격을 지니는데, 이 의식의 성격은 관련된 **지금**에 대해 본질적으로 구성적이다. 그것은 구성된 모든 내용에 대해 동일하며, 성격의 공통성은 동시성, 즉 **동시에 '지금'-있음**(Gleich-Jetztigkeit)을 구성한다.

내적 의식의 근원적 자발성(Spontaneität)에 따른 각각의 근원적 계

---

25) 제38항 이하 참조할 것.

기는 산출되는 연속성의 원천시점이다. 그리고 이 연속성은 동일한 하나의 형식에 관한 것이다. 산출되는 방식, 근원적인 시간이 변양되는 방식은 모든 근원적 계기에 대해 동일한 것(derselbe)이며, 동일한 하나의 합법칙성은 모든 변양을 통제한다.

이 합법칙성은 다음과 같다. 즉 내적 의식이 끊임없이 산출하는 것은 1차원의 곧바른 다양체(orthoide Mannigfaltigkeit)[26]의 형식을 지니며, 하나의 층 안에서 모든 근원적 계기는 동일하게 변양된다(이 근원적 계기는 동일한 과거의 계기를 산출한다). 그러므로 동일한 층에 속하는 두 가지 근원적 계기가 변양된 것—이것은 그에 상응하는 근원적 계기에서 동일한 간격을 지닌다—은 하나의 동일한 층에 속한다. 또는 하나의 층에 속하는 변양된 것도 동일한 하나의 층에 속하는 변양된 것만을 그 자신에서 언제나 다시 산출한다. 물론 산출하는 것은 언제나 동일한 속도로 일어난다.

모든 층 안에서 끊임없는 계열의 서로 다른 시점은 근원적 계기에 대해 서로 다른 간격을 지닌다. 그 어떤 시점의 이러한 간격은 동일한 시점이 더 이전의 층에서 자신의 근원적 계기에 대해 지니는 간격과 동일하다. 구성되는 시간의식의 근원적 장(Urfeld)은 근원적 계기와 반복되어 변양된 것들의 일정한 계열(Serie)로 이루어진 끊임없는 연장이다. 이렇게 반복되어 변양된 것들은 내용에 따른 것이 아니라, 형식에 따른 것이다. 이렇게 변양된 것들의 규정성은 그 형식상 모든 근원적 장에서 (그것들이 잇따라 일어남에서) 언제나 다시 동일한 것이다. 모든 근원적 계기는 곧 근원적 계기('지금'의 의식)이고, 모든 지나가버린 것은 '과거'의 의식이며, 과거의 정도(程度)는 규정된 어떤 것이다. 그리고 근원적으로 구성하는 의식 속에 확고하게 규정된

---

26) '다양체'에 관해서는 제41항의 옮긴이주 22 참조할 것.

형식적 특성이 이것에 상응한다.

층들이 서로 잇따라 일어나는 가운데 동등한 내용(Inhalt), 즉 동등한 내적 존립요소의 계기들은 언제나 다시 근원적 계기로 등장할 수 있다. 완전히 동등한 하나의 내적 내실(Gehalt)을 지니는 서로 다른 층의 이러한 근원적 계기들은 개체적으로 구별된다.

8 의식의 흐름의 이중 지향성[27]

우리는 의식의 흐름 속에 이중 지향성을 지닌다. 우리는 이 흐름의 내용을 그 흐름의 형식으로 관찰한다. 이때 지향적 체험들의 한 계열인 근원적 체험의 계열, 즉 '…에 관한 의식'을 고찰한다. 또는 지향적 통일체, 즉 흘러들어가는(Hinströmen) 흐름(Fluß)[28] 속에 있는 통일적인 것인 지향적으로 의식된 것에 시선을 향한다. 이 경우 객관적 시간 속에 있는 객체성, 즉 체험의 흐름의 시간 장(Zeitfeld)에 대립된 본래의 시간 장이 우리에게 현존한다.

자신의 국면과 구간을 지니는 체험의 흐름은 흘러가는 것—인상과 과거지향, 갑자기 떠오르는 것과 법칙적으로 변화되는 것, 사라져버리는 것과 희미해지는 것—에 시선을 향함으로써, 되돌아 기억함으로써 동일화할 수 있는 그 자체로 하나의 통일체다. 이 통일체는 흐름 자체의 사실에 따라 원본적으로(originär) 구성된다. 즉 일반적으로 존재할 뿐만 아니라 체험의 통일체가 존재하며, 내적 의식 속에 체험의 통일체가 주어진다는 것은 흐름의 고유한 본질이다. 이 내적 의식 속에 주목하는 광선(Strahl)은 그 흐름을 향해 나아갈 수 있다(그 광선

---

27) 제39항 이하 참조할 것.
28) '흐름'에 관해서는 제25항의 옮긴이주 56 참조할 것.

자체는 주목되지 않고 흐름을 풍부하게 하지만, 앞으로 주시될 흐름을 변화시키지 않고 고정시키며, 대상적으로 만든다).

이러한 통일체를 주목하는 지각은 변화할 수 있는 내용을 지닌 지향적 체험이다. 이것은 기억을 지나가버린 것으로 향하게 할 수 있고, 반복해 변양시킬 수 있으며, 그것에 동등한 것 등과 비교할 수 있다. 이러한 동일화가 가능하다는 점, 여기에서 하나의 대상이 구성된다는 점은 체험의 구조에 놓여 있다. 즉 흐름의 모든 국면은 '…에 관한' 과거지향으로 변화되고, 이것은 다시 계속 변화된다. 만약 이러한 점이 없다면, 내용은 체험으로 생각될 수 없다. 그렇지 않다면, 체험은 통일체로서의 주관에 원리적으로 주어지지 않고 주어질 수도 없으며, 따라서 아무것도 아닌 것이 되리라. 흐르는 작용(Fließen)은 근원적 장(場)의 모든 국면(따라서 직선적인 하나의 연속체)이 오직 방금 전에 지나가버린 동일한 국면이 과거지향으로 변양되어 이행하는 가운데 성립한다. 그리고 이것은 계속된다.

두 번째 지향성의 경우 나는 장(場)들의 흐름을 추적하는 것도, 통일적으로 변화하는 계열로서 '서로 다른 단계의 지금(원본적)–과거지향적 변천'이라는 형식의 흐름을 추적하는 것도 아니다. 오히려 나는 내 주의를 모든 장과 하나의 직선적 연속체에, 장을 지니는 모든 국면 속에 지향된 것에 돌린다. 모든 국면은 지향적인 체험이다. 이전에 대상화하는 것에서 구성되는 체험들은 내적 의식의 작용이며, 시간을 구성하는 의식의 현상은 곧 이 내적 의식의 대상이다. 그러므로 이 작용은 그 자체로 지향적 체험이며, 그때그때 그 대상이 충족되는 시점들과 시간의 지속은 체험의 대상이다. 절대적 시간의 흐름이 흘러가는 동안 지향적 국면들은 전위되지만, 그렇기 때문에 그것들은 상관된 방식으로 통일체를 구성하고, 흐르는 현상 속에 음영 지어진 일자(一者)의 현상과 마찬가지로 서로 뒤섞여 이행한다.

그 결과 우리는 〔주어지는〕 방식에 대한 대상(Gegenstand im Wie)과 언제나 새로운 그 방식에 대한 대상을 지닌다. 이 주어지는 방식은 '지금의 것' '방금 전에 지나가버린 것' '미래의 것'으로 방향이 정해진다. 그렇다면 '지금'에서 '과거'로의 변화 같은 대상의 흐름에 대해 다시 말할 수 있다. 그리고 그것은 필연적으로 지향적 체험의 흐름인 체험의 흐름의 구조에 따라 아프리오리하게 미리 지시되었다.

과거지향은 지각하는 의식의 한 독특한 변양이다. 이 지각하는 의식은 근원적으로 시간을 구성하는 의식 속에 있는 근원적 인상이다. 아울러 시간의 객체에 관해서는 그것이 청각 장에서 지속하는 어떤 음처럼 또는 시각 장에서 〔지속하는〕 어떤 색깔의 자료처럼 내재적 의식이든 아니든, 이 지각하는 의식은 내재적 (충전적) 지각이다.

만약 W(t)가 감각된 어떤 음을 지속하는 음으로 파악하는 어떤 감각된 음의 지각이면, W(t)는 과거지향들의 한 연속성인 Rw(t)로 변화된다. 그러나 W(t)는 내적 의식 속에 체험된 것으로 주어졌기에, W(t)가 Rw(t)로 변화되면, 필연적으로 Rw(t)에 관한 내적 의식이 곧 변화된다. 왜냐하면 실로 여기에는 '존재'(Sein)와 '내적으로 의식되어 있음'(Innerlich-bewußt-sein)이 일치하기 때문이다.[29] 그러나 이제 W(t)에 관한 내적 의식도 이러한 내적 의식이 과거지향으로 변양된 것으로 변화되고, 이렇게 변양되는 것은 그 자체로 내적으로 의식된다. 그러므로 방금 전에 지각된 것이 의식된다.

어떤 음-지각이 그에 상응하는 과거지향(방금 전에 존재했던 음에 관한 의식)으로 이행하면, 방금 전에 존재했던 지각작용에 관한 의식

---

29) 체험의 근거에 놓여 있는 실재의 본질을 이성 속에 정초하려는 후설에게, 존재는 의식작용 안에서만 절대적 존재이므로, 대상성의 참된 존재는 '의식된 존재'(Bewußt-Sein)다('내재적 존재'와 '초월적 실재'에 대해서는 제44항의 옮긴이주 28 참조할 것).

은 (내적 의식 속에, 체험으로) 현존하고, 이 양자는 서로 합치한다. 나는 이 가운데 어떤 것 없이는 다른 것도 가질 수 없다. 즉 어떤 객체에 대한 지각이 그 자신의 과거지향으로 변양된 것으로 이행하는 것과 지각작용이 지각작용의 과거지향으로 이행하는 것, 두 가지는 필연적으로 합일한다. 그러므로 우리는 필연적으로 두 가지 과거지향으로 변양된 것을 지니는데, 이렇게 변양된 것은 내적 의식의 지각이 아닌 각각의 지각과 더불어 주어진다.

내적 의식은 하나의 흐름이다. 이 흐름 속에 내적 지각이 아닌 체험이 가능하려면, 두 가지 과거지향의 계열이 존재해야 한다. 따라서 내적 과거지향에 따른 통일체인 흐름을 구성하는 것 이외에 여전히 외적 과거지향에 따른 계열이 있어야 한다. 외적 과거지향의 계열은 (구성된 내재, 즉 내적 과거지향을 통한 통일체에 대해 외적인, 어쨌든 내재적인) 객관적 시간을 구성한다.

이 경우 다음과 같은 점을 주목해야 한다. 즉 내적 의식이 그것의 상관자로 지니는 것은 (어떤 음의 자료나 지속하는 기쁨·고뇌·판단이라는 지속하는〔사건〕 과정처럼) 지속하는 내재적 자료가 아니라, 이러한 통일체를 구성하는 국면들이라는 점이다.

9 근원적 의식과 반성의 가능성[30)]

과거지향은 인상(印象)의 자료가 변화된 형식 속에서만 내실적으로(reell) 유지되어 남는 변양이 아니다. 오히려 그것은 일종의 지향성, 더구나 독특한 종류의 지향성이다.

어떤 근원적 자료, 즉 어떤 새로운 국면이 갑자기 나타나면, 선행

---

30) 제39항과 제40항 이하 참조할 것.

하는 국면은 상실되는 것이 아니라 파지해 유지(im Griff behalten)된다. 곧 과거지향이 되며(retinieren), 경과된 것을 되돌아 바라볼 수 있는 것은 이 과거지향 덕분이다. 과거지향 자체는 경과된 국면을 객체〔대상〕로 만드는 되돌아 바라보는 것이 결코 아니다. 내가 경과된 국면을 파지해 지니기 때문에, 나는 현재의 국면을 체험하고, 이것을—과거지향 덕분에—〔과거의 국면에〕 첨가해 받아들이고, (미래지향에 따라) 앞으로 일어날 것으로 향한다.

그러나 나는 경과된 국면을 파지해 지니기 때문에, 새로운 작용에 따라 그것에 시선을 향할 수 있다. 즉 경과된 체험작용이 새로운 근원적 자료 속에 여전히 계속 산출되거나—따라서 이것은 하나의 인상이다—이미 완결되어 전체로서 과거 속으로 옮겨짐에 따라 이 새로운 작용을 우리는 반성, 즉 내재적 지각이나 회상이라고 부른다. 이러한 작용들은 과거지향과 그것을 충족시키는 관계를 맺는다.

과거지향은 그 자체로 어떠한 작용(즉 과거지향의 국면들의 한 계열 속에 구성된 내재적으로 지속하는 통일체)이 아니라, 경과된 국면에 관한 순간의 의식이며, 동시에 가장 가까운 국면의 과거지향적 의식에 대한 근본적 토대다. 각각의 국면이 이에 앞서 놓여 있는 국면을 과거지향으로 의식했기 때문에, 그것은 경과된 과거지향의 계열 전체를 간접적 지향의 연쇄 속에, 그 자신까지도 포함시킨다.

시간 도표(Zeitdiagramm)의 수직계열에 따라 다시 주어지는 지속하는 통일체, 되돌아보는 작용들의 객체인 지속하는 통일체는 곧 이러한 사실로 구성된다. 이 작용에는 구성된 통일체(예를 들어 과거지향으로 유지되어 지속하는 변화되지 않은 음)와 더불어 〔그 통일체를〕 구성하는 국면의 계열이 주어진다. 따라서 의식이 객체(Objekt)로 될 수 있다는 사실은 과거지향에 힘입고 있다.

우리는 이제 '자신을 구성하는 체험이 출발하는 국면은 사정이 어떠한가' 라고 물을 수 있다. 그것은 과거지향에 근거해서만 주어지고, 과거지향에 전혀 결합되지 않았다면, 의식되지 않는가?

이에 대해 다음과 같이 말할 수 있다. 즉 출발하는 국면은 그것이 경과된 다음에만 앞에서 지적된 방식으로, 즉 과거지향과 반성(또는 재생산)에 따라 객체가 될 수 있다. 그러나 출발하는 국면이 오직 과거지향에 따라 의식되면, 그것에 '지금'으로서의 특징을 부여하는 것은 이해할 수 없게 된다. 출발하는 국면은 어떠한 국면도 더 이상 과거지향으로 의식되지 않는 국면인 출발하는 국면이 변양된 것에서 기껏해야 소극적으로 구별될 수 있을 것이다. 그러나 그것은 실로 의식에 합당하게 그리고 철저하게 적극적으로 특징지어진다. 나중에 가서야 비로소 의식될 어떤 의식되지 않은 내용에 관해 논하는 것은 무의미한 일(ein Unding)이다.

의식은 필연적으로 각각의 국면 속의 의식이다. 과거지향적 국면이 앞서 놓인 국면을 대상으로 만들지 않고도 그 〔앞서 놓인〕 국면을 의식했던 것처럼, 실로 근원적 자료도—대상적으로 되지 않고도—'지금'이라는 본래의 형식으로 의식된다. 과거지향적 변양으로 이행하는 것은 곧 이러한 근원적 의식(Urbewußtsein)이다. 이 경우 과거지향적 변양은 근원적 의식 자체와 이 의식 속에 원본적으로 의식된 자료에 관한 과거지향이다. 왜냐하면 이 양자는 불가분하게 합일되기 때문이다. 근원적 의식이 현존하지 않으면, 과거지향은 전혀 생각할 수 없을 것이다. 의식되지 않은 내용의 과거지향은 불가능하다.

그 밖에 근원적 의식은 근거를 바탕으로 추론된 것이 아니라, 구성된 체험작용을 반성함으로써 과거지향의 경우와 아주 똑같이 구성하는 국면으로 간취된 것이다. 이 근원적 의식, 또는 어떻게 부르든, 근원적 파악을 하나의 파악하는 작용으로 오해하면 안 된다. 상태(Sachlage)[31]를 명백하게 잘못 기술할 수 있다는 점은 도외시하더라도, 그렇게 오해함으로써 해결될 수 없는 어려움에 말려들 것이다. 만약 모든 내용이 그것을 향한 파악작용에 따라서만 의식에 이른다고 하면, 의식—어쨌든 이 속에서 그 자체가 하나의 내용인 파악작용은 의식된다—에 관한 의문은 즉시 제기되고, 무한소급은 불가피해진다. 그러나 모든 내용이 그 자체로 그리고 필연적으로 의식되지 않으면, 더 앞서 부여하는 의식에 관한 물음은 무의미(sinnlos)해질 것이다. 게다가 모든 파악작용 그 자체는 구성되어 내재적으로 지속하는 통일체. 이 파악작용이 구축되는 동안 이 작용이 객체[대상]로 만들려는 것은 오래 전에 지나가버렸고, 근원적 의식과 과거지향의 활동(Spiel) 전체를 이미 전제하지 않았다면, 파악작용에 더 이상 전혀 도달할 수 없었을 것이다.

그러나 [실제로는] 근원적 의식과 과거지향이 현존하기 때문에 반성을 통해 구성된 체험 그리고 구성하는 국면들에 주목할 수 있는 가능성과 게다가 가령 근원적 의식 속에 의식된 근원적 흐름(Fluß)과 이 흐름이 과거지향으로 변양된 것 사이의 차이를 깨달을 수 있는 가능성이 있다. 반성의 방법에 대립해 제기된 모든 반론은 의식의 본질적 구성을 알지 못해 야기된 것으로 설명할 수 있다.[32]

10 시간의 객관화와 시간 속에 사물적인 것의 객관화[33], [34]

하나의 전체-공간(All-Raum)을 구성하는 것과 하나의 시간을 구

---

31) '상태'와 '사태'의 차이에 관해서는 제31항의 옮긴이주 65 참조할 것.
32) 모든 사태 그 자체의 궁극적 근원으로 부단히 되돌아가 묻는 선험적 현상학은 반성적 태도의 중요성을 철저하게 강조한다. 이 현상학적 반성은 마음의 내적 상태, 즉 의식의 활동을 단지 관찰하는 내성(內省)과 달리, 의식의 지향적 상관자인 대상을 생생하게 파악한다.

성하는 것은 평행하는 문제다. 지각된 사물이 자신의 물체(Körper)에 따라 하나의 전체-공간 속에 놓여 있는 것으로 나타나는 한, 그 전체-공간은 모든 특수한 지각의 경우에서 함께 지각된다. 그리고 사물의 시간성(Zeitlichkeit)은 이 하나의 시간 속에 놓여 있으며, 사물의 주변에 속한 모든 사물이 지속하는 것 그리고 사물적 [사건] 과정이 지속하는 것과 마찬가지로 [개개의] 사물이 지속하는 것은 하나의 시간에 편입된다. 이러한 동일한 시간 속에 자아도 편입되어 있다. 그리고 자아의 신체(Ichleib)뿐만 아니라, 이것의 **심리적 체험**도 하나의 동일한 시간에 편입된다.

모든 사물적인 것에 속한 시간은 그 사물적인 것의 시간이며, 어쨌든 우리는 하나의 시간만 지닌다. 즉 사물들은 유일한 하나의 직선적 연장 속에 서로 나란히 편입될 뿐만 아니라, 서로 다른 사물 또는 [사건] 과정이 동시적으로 나타난다. 이것들은 평행하는 동등한 시간을 지닌 것이 아니라, 숫자상 하나인 하나의 시간을 지닌다. 이때 사정은 시각으로 충족되는 것과 촉각으로 충족되는 것이 합치되어 다양한 공간이 충족되는 경우와 같지 않다. 오히려 우리는 동일한 시간의 구간 속에 존재하고, 지속하며 분리된, 즉 합치되지 않은 사물성(Dinglichkeit)을 지닌다.

사물이 주어지는 것은 현상학적 시간성 속에서 한 과정으로 수행된다. 동기를 부여하는 운동감각 K가 경과하는 전체와 이 운동감각

33) 제43항 이하 참조할 것.
34) 이 '부록 10'은 후설이 1907년 괴팅겐대학교 여름학기에 강의한 「현상학과 이성비판의 주요 문제」의 수고와 관련된 몇 쪽의 자료에 근거한다. 그 강의의 중심주제는 '사물에 대한 표상'인데, 이것의 서론은 「현상학의 이념」이라는 명칭 아래 비멜(W. Biemel)이 편집해 『후설전집』 제2권 『이념』(1950)으로 출간되었다.─뷤의 주.

에서 동기를 부여받은 심상(Bild) b는 시간적으로 연장된 상태다. K_0에서 K_1로 이행하는 가운데, 이것을 통해 동기를 부여받은 심상은 b_0-b_2라는 그 자신을 유출시키며, K와 더불어 시간적으로 합치된다.

모든 충족된 시간의 흐름(Zeitfluß)과 마찬가지로 이 유출되는 것도 그 자신의 시간의 형태를 지닌다. 그리고 이 시간의 형태는 변동하는 시간의 형태일 수 있으며, K의 흐름과 따라서 b의 흐름은 더 빠르거나 늦게 일어날 수 있다. 더구나 그것은 시간이 충족되는 것이 시간의 구간 속에 확장되고 더 크거나 작은 밀도로 이러저러한 부분의 구간이 충족됨에 따라 극도로 서로 다른 방식으로 동등하거나 동등하지 않은 속도로 일어날 수 있다. 더 나아가 K와 더불어 심상이 잇따라 일어나는 것이 경과하는 것은 역전될 수 있으며, 다시 변화하는 시간의 형태로 역전될 수 있다. 주어지는 의식의 시간 형태는 이러한 경과에 따른다.

어떤 방식에서는 이 모든 것이 주어진 것으로 현존하고 나타나는 객체에 중요하지 않다. 또한 이것은 운동감각적(kinästhetisch)[35] 심상이 유출되는 연장이 더 크든 작든, 또는 이념적 다양체[36] 전체에서 가능하게 나타나는 것이 유출되는 것이 더 크든 작든 중요하지 않다. 내가 중요하지 않다고 말하는 것은 가령 내용적으로 변화되지 않고 정지된 동일한 사물이 실로 언제나 현존하고, 그 자신의 사물적 내용을 충족시키는 것을 언제나 동일한 시간의 형태 속에 동등한 밀도로 확장하는 한에서다. 어쨌든 흐름의 시간성은 객체화(Objektivation)

---

35) 이 용어는 그리스어 'kinesis'(운동)와 'aisthesis'(감각)의 합성어다. 운동감각은 직접 자유롭게 움직일 수 있는 의식주체(신체)의 의지적 기관으로서, 감각적 질료가 주어지는 지각은 이 운동감각의 체계에 따라 '만약 …… 하면, …… 하다'(Wenn~, So~)의 형식으로 동기가 부여된 결과다.

36) '다양체'에 관해서는 제41항의 옮긴이주 22 참조할 것.

에 대해 '실로 어떤 시간적인 것이 나타나고, 시간성은 나타나는 대상에 본질적으로 속하며, 우리에게 시간성은 변화되지 않는 정지된 사물이 지속하는 형식으로 나타나는 대상에 속한다'는 것을 말해야 한다.

이제 '시간을 객체화하는 것이 시간을 제시하는 내용을 현상 속에 갖춰야 하면, 현상(Phänomen)의 현상학적 시간성 이외에 어디에 지닐 것인지'를 논할 것이다. 더 상세하게 말하면, 더 좁은 의미에서 나타남(Erscheinung), 그때그때 동기를 부여하는 상황에서의 나타남이 당연히 문제시되어야 한다. 이러한 나타남에서처럼 심상은 자신의 장소성(Örtlichkeit)에 따라 객관적으로 장소적인 것을 제시하고 자신의 유사-형상(quasi-Figur)과 유사-크기에 따라 객관적 형상과 크기를 그리고 더 나아가 자신의 유사-색채에 따라 객관적 색채를 제시하며, 마찬가지로 그 자신의 시간성에 따라 객관적 심상을 제시한다. 심상은 심상의 연속성의 흐름 속에 있는 심상이며, 이러한 흐름 속에 있는 각 심상의 국면에는 사물—더 정확하게 말하면, 이러한 심상 속에 제시되는 객관적 측면—이 나타나는 객관적 시간의 국면이 상응한다. 상상의 전(prä)-경험적 시간의 위치는 객관적 시간의 위치를 제시하는 것이며, 심상의 연속성의 경과 속에 있는 전-경험적 시간이 연장되는 것은 사물의, 따라서 그것이 지속하는 객관적 시간이 확장되는 것을 제시하는 것이다. 이 모든 것은 명증적이다.

더 상세하게 고찰해보면, 물론 객관적 시간을 이렇게 제시하는 것은 객관적 시간 속에 존재하는데, 그 속에서 지속하는 사물을 제시하는 것, 즉 시간 속에 동일한 것으로 그리고 지속하는 방식으로 시간을 충족시키는 사물을 제시하는 것과 본질적으로 다르다. 만약 편의상 극도의 판명성을 지닌 보는 작용(Sehen)이라는 더 좁은 영역 안에서 동등한 심상들, 따라서 동등하게 풍부한 심상들의 연속성을 받아들이면, 지향적인 광선의 다발이 유사-시간성에서 흘러나오는 심상들을 관통하고, 그렇게 함으로써 심상들은 명백한 대응 속에 정립된다. 이러한 지향적 빛 위에 놓여 있는 시점들은 그 내용에 따라 하나의 동일한 객체의 시점을 제시한다.

그러므로 여기에서 통일체를 정립하는 의식은 전(前)-경험적-시간의 연속성을 관통한다. 지향적 빛에서 정렬된 내용들의 흐름은 각 국면에서 동일한 사물의 시점(Dingpunkt)을 제시한다. 모든 심상의 시점(Bildpunkt)도 그 자신의 전-경험적 시간의 위치를 지닌다. 그러나 서로 잇따라 일어나는 시간의 위치를 동일한 통일체로 객체화하는 통일체 의식은 다시 그 시간의 위치를 관통하지 않는다. 즉 이러한 시간의 위치의 연속성 속에 확장된 심상들의 시점의 계열은 동일한 사물의 시점을 제시하는 것이 아니라, 다시 하나의 시간의 계열을 제시한다.

그리고 개별적 심상의 시점은 그 밖의 다른 모든 공존하는 심상의 시점과 마찬가지로 동일한 시간의 위치를 지닌다. 심상 전체는 하나의 시간의 위치를 지니며, 서로 다른 모든 심상은 서로 다른 시간의 위치를 지닌다. 전-경험적 심상의 흐름 속에 있는 서로 다른 모든 시간의 위치는 서로 다른 어떤 객관적 시간의 위치를 제시한다. 그렇지 않으면 그 자체로 그 자신의 지속을 지니며, 충족된 객관적 시간의 계열을 지닌 사물은 결코 나타나지 않을 것이다.

전-경험적 시간이 경과되는 가운데 확장된·통일체에 대한 의식은, 그것이 모든 심상을 곧 〔어떤 것을〕 제시하는 심상으로 만들고 이 심상 속에 주어진 것을 정립하며 모든 새로운 심상과 더불어 동일한 것(dasselbe)이 주어지는 것을 정립하는 가운데, 제시하는 심상은 시간이 경과하는 가운데 통일체를 정립한다. 그러나 모든 국면에서 주어진 것은 이러저러한 내용을 지닌 하나의 '지금'(Jetzt)으로 주어지며 정립된다. 그리고 바로 다음 국면으로 이행함으로써 그것은 그 자신의 '지금' 속에 견지된다.

새로운 그리고 모든 새로운 국면은 그 자신의 '지금'과 더불어 견지된 채 주어지며, 따라서 끊임없이 이행됨으로써 통일체 속에 국면이 정립되기 때문에, 모든 국면은 객체화되는 가운데 그 자신의 '지금'을 유지하고, (객관적 시점인) '지금'의 시점의 계열은 연속적으로 통일적이며 동일한 내용으로 충족된다. 국면 a가 현실적이면, 현실적 '지금'이라는 성격을 지닌다.

그러나 시간의 흐름 속에 각 국면은 〔그다음〕 국면에 연결되고, 우리가 새로운 현실적 국면을 갖추자마자 곧 방금 전에 **지금** 존재했던 국면은 현실적 국면으로서의 자신의 성격을 변화시킨다. 국면 a가 뒤로 가라앉음으로써 겪는 현상학적 변화의 흐름 속에 일정한 시점과 더불어 동일한 a를 정립하는 것이 지속적으로 일어나는 한, 변화하는 이러한 흐름 속에 시간적 객체화가 수행된다. 곧 그 자신의 '지금'을 지닌 모든 심상이 그 자체로 있는 그대로 객체화되면, 심상의 경과하는 흐름은 객체화하는 흐름 속에 감각적 내용이 변화하는 흐름으로 나타난다. 이러한 다양체의 통일체는 이 다양체 속에 **놓여 있는**, 다양체에서 이끌어낸 통일체일 것이다.

그러나 사물을 객체화하는 것에는 운동감각적 동기부여의 통일체라는 의미에서 심상의 내용이 이러저러하게 초월적으로 파악된다. 따라서 이 심상의 내용은 그것이 존재하는 그대로 단순히 받아들여지는 것이 아니라, 이러저러하게 특징지어진, 즉 언제나 순수하게 합치되는 방식으로 충족되는 지향적 다발을 지닌 것으로, 제시되는 것으로 받아들여진다. 이 지향성은 심상의 내용을 관통한다. 반면 그때그때 심상에 속하는 모든 '지금'의 계기는 그것이 사물을 객체화하지 않아도 겪게 될 동일한 시점–객체화를 겪는다. 그러므로 객관적 시간의 계열이 어디서나 동일한 방식으로 구성된다. 그러나 객관적 시간성이 그 흐름 속에 구성하는 나타남의 계열은 구성된 것이 사물의 시간성인지 사물이 아닌 시간성인지에 따라, 예를 들면 객관적 시간이 어떤 내재적 음 또는 어떤 사물이 지속하거나 변화되는 가운데 구성됨에 따라 질료상 서로 달라지는 나타남의 계열이다.

이 두 가지 나타남의 계열은 하나의 공통점, 즉 시간을 객체화하는 것 자체의 성격을 형성하는 공통적 형식을 지닌다. 그러나 나타남은 어떤 때는 내재적인 것의 나타남이고, 어떤 때는 사물적인 것의 나타남이다. 그러므로 그 자신이 시간적으로 개체화(Individuation)되는 음의 국면들의 흐름 속에 있는 음의 동일성이 국면들의 연속성 속에 있는 동일성이며, 모든 국면 속에 존재하고, 따라서 지속하는 음의 동일성이다. 마찬가지로 나타남들의 흐름 속에 있는 사물의 동일성이 스스로 주어지고(Selbst-Gegebenheit) '지금' 주어지는(Jetzt-Gegebenheit) 방식으로 모든 나타남 속에 나타나며, 언제나 새로운 '지금' 속에 나타나고, 따라서 지속하는 사물의 동일성이다.

더구나 다음과 같은 점을 강조해야 한다. 즉 초월적〔인 것에 관한〕 지각(transzendente Wahrnehmung)에서 더 이전의 나타남의 국면은, 이것이 모든 나타남이 잇따라 일어나는 경우 일어나거나 적어도 어떤 한계 안에서 일어나는 것처럼, 단지 과거지향으로 유지된 채 남아 있지 않다는 것이다. 왜냐하면 '지금'의 시점 속에 그때그때 현실적 지각의 나타남은 지각을 통해 '지금'으로 정립된 실재성(Realität)을 그것이 현실적으로 주어짐으로써 끝내는 것이 아니기 때문이다. 과거지향 속에 계속 살아 있는 것으로 선행된 나타남은 단지 이미 존재했던 것의 나타남으로 보존되는 것이 아니다.

물론 더 이전 국면의 (1차) 기억에 대한 의식은 기억의 의식이지만, 더 이전의 지각에 대한 기억의 의식이기도 하다. 더 이전에 지각된 것은 더 이전에 지각된 것으로 '지금 현재할' 뿐만 아니라, 그것은 '지금' 속으로 떠맡겨지고, '지금 여전히 존재하는' 것으로 정립된다. 방금 전에 본래 지각된 것뿐만 아니라, 조금 전에 주어졌던 것도 동시에 '지금'으로 정립된다. 본래의 지각의 흐름 가운데는 본래 보인 것뿐만 아니라 보인 것도 그것이 나타남의 흐름 속에 있는 지속하는 존재로 정립된다.

그리고 이것은 미래에 대해서도 마찬가지다. 즉 본래 지각의 그 이후 국면들을 예상하는 가운데 지각될 것도 '지금'으로 정립되고, 그것은 지금 존재하며, 지속하고, 동일한 시간을 충족시킨다. 곧 이러한 사실은 보이지 않는 모든 것(alles Ungesehene), 하지만 볼 수 있는 것(Sichtbare)[37]에 대해서도 타당하다. 즉 〔운동감각〕 K가 유출되는 것이 가능한 경우, 그것에 속하는 것으로 지각될 수 있는 모든 것에 대해서도 타당하다.

여기에서는 우리가 줄곧 보인 것(Gesehenes)과 보는 작용(Sehen) 가운데 언제나 다시 달리 제시되는 것에 한정해 논했던 시간의 객체화만 확장된다. 보인 모든 것은 또한 보이지 않을 수 있지만, 어쨌든 보일 수 있는 것으로 남아 있다. 모든 지각의 흐름은 그 본질상 결국 지각된 것이 지각되지 않은 것으로 변화되는 확장을 받아들인다.

---

37) 경험할 수 있는 모든 개별적 실재의 지평인 세계의 기본구조는 알려져 있는 것(Bekanntheit)과 알려져 있지 않은 것(Unbekanntheit)의 구조다. 즉 개별적 대상의 경험은 유형적으로 미리 알려져 있다(typische Vorbekanntheit)는 선술어적 경험의 지향적 지평구조 속에서만 주어지기 때문에 항상 그때그때 파악된 것 이상(plus ultra)을 항상 함께 지닌다. 따라서 모든 경험은 스스로 거기에 주어진 자신의 핵심을 넘어서, 처음에는 주시하지 않았기 때문에 명확하게 규정되지 않았던 국면을 점차 드러내 밝혀줄 가능성(Möglichkeit)을 미리 지시하는 생생한 지평을 지닌다. 이것은 자아의 관점에서 보면 능력(Vermöglichkeit)이다(『경험과 판단』, 제8항 참조할 것).

그러나 시간을 정립하는 것이 거기에 완전히 나타나는 시각적 사물을 그 사물의 완전한 나타남이 변화되는 가운데 동일화함으로써 나타남의 국면들의 모든 시간의 위치를 함께 객관화하고 이것에 객관적 시간의 위치의 의미를 부여하듯이, 그 결과 객관적으로 지속하는 것도 일련의 나타남 속에 따로 떨어져 펼쳐지고, 나타남 전체에 관해 시간을 정립하는 것도 이와 유사한 방식으로 수행된다. 이러한 나타남은 하나의 동일한 객체성을 불완전한 방식으로 그리고 언제나 불완전할 수밖에 없는 방식으로 제시한다.

11 충전적 지각과 비충전적 지각[38)]

어떤 대상이 순수하게 내재적이고 충전적으로 주어진 충전적 지각은 두 가지 의미로 파악될 수 있는데, 그 가운데 하나는 외적 지각과 아주 유사하고, 다른 하나는 그렇지 않다.

어떤 음을 내재적으로 듣는 경우 이중의 방향으로 파악할 수 있다. 한 번은 시간의 흐름 속에 있는 감각된 것(Empfundenes)으로, 다른 한 번은 이러한 흐름 속에 구성된 것이지만 어쨌든 내재적인 것(Immanentes)으로 파악할 수 있다.

1. 그 음은 질이나 강도에 따라 변동될지 모르지만, 완전히 변화되지 않은 내적 규정성 속에 지속하는 것으로 나에게 현존할 수 있다. 어쨌든 나는 하나의 흐름을 발견하는데, 오직 이 흐름 속에서만 개체적 대상성 같은 것이 나에게 주어질 수 있다. 음은 음의 '지금'으로 시작하고, 언제나 새로운 '지금'이 끊임없이 이것에 연결된다. 아울러 모든 '지금'은 내가 있는 그대로의 그것에 나의 시선을 향할 수 있

---

38) 제44항 이하 참조할 것.

는 내용을 지닌다.

그러므로 나는 이러한 흐름(Fluß)이 흘러가는(Strom) 가운데 헤엄칠 수 있고, 나의 직관하는 시선으로 이 흐름이 흘러가는 것을 추적할 수 있다. 또한 나는 단지 그때그때의 내용에 주목할 수 있는 것이 아니라, 그것이 연장되는 전체가 구체적으로 충족되는 것을 포함해 또는 이렇게 충족되는 것을 추상화해 여기에서는 흐름이라는 그 연장(Extetnsion) 전체를 주목할 수 있다. 이러한 흐름은 내가 시계나 시간의 측정기로 규정하는 객관적 시간의 흐름이 아니며, 내가 지구와 태양의 관계 속에 고정하는 세계의 시간(Weltzeit)이 아니다. 왜냐하면 이것은 현상학적 환원에 귀속되기 때문이다. 오히려 우리는 이러한 흐름을 전(prä)-경험적 시간 또는 현상학적 시간이라 한다.

이 현상학적 시간은 객관적-시간적 술어(述語)를 재현하는 것의 근원적 재현, 유비적으로 말하면, 시간의 감각을 제공한다. 그러므로 이와 같이 기술된 지각의 경우, 시간적으로 연장되는 가운데 그때그때 시간의 내용에 주목한다. 또는 추상적(in abstrcto) 시간의 내용이나 추상적 시간이 연장된 것에 주목한다. 어쨌든 내실적으로(reell) 주어진 것, 하나의 계기로서 지각에 내실적으로 내재하는 것에 주목한다. 이것이 첫 번째 것이다.

2. 그러나 다른 한편 음 c라는 그 음이 지속하면, 우리의 지각하는 사념(Meinung)은 그곳에 지속하는 음 c, 즉 시간의 흐름 속에 동일한 하나의 대상이며, 흐름의 모든 국면에서 언제나 동일한 음 c라는 대상을 향할 수 있다. 그리고 다시 음이 강도의 측면에서 변화되거나 그 자체로 질에서 변화하면, 가령 변동하면, 이러한 논의에는 이미 동일한 것(Identisches)을 주시하는 지각의 방향이 뚜렷이 새겨 있다.

이 동일한 것은 변화되지만, 그것의 질과 강도가 변화되는 가운데 동일한 것(dasselbe)으로 남아 있다. 이 동일한 것은 이전에〔위의 1

에서] 논한 것과는 다른 대상이다. 거기에서 그것은 음의 울림의 시간흐름을 지니지만, 그것은 시간의 흐름 속에 있는 동일한 것이다.

음이 울리는 시간의 흐름은 시간, 즉 가득 채워진 구체적 시간이지만, 이 흐름은 어떠한 시간도 아니며, 시간 속에 있지도 않다. 그러나 음은 시간 속에 있으며, 지속하고 변화된다. 음은 변화되는 동일한 것으로 실체적 일자(一者)다. 그러나 시간이 전-경험적—현상학적 시간이듯이, 여기에서 논하는 실체도 전-경험적, 전-현상적 실체다. 이러한 실체는 동일한 것이며, 변동하거나 항속하는 것, 즉 항속하는 질과 변동하는 강도 또는 끊임없이 변화되는 질과 갑자기 변화되는 강도 등을 지닌 것이다.

실체(Substanz)에 관해 논하는 경우, 시선은 시간의 흐름의 각 국면에서 때로는 동등하게, 때로는 서로 다르게 변화되는 시간의 내용에 대립해 동일한 것을 향한다. 공통적 본질의 통일성, 따라서 유(類)적으로 공통적인 것—그러나 이것은 본질을 추상화하는 가운데 보편적으로 명백히 밝혀지거나 그것 자체만으로 받아들여지는 것은 아니다—의 통일체로 흐름의 모든 시간의 국면을 합치시키는 것은 동일한 것이다.

이 동일한 것은 그것을 개체화하는 흐름 속에 지속적이며, 공통으로 유지되는 본질이다. 실체를 직관하는 경우 그 속에서 주어진 내용의 흐름에서 추상화되거나 시선이 보편자(Generelles)로 향하는 것이 아니라, 시간이 충족되는 흐름이 주목되고 이 흐름에서 동일한 것이 이끌어져 직관(herausschauen)된다. 이 동일한 것은 이러한 흐름 속에 있고, 이 흐름과 결합되어 있다.

실체는 완전하고 구체적인 흐름에 동일한 것이다. 예를 들어 음의 강도처럼 비자립적 계기를 이끌어내 추상화하면, 여기에서도 동일한 종류의 동일화하는 것이 발생하는데, 우리는 강도가 지속하거나 변화된다고 한다. 이 동일성은 현상학적 우유성(偶有性)이다. 현상학적 사물인 음은 서로 다른 성질을 지닌다. 그리고 모든 성질은 항속하고[39] 변화되는 가운데 다시 하나의 동일한 것이다. 이 동일한 것은 실체적 통일체의 비자립적 광선(Strahl)이며, 실체의 한 측면이고 실체가 통일되는 비자립적 계기이지만, 그 자체로 동일한 의미에서 통일적인 것이다.

이러한 전-경험적 의미에서 실체와 우유성(Akzidenz)은 현상학적으로 주어진 것이다. 즉 이것은 가능한 지각 속에 주어진 것이며, 더구나 충전적 지각 속에 주어진 것이다. 이 지각은, 내가 말했듯이, 외적 지각과 유사하다. 사실상 외적 지각도 사물이나 사물의 우유성에 대한 지각이며, 이러한 지각의 성격은 내재적인 현상학적 실체[40]에 관한 지각의 성격과 유사하다.

우리가 어떤 대상을 지각하면, 이 대상은 자신의 시간이 확장되며, 이것은 대상의 본질(따라서 지각이라는 의미의 본질)에 속한다. 그리고 그 대상은 변화되지 않고 계속 지속하는 것으로, 이렇게 지속하는 가운데 동일한 것으로, 시간의 연장 속에 항속하는 것으로 나타난다. 우리가 외적 지각 속에 변화되는 것—날아가는 새나 그 빛의 강도가 변화하는 화염—을 받아들이더라도, 그 대상은 동일한 것이다. 외적 사물은 그 자신의 현상적 시간을 지니며, 이러한 시간의 동일한 것으로, 게다가 운동과 변화의 동일한 것으로 나타난다.

물론 이 모든 지각은 충전적이 아니며, 그것이 충족된 시간은 충전적으로 주어지지 않고, 감각으로 입증될 수도 없다. 마찬가지로 사물

---

39) '항속'에 관해서는 제7항의 옮긴이주 9 참조할 것.
40) 물론 이 경우 '실체'를 실재적(real) 실체, 실재적 성질들의 담지자로 이해해서는 안 되고, 단지 상상(Phantom)지각의 동일한 기체(Substrat)로 이해해야 한다.—후설의 주.

과 속성들의 동일성은 음의 울림, 즉 음이 점차 약해지거나 점차 강해지는 등의 흐름 속에 음의 동일성과 같지 않게, 충전적으로 실현될 수 없다. 그러나 내재성 속에 충전적으로 주어지거나 수행된 동일한 동일화하거나 실체화하는 외적 지각에서 실제로는 초월적〔인 것에 관한〕통각(transzendente Apperzeption)에 기초해 수행된 충전적이지 않게 동일화하거나 실체화하는 것으로서 앞에 놓여 있다는 점은 명증적이다. 또한 사물과 속성, 실체와 우유성의 의미를 분석하려면 무엇보다 우선 내재적 현상학의 분야로 되돌아가야 하고, 여기〔이 영역〕에서 현상학적 실체와 현상학적 우유성의 본질을 명백히 밝혀야 한다. 마찬가지로 시간의 본질에 관한 모든 해명은 전-경험적 시간으로 소급된다.

우리는 충전적 지각과 비충전적 지각의 중요한 유형들(Typen)[41] 을 배워서 알고 있다. 내적 지각과 외적 지각이라는 용어와 관련해 이 용어들이 의아심을 불러일으킨다는 점은 지금 명백히 알 수 있다. 즉 이미 상론한 것에 따라 내적 지각이라는 명칭은 두 가지 의미를 지닌다는 점에 주목해야 한다. 그 명칭은 두 가지 측면의 본질적으로 서로 다른 것, 즉 한 측면에서는 지각에 내재적인 존립요소의 지각을, 다른 측면에서는 내재적으로 직관된 것—그러나 이것은 그것의 어

---

41) '유형'은 '본질'(Wesen)과 구별된다. 본질직관의 방법으로 획득하는 본질은 순수한 보편성과 아프리오리한 필연성을 지니는 데 비해, 이전 경험을 연상적으로 일깨워 재인식할 수 있게 하는 유형은 경험적 보편성과 우연적 필연성을 지닌다. 즉 유형은 이전 경험을 근원적으로 건립하여 형성된 것으로서, 명확하게 규정되지는 않았지만 모호하게 이미 알려져 있음에 따라 새로운 경험을 예측으로 미리 지시하고 그 내용을 풍부하게 하거나 수정할 수 있는 경험의 가능조건, 침전되었던 것이 부각되는 배경지평으로서의 잠재의식이다. 물론 유형의 보편성이 극대화될 경우 그것은 본질이지만, 유형이 형성되는 과정과 본질이 획득되는 방법에는 근본적인 차이가 있다. 유형을 구성하는 것은 곧 인식을 주도하는 관심(Interesse)이다.

느 한 요소는 아니다―의 지각을 의미한다.

이 두 가지 유형의 충전적 지각을 비교하면, 그 공통점은 그 대상들이 충전적으로 주어진다는 것, 즉 모든 비본래성이나 모든 초월적 해석이 배제된다는 것이다. 그러나 대상적인 것은 어느 한 종류의 지각에서만 지각의 현상의 내실적 구성요소다. 〔음이〕 울리는 시간의 흐름은 자신의 모든 구성요소와 더불어 지각의 현상 속에 현존하며, 지각의 현상을 형성한다. 이 흐름의 각 국면, 각 존립요소는 현상의 한 부분이다. 반면 시간의 흐름 속에 있는 동일한 것, 즉 지속하거나 변화되는 현상학적 실체와 이것의 속성들은 두 번째 종류의 지각에서 충전적으로 간취될 수 있는 것이지만, 그 지각 속에서 내실적 계기나 부분으로 표시될 수 있는 것은 아니다.

12 내적 의식과 체험들의 파악[42]

모든 작용은 무엇에 관한 의식이지만, 모든 작용 역시 의식된다. 모든 체험은 감각되며, 비록 자연적으로 정립되고 사념되지 않았더라도, 내재적으로 지각된다(여기에서 지각한다는 것은 사념하면서 주의를 기울이거나 파악하는 것을 뜻하지 않는다).

모든 작용은 재생산될 수 있으며, 하나의 지각작용으로서 작용에 관한 모든 내적 의식에는 가능한 재생산적 의식, 예를 들면 가능한 회상이 속한다. 물론 이것은 무한소급으로 이끌어질 수 있는 것으로 보인다. 실로 내적 의식, 즉 작용(판단작용·외적 지각작용·기뻐함 등)에 관한 지각작용은 다시 하나의 작용이 아니며, 따라서 그 자체로 다시 내적으로 지각된 것인가?

---

42) 제44항 이하 참조할 것.

이에 대해서는 중요한 의미에서, 모든 **체험**은 내재적으로 지각된 다고 할 수 있다. 그러나 내적 지각작용은 동일한 의미에서 **체험**이 아 니다. 그것은 그것 자체로 다시 내적으로 지각된 것이 아니다. 시선 이 마주칠 수 있는 모든 체험은 지속하는 것, 거기로 흘러가버리는 것, 이러저러하게 변화되는 것으로 자신을 드러낸다. 그리고 사념하 는 시선은 이것을 만드는 것이 아니라, 단지 일견할 뿐이다.

이러한 현재적, 지금의, 지속하는 체험은 우리가 시선을 변경함으 로써 발견할 수 있는 것처럼 내적 의식의 **통일체**이며, 시간의식의 통 일체다. 그리고 그것은 곧 지각의 의식이다. 여기에서 **지각작용**은 흘 러가는 과거지향과 미래지향의 국면들을 지닌 시간을 구성하는 의 식일 뿐이다. 마치 이러한 흐름 자체가 다시 하나의 흐름 속에 있는 통일체인 것처럼, 이러한 지각작용의 배후에 다시 하나의 지각작용 이 있는 것은 아니다. '체험'이라고 하는 것, 판단·기쁨·외적 지각 의 작용이라고 하는 것, 또한 어떤 작용(이것은 정립하는 사념이다) 에 주목하는 작용이라고 하는 것—이 모든 것은 시간의식의 통일체 이며, 따라서 지각된 것이다. 그리고 그러한 모든 통일체에는 변양 (Modifikation)이 상응한다. 더 정확하게 말하면, 원본적 시간의 구성 과 지각작용에는 재생산(Reproduzieren)이 상응하고, 지각된 것에는 현전화된 것(Vergegenwärtigtes)이 상응한다.

이제 원본적 작용과 이것의 현전화를 병존해 정립하자. 그렇다면 상황은 다음과 같다. 내적 의식 속에 의식된 (내적 의식 속에 구성된) 그 어떤 작용을 A라 하자. 이 경우 Wi가 내적 의식이면, Wi(A)를 갖 는다. A에서 우리는 Vi(A)라는 현전화를 지닌다. 그러나 이것은 다 시 하나의 내적으로 의식된 것이며, 따라서 Wi[Vi(A)]가 존재한다. 그러므로 내적 의식과 이것의 모든 **체험** 안에서 우리는 A와 Vi(A)라 는 서로 상응하는 두 가지 종류의 사건(Vorkommnis)을 지닌다.

내가『논리연구』에서 주목한 현상학 전체는 내적 의식에 주어진 것이라는 의미에서 체험의 현상학이고, 내적 의식은 완결된 분야다.

이제 A는 서로 다른 것, 예를 들어 감각된 빨간색 같은 감성의 내용일 수 있다. 여기에서 감각은 감각의 내용에 대한 내적 의식일 뿐이다. 그러므로 (빨간색에 관한 감각작용인) 감각 '빨간색'은 Wi(빨간색)이고, 빨간색에 관한 상상의 산물은 Vi(빨간색)이지만, 이것은 그 자신의 의식의 현존재 Wi[Vi(빨간색)]를 지닌다.

따라서 '내가 왜『논리연구』에서 감각작용과 감각의 내용을 동일시했는가' 하는 점이 설명된다. 내가 내적 의식의 테두리 속에서 움직이면, 물론 거기에는 어떠한 감각작용도 없고, 오히려 감각된 것만 존재할 것이다. 그렇다면 작용(내적 의식의 지향적 체험)과 작용이 아닌 것(Nicht-Akte)을 서로 대립시키는 것도 옳을 것이다. 작용이 아닌 것은 곧 1차 내용, 감각적 내용의 총체였다. 반면 상상의 산물들에 관해서는, (내적 의식의 테두리 속에) 이것들이 체험이라고 말하는 것은 물론 잘못이었다. 왜냐하면 체험은 내적 의식에 주어진 것, 즉 내적으로 지각된 것을 의미하기 때문이다. 그렇다면 현전화된 내용, 예를 들면 상상된 감성의 내용과 동일한 것을 현전화한 Vi(s)를 구별해야 한다. 후자는 내적 의식의 테두리에 속하는 지향적 체험이다.

이제 A가 외적 지각인 경우를 고찰해보자. 물론 외적 지각은 내적 의식의 통일체다. 그리고 내적 의식 속에는 모든 체험에 관한 현전화와 마찬가지로 외적 지각에 관한 현전화가 존재한다. 그러므로 Wi[Wa(g)]로서의 Wa(g)는 그 자신의 Vi[Wa(g)]를 지닌다. 실로 지각에는 [그것에] 평행하는 현전화, 즉 지각이 지각하는 동일한 것을 현전화하는 작용이 상응한다는 점은 지각 그 자체의 본질이다. 재생산하는 것은 원본적 경과, 즉 인상에 대립된 내적 의식을 현전화하는 것이다. 더구나 어떤 사물의 [사건] 과정을 현전화하는 것을 재생산이라 부를 필요는 없다. 자연의 사건은 한 번 더 생산되지 않고 기억되며, 현전화된 것의 성격으로 의식 앞에 나타난다.

여기에서 비교될 수 있고 명백히 그 자체로 서로 구별되는 두 가지 현전화의 주목할 만한 관계를 고찰해보자.

1. Wa에 대립해 Vi(Wa), 또는 우리가 지금 기술할 수도 있을 것 같은 (외적 지각의 내적 재생산인) R(Wa)가 있다.

2. Wa에 대립해 외적 대상 a의 현전화인 Va가 있다.

이제 R(Wa)=Va라는 본질법칙이 있다. 예를 들어 어떤 집을 현전화하는 것과 이 집의 지각을 재생산하는 것은 동일한 현상을 가리킨다.

더 나아가 지금 다음과 같이 말할 수 있다. 종적(種的) 의미에서 객관화하는 사념작용(objektivierende Meinen)은,

(1) 내적 반성의 성격, 즉 내적 의식에 기초한 정립하는 사념으로서 내적 지각의 성격을 지닌다. 사념작용은 의식에 익숙해질 수 있고, 내적 의식을 기체(Substrat)로 받아들일 수 있다. 이 경우 가능성에 따라 내적 의식 그 자체 속에 함축적으로 현존하는 모든 대상성이 주어지며, 이것들은 대상이 된다. 이렇게 해서 감각적 내용으로 이해된 감각은 대상이 되며, 다른 한편 내적 의식 속에 통일체로 구성되는 모든 작용, 사유작용(cogitationes)은 내적 의식의 지향적 체험이 된다.

(2) 따라서 우리는 내적 의식 속에 **지향적 체험**도 지닌다. 거기에는 지각·판단·감정·욕구 등이 있기 때문이다. 이러한 통일체는 기체로 기능할 수 있다. 이 체험을 내적 반성 속에, 즉 사념하는 내적 지각 속에 정립하고 대상화하는 것 대신 사념작용은 체험들의 지향성에 익숙하게 된다. 그래서 사념작용은 이것 속에 함축적으로 지향된 대상을 떼어내고 객체화해 정립하는 것의 정확한 의미에서 이것을 지향적 대상으로 만든다. 이 경우 기체로 기능하는 작용은 공허하게 현전화하는 작용일 수 있다. 물론 어떤 기쁨이나 원망 등에 대한 기억이

갑자기 떠오를 수 있고, 사념작용은 그때 생생한 표상으로 지배되지 않더라도 기뻤던 일, 원망된 것 자체를 향할 수 있다.

그러므로 체험의 전(prä)-현상적 존재, 즉 체험에 반성적으로 주의를 기울이기(Zuwendung) 전의 체험의 존재와 현상(Phänomen)으로서의 체험의 존재는 구별되어야 한다. 주목하고 주의를 기울이며 파악함으로써 체험은 새로운 존재의 방식을 획득하며, **구별되고 부각된 체험이 된다.** 그리고 이러한 구별작용은 곧 파악작용일 뿐이며, 구별된 것은 파악된 것, 즉 주의를 기울이는 대상일 뿐이다.

그러나 마치 그 구별이 단순히 동일한 체험이 곧 주의를 기울임에, 즉 그것에 〔시선이〕 향해지는 어떤 새로운 체험에 결합되었다는, 따라서 단순한 착종(錯綜)이 일어났다는 게 중요한 점이라고 생각하면 안 된다. 확실히 우리는 주의를 기울일 때 주의를 기울이는 대상(체험 A)과 주의를 기울이는 것 그 자체를 명증적으로 구별한다. 그리고 확실히 우리는 정당한 근거로 '우리는 이전에 다른 것에 주의를 기울였고, 그런 다음 A에 대한 주의를 기울였다' 그리고 'A는 주의를 기울이기 전에 이미 그곳에 있었다(da war)'라고 한다.

우선 다음과 같은 점에 유의해야 한다. 즉 동일한 체험에 관한 논의는 매우 애매하며, 이러한 논의(이 논의가 적절히 사용될 경우-)에서 즉시 이끌어낼 수 있는 것은 결코 아니라는 점, 체험작용에 대해 이러한 동일한 것(Selbes)이 〔주어지는〕 방식(Wie)의 양식(Weise)에는 현상학적으로 아무것도 변하지 않았다는 점에 유의해야 한다.

더 상세하게 고찰해보자. 이번에는 이것으로 다음번에는 저것으로 나아간 주의를 기울이는 것은 새롭게 주의를 기울임으로써 파악되고, 그래서 (그것에 관한 근원적 앎에 따라) 근원적으로 대상적이 된다. 따라서 주의를 기울이는 대상과 주의를 기울이는 것 자체의 관계를 정립하는 작용과 이 관계에 관한 근원적 앎은, 주의를 기울이는 것에 자유로운 대상에 주의를 기울이는 것이 합류한다는 앎과 더불어 주의를 기울이는 관계를 정립하는 작용과 마찬가지로, 하나의 새로운 현상이다.

우리는 어떤 대상, 가령 종이와 특별히 부각된 이 종이의 모서리에 [시선을] 향한 것을 즉시 이해한다. 자신의 단계에 주목하는 작용 자체인 주관적 측면에서의 이러한 구별은 객체에서 특히 주목된 것과 주목되지 않은 것이 전적으로 다르다는 점에서 잘 드러난다. 대상은 주목하는 양상(attentionaler Modus)[43]으로 주어지며, 이러한 양상이 변화하는 데서 경우에 따라 다시 주목하는 것을 향할 수 있다.

지금 기술한 것, 즉 때에 따라 이러저러한 대상에서 특별한 방식으로 대상적이 되는 점, 지금 우선적으로 선택한 것이 이전에 이미 우선적으로 선택되지 않은 것으로 현존했다는 점, 모든 우선적으로 선택된 것은 배경, 즉 그 대상적 테두리 전체 속에 주변을 지닌다는 점 등을 향할 수 있다. 대상은 비자립적인 것이라는 점, 대상은 자신이 제시하는 방식 없이는, 즉 제시하는 방식을 대상으로 만들 수 있고 제시하는 방식에서 대상으로 이행할 수 있는 이념적 가능성 없이는 존재할 수 없다는 점이 이러한 대상의 본질이다. 그리고 시선은 곧 제시하는 방식들의 이러한 계열을 향할 수 있다는 점 등이 내가 하나의 계열 속에 의식했던 동일한 하나의 대상의 본질이다.

이러한 반성은 시간의식의 통일 속에 수행되며, 새롭게 파악된 것은, 일반적으로 부르듯이, 이미 현존했으며 그것의 배경으로 이전에 파악된 것에 계속 속한다. 모든 주목하는 변화는 지향들의 연속성을 뜻하며, 다른 한편 이러한 연속성 속에 통일체, 즉 구성된 통일체가

---

43) '주목하는 양상'은 지각 · 표상 · 회상 · 상상 · 추리 · 원망 · 느낌 · 평가 등 능동적 의식작용의 활동, 즉 지향적 체험에 따라 자아의 시선이 여러 가지 형식으로 주의를 기울이는 것을 말한다.

파악할 수 있는 것으로 놓여 있다. 이것은 서로 다르게 주목하는 변화 속에서만 제시되고, 이 점에서 서로 다른 계기들, 부분들이 그때 그때 주목되고 조명되는 것의 통일체로 파악된다.

실제로 주목하는 것은 의식 그 자체의 그와 같은 양상의 차이가 경과하는 것 이외에 다른 무엇인가? 그리고 주목하는 것은 그와 같이 지각된 것이 어떤 때는 이것에, 다른 때는 저것에 주목하는 양상을 띠는 동일한 것(dasselbe)의 형식 속에 합치하는 상황 이외에 다른 무엇인가? 도대체 '⋯에 대해 주의를 기울인다'는 계기를 반성하는 것은 무엇인가?

어떤 때에 주목하는 양상들은 실제로 소박하게 경과한다. 즉 나는 이 양상들이 경과하는 가운데 이 양상들에서 나타나는 대상에 주의를 기울인다. 다른 때에 대상화하는 시선은 양상 자체의 계열을 향해 있고, 나는 기억을 통해 이것들을 반복해 관통할 수 있으며, 이러한 계열은 그 자체로 자신의 통일체를 지닌다.

13 내재적 시간의 객체인 자발적 통일체들의 구성. 시간의 형태인 판단과 시간을 구성하는 절대적 의식[44]

어떤 판단(예를 들면 '2×2=4')을 내리면, 사념된 것(Gemeintes) 자체는 비시간적 이념(unzeitliche Idee)이다. 무수한 판단작용들 속에 동일한 것(dasselbe)이 절대적으로 동일한 의미(identischer Sinn)[45]

---

44) 제45항 이하 참조할 것.

45) 예를 들어 '예나(Jena)의 승자'와 '워털루(Waterloo)의 패자', '등변삼각형'과 '등각삼각형'은 동일한 사고의 내용(의미)인 '나폴레옹'과 '정삼각형'을 지닌다. 이 의미(Bedeutung 또는 Sinn)는 어떠한 실재적 성질도 지니지 않는, 따라서 개별적 사물의 한 측면이 결코 아닌, 이념적 대상으로서, 주관적 판단

로 사념될 수 있으며, 이 동일자(Selbe)는 참될 수도 거짓될 수도 있다. 이러한 이념을 명제(Satz)로 받아들이고, 이 명제의 상관자인 판단(Urteil)을 고찰하자. 〔이것을〕 판단작용이라고 말할 것인가? 곧 '2×2=4'라는 것이 사념된 의식인가? 아니다.

다음과 같이 고찰해보자. 사념된 것 그 자체에 시선을 향하는 대신 나는 나의 시선이 판단작용에, 즉 '2×2=4'라는 것이 나에게 주어지는 과정을 향하게 한다. 어떤 과정이 진행되고, 나는 '2×2'라는 주어(主語)개념을 형성하는 작용에서 시작해 이러한 형성을 끝내고, 그래서 이것은 '4와 같다'는 후속을 정립하기 위한 근본을 정립하는 것으로 이바지한다. 그러므로 이것은 시작하고, 진행하며, 끝맺는 자발적으로 형성하는 작용이다.

그러나 내가 여기에서 형성하는 것은 그것에 따라 사념된 논리적 명제가 아니다. 형성된 것은 사념된 것이 아니라, 우선 '2×2'가, 그런 다음 '2×2=4'가 자발성(Spontaneität) 속에 형성된다. '2×2'의 의식이 자발적으로 완성되고(자발적으로 형성하는 작용 속에 형성되고), 결국 '2×2=4'의 의식이 완성된다. 이러한 형성체가 완성되면, 그것 역시 이미 과정으로서 지나가고 곧 과거 속으로 가라앉는다.

이 경우 형성체는 명백히 형성하는 과정이 아니다(그렇지 않다면, 형성하는 작용에 관한 유비적 논의는 잘못 적용되었을 것이다). 나는 끊임없이 진행하는 의식에, 진행하는 과정의 통일성에 주목할 수 있다

작용에 따라 통일적으로 구성되었지만 다양한 주관적 판단작용의 수나 변화에 전혀 영향받지 않는 객관적 판단내용이다. 그런데 후설은 처음에 "Sinn과 Bedeutung을 같은 뜻"(『논리연구』 제2-1권, 52쪽)으로 파악했지만, 점차 Bedeutung은 표현의 이념적 내용으로 남고, Sinn은 의식체험에서 표현되지 않은 기체의 인식내용 전체를 포괄하는 의미를 지닌 본질로 사용했다(『이념들』 제1권, 305쪽 참조할 것).

(마찬가지로 어떤 멜로디를 지각하는 경우 끊임없는 의식에, 현상이 끊임없이 경과하는 것에, 하지만 음들 그 자체는 아닌 경과하는 것에 주목할 수 있다). 그러나 이 과정은 그 과정이 끝날 때 완성된 현상, 즉 '2×2=4'가 사념되는 현상(Phänomen)이 아니다.

마찬가지로 손 운동이 나타남(Erscheinung)을 구성하는 의식의 과정은 손 운동이 나타나는 나타남 자체가 아니다. 나타남에는 '2×2=4'라는 사념, 즉 '그것이 그러하다'(es ist so)는 것이 나타나는 명백한 술어화하는 것(Prädikation)이 상응한다. 손 운동이 나타나는 통일체에는 의식 과정의 국면이 속하는 것이 아니라, 그러한 국면들 속에 구성되는 나타남의 국면이 속한다. 따라서 판단에 관한 의식의 과정에는 (이 의식의 흐름에는) 술어화의 존립요소, 즉 주어·술어 등도 구성된다. 그리고 통일적 판단의 사념으로서 판단의 주어는 그것이 구성된 다음, 비록 주어에 관한 의식이 끊임없이 계속 변양되더라도, 판단의 사념에 함께 속한다(이것은 언제나 뒤로 가라앉는 양상으로 존재하는 출발하는 국면의 나타남이 어떤 운동의 나타남에 속하지만, 그 출발하는 국면이 뒤로 가라앉는 가운데 항상 운동의 국면으로 구성되는 의식의 형태는 어떤 운동의 나타남에 속하지 않는 것과 마찬가지다).

그러므로 두 종류가 구별되어야 한다고 말해야 할 것이다.

1. 의식흐름(Bewußtseinsfluß).

2. 의식흐름 속에 구성된 것(sich Konstituierende).

그리고 두 번째 국면〔후자〕에서 다시,

a) 구성된 나타남 또는 하나의 생성 과정인 '2×2=4'의 사념인 판단과

b) 여기에 있게 될 것, 즉 결국에는 형성된 것, 생성된 것으로 현존하는 판단, 완성된 술어화(述語化).

따라서 여기에서 판단은 내재적 시간 속에 있는 한 내재적〔사건〕

경과의 통일체이며, 한 과정(의식의 흐름이 아니라, 의식의 흐름 속에 구성되는 [사건]경과)이다. 이 과정은 시작하고 끝나며, 운동이 완결된 순간에 그 운동이 넘어 지나가는(vorüber) 것처럼 끝마침과 더불어 넘어 지나간다. 물론 감각적으로 지각된 생성(Werden)이 나타나는 경우 그 생성이 항속적 존재로 이행하거나 운동이 임의의 어떤 국면에서 정지로 이행하는 것은 언제나 생각될 수 있는 반면, 여기에서 정지는 전혀 생각할 수 없다.

그러나 이것으로 모든 구별이 철저히 규명되지 않았다. 자발성의 각 작용과 더불어 새로운 것(Neues)[46]이 갑자기 나타나는데 이 작용은, 요컨대 그 자신의 흐름의 각 순간 속에 의식의 근본적 법칙에 따라 자신에게 음영을 지우는 근원적 감각(Urempfindung)으로 기능한다. 의식의 흐름 속에 점차 착수되는 자발성은 시간적 객체를 구성하며, 더구나 생성의 객체(Objekt), [사건]경과(Vorgang)를 구성한다. 즉 원리적으로는 단지 [사건]경과만 구성하지, 지속하는 어떠한 객체도 구성하지 않는다. 그리고 이러한 [사건]경과는 과거 속으로 가라앉는다.

이 경우 다음과 같은 것을 고려해야 한다. 즉 내가 어떤 이것(Dies)을 정립하는 것과 더불어 시작하면, 자발적으로 포착하는 것(Zufassung)과 파악하는 것(Erfassung)은 즉시 가라앉기 위해 내재적 시간 속에 계기(契機)로 현존하는 하나의 계기가 된다. 그러나 이것에는 내재적 시간 속에 있는 판단하는 과정의 통일체 전체를 형성하기 위해 [포착하는 것과 파악하는 것을] 견지하는 것이 결합되어 있으며, 이것(Dies)을 근원적으로 정립하는 것—립스(T. Lipps)[47]가

---

46) 이것이 곧 생생한 현재인 '근원적 인상'이다. '근원적 인상'에 관해서는 제11 항의 옮긴이주 18 참조할 것.
47) 립스(1851~1914)는 심리학이 의식체험의 학문이며, 의식은 내성(內省)에 따

말한 **움켜잡는 것**(Einschnappen)——은 견지하는 이것〔에 대한〕-의식으로 지속적으로 이행한다. 이렇게 견지하는 작용은 실로 자신이 내재적·시간적으로 변양되는 근원적으로 정립하는 것을 유지하는 작용이 아니라, 이 〔근원적으로 정립하는 것의〕 의식과 서로 얽혀 있는 하나의 형식이다.

이 경우 주의할 것은 이러한 끊임없는 현상에는 단지 시작하는 국면이 가라앉는 것이 구성되는 것이 아니라, 지속적으로 유지되고 계속 정립되는 이것〔에 대한〕-의식이 이것(Dies)을 지속하는 법칙으로 구성된다는 점이다. 이것은 시간적으로 가라앉는 과정 속에 본질적으로 기초하는 자발성의 연속성을 형성하며, 시간적으로 가라앉는 것은 시작하는 국면과 이것에 계속 유지되는 국면들을 시간적 경과 속에 가라앉힌다. 이와 더불어 그 국면들이 기초에 놓여 있는 표상(직관·공허한 표상)과 표상이 변양된 것을 수반하는 것도 가라앉힌다. 〔모든 의식의〕 작용은 시작하지만, 변화된 양상에서 작용으로 (자발성으로) 나아가고, 그런 다음 이 자발적으로 경과하게 계속하는 새로운 작용, 가령 술어를-정립하는(Prädikat-Setzung) 작용이 시작한다.

이 작용은 그렇게 형성하는 것이 더 이상 진전되지 않으면, 자신

라 직접 파악되는 경험과학이므로 논리학·인식론·윤리학·미학 등은 개인의 의식체험을 확정하는 기술(記述)심리학에 포함된다는 심리학주의를 주장했다. 그러나 그는 후설이 『논리연구』 제1권에서 심리학주의를 회의적 상대주의라고 비판한 데 영향을 받아 자신의 생각을 스스로 비판했다. 팬더(A. Pfänder), 라이나흐(A. Reinach), 다우베르트(J. Daubert), 가이거(M. Geiger) 등 이른바 뮌헨 현상학파는 대부분 그의 제자였다. 그는 미(美)의식에서 감정이입의 의미를 강조해 타인의 정신생활에 관한 인식도 이 감정이입에서 기인한다고 보았다. 이러한 감정이입 이론은 '타자의 경험과 구성'에 관한 후설의 후기사상에 간접적으로 영향을 주었다.

의 방식으로 근원적으로 발원하는 술어를 정립하는 새로운 자발성이 아니라, 이 〔술어를〕 정립하는 것이 어떤 기초 위에 있는 것으로 결과가 도출된다. 즉 그 정립하는 것이 일어나는 동일한 내재적 시간 국면 속에, 실로 견지하는 자발성의 형식 속에 그리고 근원적으로 발원하는 주어를 정립하는 것(Subjektsetzung)에 대립해 그것이 지니는 변양된 형식 속에 주어를 정립하는 것이 실제로 수행되며, 이 주어를 정립하는 것 위에 원본적 술어를 정립하는 것이 구축된다.

이 술어를 정립하는 것과 더불어 주어를 정립하는 것은 하나의 통일체, 즉 시간적 과정이 존재하는 국면으로서, 판단이 실제로 완성되는 시간적 계기(Moment)로서 판단 전체의 통일체를 형성한다. 이 계기는 가라앉지만, 나는 판단하는 것을 즉시 중단하지 않는다. 즉 판단해 견지하는 구간은 다른 경우처럼 여기에서도 〔판단하는 과정을〕 완성시키는 최후의 수행하는 계기에 끊임없이 연결되고, 이것에 따라 시간적으로 이러저러하게 형태가 만들어진 것인 판단은 더 이상의 구간을 획득한다. 경우에 따라 나는 다시 더 높은 새로운 판단을 형성하는 것을 이것에 연결시키고, 그 위에 이것을 계속 구축한다.

그러므로 내재적 시간의식 속에 있는 내재적 객체인 판단은 한 과정의 통일체이며, 두 가지 또는 여러 가지 수행하는 계기, 즉 근원적으로 정립하는 계기가 등장하는 지속적으로 **정립하는**(당연히 판단을 정립하는) 끊임없는 통일체다. 이 과정은 그와 같은 계기 없이 하나의 구간으로 끝난다. 이 구간은 **상태를 유지하는 방식**으로 〔작용하는〕 그 과정에 관한 의식이며, 근원적인 방식으로 수행하는 작용의 계기를 통해 의식에 이르는 것을 믿는다. 판단(술어화하는 것)은 그러한 과정 속에서만 가능하며, 실로 판단의 가능성을 위해 과거지향이 필요하다는 사실을 함축한다.[48]

자발적 통일체, 즉 술어적 판단이 내재적 시간의 객체로서 구성되는 방식(Art)은 감성의 과정, 즉 끊임없이 잇달아 일어나는 것(Nacheinander)이 구성되는 방식과 명확하게 구별된다. 즉 후자의 경우 언제나 새롭게 충족되는 시간의 계기에 근원적 원천의 시점(Urquellpunkt)인 **근원적인 것**(Ursprüngliches)은 단적인 근원적 감각의 국면(이것의 상관자는 '지금' 속에 있는 1차 내용이다)이나, 파악(Auffassung)을 통해 근원적 나타남(Urerscheinung)의 국면으로 형식이 부여된 근원적 감각의 국면이라는 점에 따라 구별된다. 그러나 판단의 경우 근원적인 것은 기초에서부터 그 어떤 촉발(Affektion)의 질료(Material)를 지니고 정립하는 자발성이다. 따라서 판단의 구조는 실로 이러한 관점에서 더 복합적이다.

더구나 여기에서 이중의 근원성이 등장한다. 시간의 형태로서 판단에 대해 **근원적으로 구성하는 것**은 이러한 관점에서 언제나 근원적으로 부여하는 것인 **정립하는 것의 연속성**이다. 이 경우 시간의 형태인 판단의 시점들의 연속적 판단의 계기들은 그 자신의 과거지향을

---

48) 이것은 내적 시간의식 속의 객체인 판단이 의식흐름의 통일체이며 근원적으로 정립하는 여러 계기들이 등장하는 지속적 판단정립의 끊임없는 통일체이기 때문이다. 후설은 학문을 참된 학문으로 만드는 학문이론(Wissenschaftslehre)으로서의 논리학을 정초하고자 시도하였다. 그래서 그는 판단의 형식적 정합성에서 진리를 찾는 형식논리학이 소박하게 전제하는 술어적 명증성을 철저하게 반성하고, 판단의 기체들인 대상들이 그 자체로 주어지는 근원적인 대상적 명증성으로 되돌아가 선술어적 경험의 지평구조와 지각이 해석되는 단계들 그리고 이 지각이 수용되는 보편적 구조로서의 '내적 시간의식'과 '신체'를 지향적으로 분석하는 선험논리학을 추구하였다. 그 결과 그는 판단의 핵심을 자유롭게 변경할 수 있는 것에 설정된 일정한 한계, 즉 경험 가능한 것(판단기체)의 총체적 지평 속에서 통일될 수 있는 동일한 구조를 지닌 '세계-내-존재'(In-der-Welt-Sein)임을 밝힘으로써, 논리학이 "사유형식을 다루는 논리학뿐만 아니라 세계 속에 있는 존재자, 즉 세계의 논리학인 참된 철학적 논리학이 된다"(『형식논리학과 선험논리학』, 17쪽; 『경험과 판단』, 37쪽)고 주장한다.

지닌 시간의식 속에 구성된다.

그러나 작업이 수행된 것을 계속 유지하는 자발성, 즉 파악하는 자발성의 끊임없는 계기와 작업을 수행하는 자발성의 본래 수행하는 정립하는 계기를 구별해야만 한다. 이것은 원천점이 부각되는 구성된 시간의 형태에서의 구별이고, 당연히 구성하는 시간의식에서의 구별이다. 이 구성하는 시간의식에서 원본적 국면은 창조적 국면과 현상태의 국면 두 가지로 나뉜다.

따라서 시간의 형태인 판단의 이념을 시간을 구성하는 절대적 의식에서 구별(게다가 그 밖의 다른 자발적 작용의 경우 곧 그에 상응하는 구별)해 해명된 것으로 간주해도 좋다면, 이제 이러한 판단은 하나의 사념작용이며, 가령 외적인 시간공간의 존재가 나타나는 내재적-객관적 나타남과 유사한 것이라고 할 수 있다. 즉 사념된 것은 사념 속에 나타나고, '2×2=4'라는 사념(시간의 형태) 속에 곧 이러저러하게 구문론적으로 형식이 부여된 명제적 사태가 나타난다.

그러나 이것은 결코 사물이나 객관적-시간적 존재가 아니며, 내재적 존재도, 초월적 존재도 아니다. 명제적 사태는 지속적으로 사념된 것이지만, 그 자체가 지속하는 것은 아니며, 그 사태를 사념하는 것은 시작하지만, 그 사태가 그 자체로 시작하지도 않으며 끝나지도 않는다. 그 본질상 사태는 서로 다른 방식으로 의식될 수 있고, 주어질 수 있으며, 분절될 수 있고, 그런 다음 일정하게 구축된 자발성 속에 의식될 수 있다. 이 자발성은 내재적 시간의 형태로서 더 신속하거나 덜 신속하게 경과할 수 있지만, 이것도 현상태의 방식으로 계속 의식될 수 있다.

자발적 시간의 형태는 모든 내재적 객체처럼 그것이 재생산적으로 변양되는 가운데 그 대립된 상(Gegenbild)을 지닌다. 판단의-상상(Urteil-Phantasie)은 모든 상상처럼 그 자체로 하나의 시간의 형태다. 이것을 구성하는 근원적 계기들은 의식의 근본적 법칙에 따라 상상에 직접 연결된 변양, 즉 과거지향적 변양에 대립된 근원적 상상이다. 상상이 내재적 객체로 구성되기 때문에, 중립화된(neutralisiert) 현전화의 성격을 지닌 그 자신의 고유한 상상의 지향성에 따라 내재적 유사(quasi)-객체, 즉 상상의 내재적 유사-시간 속에 내재적으로 상상된 것(Phantasiertes)의 통일체도 구성된다. 그리고 상상이 어떤 나타남이 현전화하는 변양된 것 인 경우, 더 나아가 초월적인 상상된 것의 통일체도 구성된다. 이 상상된 것의 통일체를 상상된 시간공간의 객체의 통일체, 또는 상상된 사태의 통일체라고 한다. 그리고 어떤 유사-지각판단 속에 유사-주어지거나 그 밖의 다른 종류의 상상의 판단작용 속에 유사-사고된 그러한 사태의 통일체도 구성된다.

후설 연보

1. 성장기와 재학 시절(1859~87)

1859년   4월 8일 오스트리아 프로스니츠(현재 체코 프로스초프)에서 양품점을 경영하는 유대인 부모의 3남 1녀 중 둘째로 출생함.

1876년   프로스니츠초등학교와 빈실업고등학교를 거쳐 올뮈츠고등학교를 졸업함.

1876~78년   라이프치히대학교에서 세 학기(수학, 물리학, 천문학, 철학)를 수강함.

1878~81년   베를린대학교에서 바이어슈트라스와 크로네커 교수에게 수학을, 파울센 교수에게 철학을 여섯 학기 수강함.

1883년   변수계산에 관한 논문으로 박사학위를 받은 후 바이어슈트라스 교수의 조교로 근무함.

1883~84년   1년간 군복무를 지원함.

1884년   4월 부친 사망함.

1884~86년   빈대학교에서 브렌타노 교수의 강의를 듣고 기술심리학의 방법으로 수학을 정초하기 시작함.

1886년   4월 빈의 복음교회에서 복음파 세례를 받음.

1886~87년   할레대학교에서 슈툼프 교수의 강의를 들음.

1887년   8월 6일 말비네와 결혼함.

           10월 교수자격논문 「수 개념에 관하여」가 통과됨. 할레대학교 강사로 취임함.

2. 할레대학교 시절(1887~1901)

1891년   4월 『산술철학』 제1권을 출간함.

1892년   7월 딸 엘리자베트 출생함.

1893년   프레게가 『산술의 근본법칙』에서 『산술철학』을 비판함.

　　　　　12월 장남 게르하르트 출생함(법철학자로 1972년에 사망함).

1895년   10월 차남 볼프강 출생함(1916년 3월 프랑스 베르됭에서 전사
　　　　　함).

1896년   12월 프러시아 국적을 얻음.

1897년   『체계적 철학을 위한 문헌』에 「1894년부터 1899년까지 독일에서
　　　　　발표된 논리학에 관한 보고서」를 게재함(1904년까지 4회에 걸쳐
　　　　　발표함).

1900년   『논리연구』 제1권(순수논리학 서설)을 출간함.

1901년   4월 『논리연구』 제2권(현상학과 인식론의 연구)을 출간함.

3. 괴팅겐대학교 시절(1901~16)

1901년   9월 괴팅겐대학교의 원외교수로 부임함.

1904년   5월 뮌헨대학교에 가서 립스 교수와 그의 제자들에게 강의함.

1904~05년 「내적 시간의식의 현상학」을 강의함.

1905년   5월 정교수로 취임이 거부됨.

　　　　　8월 스위스 제펠트에서 뮌헨대학교 학생 팬더, 다우베르트, 라이
　　　　　나흐(Adolf Reinach), 콘라트(Theodor Conrad), 가이거(Moritz
　　　　　Geiger) 등과 토론함.

1906년   6월 정교수로 취임함.

1907년   4월 제펠트의 토론을 바탕으로 일련의 다섯 강의를 함.

1911년   3월 『로고스』 창간호에 「엄밀한 학문으로서의 철학」을 발표함.

1913년   4월 책임편집인으로 참여한 현상학 기관지 『철학과 현상학 탐구
　　　　　연보』를 창간하면서 『순수현상학과 현상학적 철학의 이념들』 제
　　　　　1권을 발표함(기술적 현상학에서 선험적 현상학으로 이행함). 셸
　　　　　러도 『철학과 현상학 탐구연보』에 『윤리학의 형식주의와 실질적
　　　　　가치윤리학』 제1권을 발표함(제2권은 1916년 『철학과 현상학 탐

구연보』제2권에 게재됨).

10월 『논리연구』제1권 및 제2권의 개정판을 발간함.

1914년   7월 제1차 세계대전이 일어남(12월 두 아들 모두 참전함).

4. 프라이부르크대학교 시절(1916~28)

1916년   3월 차남 볼프강이 프랑스 베르됭에서 전사함

4월 리케르트(Heinrich Rickert)의 후임으로 프라이부르크대학교 교수로 취임함.

10월 슈타인이 개인조교가 됨(1918년 2월까지).

1917년   7월 모친 사망함.

1917년   9월 스위스 휴양지 베르나우에서 여름휴가 중 1904~1905년 강의 초안 등을 검토함(1918년 2~4월에 베르나우에서 보낸 휴가에서 이 작업을 계속함).

1919년   1월 하이데거가 철학과 제1세미나 조교로 임명됨.

1921년   『논리연구』제2-2권 수정 2판을 발간함.

1922년   6월 런던대학교에서「현상학적 방법과 현상학적 철학」을 강의함.

1923년   일본의 학술지『개조』(改造)에「혁신, 그 문제와 방법」을 발표함.

6월 베를린대학교의 교수초빙을 거절함. 하이데거가 마르부르크대학교에, 가이거가 괴팅겐대학교에 부임함. 란트그레베가 1930년 3월까지 개인조교로 일함.

1924년   『개조』에「본질연구의 방법」과「개인윤리의 문제로서 혁신」을 발표함.

5월 프라이부르크대학교의 칸트 탄생 200주년 기념축제에서「칸트와 선험철학의 이념」을 강연함.

1926년   4월 생일날 하이데거가『존재와 시간』의 교정본을 증정함.

1927~28년   하이데거와 공동으로『브리태니커백과사전』'현상학' 항목을 집필하기 시작함(두 번째 초고까지 계속됨).

1927년   하이데거가『철학과 현상학 탐구연보』제8권에『존재와 시간』을 발표함.

1928년   1904~1905년 강의수고를 하이데거가 최종 편집해『철학과 현상

학 탐구연보』제9권에『시간의식』으로 발표함.

3월 후임에 하이데거를 추천하고 정년으로 은퇴함.

5. 은퇴 이후(1928~38)

1928년　4월 네덜란드 암스테르담에서 '현상학과 심리학'과 '선험적 현상학'을 주제로 강연함.

8월 핑크가 개인조교로 일하기 시작함.

11월 다음 해 1월까지『형식논리학과 선험논리학』을 저술함.

1929년　2월 프랑스 파리의 소르본대학교에서 '선험적 현상학 입문'을 주제로 강연함.

3월 귀국길에 스트라스부르대학교에서 같은 주제로 강연함.

4월 탄생 70주년 기념논문집으로『철학과 현상학 탐구연보』제10권을 증정받음. 여기에『형식논리학과 선험논리학』을 발표함.

1930년　『이념들』제1권이 영어로 번역되어 출간됨. 이 영역본에 대한「후기」(後記)를『철학과 현상학 탐구연보』최후판인 제11권에 발표함.

1931년　「파리강연」의 프랑스어판『데카르트적 성찰』이 출간됨.

6월 칸트학회가 초청해 프랑크푸르트, 베를린, 할레대학교에서 '현상학과 인간학'을 주제로 강연함.

1933년　1월 히틀러가 집권하면서 유대인을 박해하기 시작함.

5월 하이데거가 프라이부르크대학교 총장에 취임함.

1934년　4월 미국 사우스캘리포니아대학교의 교수초빙 요청을 나이가 많고 밀린 저술들을 완성하기 위해 거절함.

8월 프라하철학회가 '우리 시대에 철학의 사명'이라는 주제로 강연을 요청함.

1935년　5월 빈문화협회에서 '유럽인간성의 위기에서 철학'을 주제로 강연함.

11월 프라하철학회에서 '유럽학문의 위기와 심리학'을 주제로 강연함.

1936년　1월 독일정부가 프라이부르크대학교의 강의권한을 박탈하고 학계활동을 탄압함.

9월 「프라하강연」을 보완해 유고슬라비아 베오그라드에서 창간한 『필로소피아』에『위기』의 제1부 및 제2부로 발표함.

1937년   8월 늑막염과 체력약화 등으로 발병함.

1938년   4월 27일 50여 년에 걸친 학자로서의 외길 인생을 마침.

6. 그 이후의 현상학 운동

1938년   8월 벨기에 루뱅대학교에서 현상학적 환원에 관한 학위논문을 준비하던 반 브레다 신부가 자료를 구하러 후설 미망인을 찾아 프라이부르크를 방문함.

10월 루뱅대학교에서 후설아카이브 설립을 결정함.

11월 유대인저술 말살운동으로 폐기처분될 위험에 처한 약 4만 5,000여 매의 유고와 1만여 매의 수고 및 2,700여 권의 장서를 루뱅대학교으로 이전함. 후설의 옛 조교 란트그레베, 핑크 그리고 반 브레다가 유고정리에 착수함.

1939년   『위기』와 관련된 유고 「기하학의 기원」을 핑크가 벨기에 『국제철학지』에 발표함.

3월 유고『경험과 판단』을 란트그레베가 편집해 프라하에서 발간함.

6월 루뱅대학교에 후설아카이브가 정식으로 발족함(이 자료를 복사하여 1947년 미국 버펄로대학교, 1950년 독일 프라이부르크대학교, 1951년 쾰른대학교, 1958년 프랑스 소르본대학교, 1965년 미국 뉴욕의 뉴스쿨에 후설아카이브가 설립됨).

1939년   파버가 미국에서 '국제현상학회'를 창설함. 1940년부터『철학과 현상학적 연구』를 창간하기 시작함.

1943년   사르트르가『존재와 무: 현상학적 존재론의 시도』를 발표함.

1945년   메를로퐁티가『지각의 현상학』을 발표함.

1950년   후설아카이브에서 유고를 정리해『후설전집』을 발간하기 시작함.

1951년   브뤼셀에서 '국제현상학회'가 열리기 시작함.

1958년   후설아카이브에서『현상학총서』를 발간하기 시작함.

1960년   가다머가『진리와 방법』을 발표함.

1962년	미국에서 '현상학과 실존철학협회'가 창설됨.
1967년	캐나다에서 '세계현상학 연구기구'가 창립됨. '영국현상학회'가 『영국현상학회보』를 발간하기 시작함.
1969년	'독일현상학회'가 창립되고 1975년부터 『현상학탐구』를 발간하기 시작함. 티미니에츠카(Anna-Teresa Tymieniecka)가 '후설과 현상학 국제연구협회'를 창설하고 1971년부터 『후설연구선집』을 발간하기 시작함.
1971년	미국 듀케인대학교에서 『현상학연구』를 발간하기 시작함.
1978년	'한국현상학회'가 창립되고 1983년부터 『현상학연구』(이후 『철학과 현상학 연구』로 개명함)를 발간하기 시작함.

후설의 저술

1. 후설전집

1. 『성찰』(*Cartesianische Meditationen und Pariser Vorträge*), S. Strasser 편집, 1950.
   『데카르트적 성찰』, 이종훈 옮김, 한길사, 2002; 2016.

2. 『이념』(*Die Idee der Phänomenologie*), W. Biemel 편집, 1950.
   『현상학의 이념』, 이영호 옮김, 서광사, 1988.

3. 『이념들』제1권(*Ideen zu einer reinen Phänomenologie und phänomeno-logischen Philosophie I*), W. Biemel 편집, 1950; K. Schuhmann 새편집, 1976.
   『순수현상학과 현상학적 철학의 이념들』제1권, 이종훈 옮김, 한길사, 2009.

4. 『이념들』제2권(*Ideen zu einer reinen Phänomenologie und phänomeno-logischen Philosophie II*), M. Biemel 편집, 1952.
   『순수현상학과 현상학적 철학의 이념들』제2권, 이종훈 옮김, 한길사, 2009.

5. 『이념들』제3권(*Ideen zu einer reinen Phänomenologie und phänomeno-logischen Philosophie III*), M. Biemel 편집, 1952.
   『순수현상학과 현상학적 철학의 이념들』제3권, 이종훈 옮김, 한길사, 2009.

6. 『위기』(*Die Krisis der europäischen Wissenschaften und die transzendentale Phänomenologie*), W. Biemel 편집, 1954.
   『유럽학문의 위기와 선험적 현상학』, 이종훈 옮김, 한길사, 1997; 2016.

7. 『제일철학』제1권(*Erste Philosophie[1923~1924] I*), R. Boehm 편집, 1956.
   『제일철학』제1권, 이종훈 옮김, 한길사, 2020.

8. 『제일철학』 제2권(*Erste Philosophie*〔*1923~1924*〕 *II*), R. Boehm 편집, 1959.
『제일철학』 제2권, 이종훈 옮김, 한길사, 2020.

9. 『심리학』(*Phänomenologische Psychologie*〔*1925*〕), W. Biemel 편집, 1962.
『현상학적 심리학』, 이종훈 옮김, 한길사, 2013.

10. 『시간의식』(*Zur Phänomenologie des inneren Zeitbewußtseins*〔*1895~1917*〕),
R. Boehm 편집, 1966.
『시간의식』, 이종훈 옮김, 한길사, 1996; 2018.

11. 『수동적 종합』(*Analysen zur passiven Synthesis*〔*1918~1926*〕), M. Fleischer
편집, 1966.
『수동적 종합』, 이종훈 옮김, 한길사, 2018.

12. 『산술철학』(*Philosophie der Arithmethik*〔*1890~1901*〕), L. Eley 편집, 1970.

13. 『상호주관성』 제1권(*Zur Phänomenologie der Intersubiektivität I*〔*1905~20*〕),
I. Kern 편집, 1973.

14. 『상호주관성』 제2권(*Zur Phänomenologie der Intersubjektivität II*〔*1921~28*〕),
I. Kern 편집, 1973.

15. 『상호주관성』 제3권(*Zur Phänomenologie der Intersubjektivität III*〔*1929~35*〕),
I .Kern 편집, 1973.

16. 『사물』(*Ding und Raum*〔*1907*〕), U. Claesges 편집, 1973.
『사물과 공간』, 김태희 옮김, 아카넷, 2018.

17. 『형식논리학과 선험논리학』(*Formale und transzendentale Logik*), P. Janssen
편집, 1974.
『형식논리학과 선험논리학』, 이종훈 옮김, 나남, 2010; 한길사, 2019.

18. 『논리연구』 1권(*Logische Untersuchungen I*), E. Holenstein 편집, 1975.
『논리연구』 제1권, 이종훈 옮김, 민음사, 2018.

19. 『논리연구』 2-1권(*Logische Untersuchungen II/1*), U .Panzer 편집, 1984.
『논리연구』 제2-1권, 이종훈 옮김, 민음사, 2018.

20-1. 『논리연구』 보충판 제1권(*Logische Untersuchungen. Ergänzungsband. I*),
U. Melle 편집, 2002.

20-2. 『논리연구』 보충판 제2권(*Logische Untersuchungen. Ergänzungsband. II*),
U. Melle 편집, 2005.
『논리연구』 제2-2권, 이종훈 옮김, 민음사, 2018.

21. 『산술과 기하학』(*Studien zur Arithmetik und Geometrie*[*1886~1901*]), I. Strohmeyer 편집, 1983.

22. 『논설』(*Aufsätze und Rezensionen*[*1890~1910*]), B. Rang 편집, 1979.

23. 『상상』(*Phantasie, Bildbewußtsein, Erinnerung*[*1898~1925*]), E. Marbach 편집, 1980.

24. 『인식론』(*Einleitung in die Logik und Erkenntnistheorie*[*1906~1907*]), U. Melle 편집, 1984.

25. 『강연 1』(*Aufsätze und Vorträge*[*1911~21*]), Th. Nenon & H.R. Sepp 편집, 1986.

26. 『의미론』(*Vorlesungen über Bedeutungslehre*[*1908*]), U. Panzer 편집, 1986.

27. 『강연 2』(*Aufsätze und Vorträge*[*1922~37*]), Th. Nenon & H.R. Sepp 편집, 1989.

28. 『윤리학』(*Vorlesung über Ethik und Wertlehre*[*1908~14*]), U. Melle 편집, 1988.

29. 『위기-보충판』(*Die Krisis der europäischen Wissenschaften und die transzendentale Phänomenologie*[*1934~37*]), R.N. Smid 편집, 1993.

30. 『논리학과 학문이론』(*Logik und allgemeine Wissenschaftstheorie*[*1917~18*]), U. Panzer 편집, 1996.

31. 『능동적 종합』(*Aktive Synthesen*[*1920~21*]), E. Husserl & R. Breeur 편집, 2000.

32. 『자연과 정신』(*Natur und Geist*[*1927*]), M. Weiler 편집, 2001.

33. 『베르나우 수고』(*Die Bernauer Manuskripte über das Zeitbewußtsein* [*1917~18*]), R. Bernet & D. Lohmar 편집, 2001.

34. 『현상학적 환원』(*Zur phänomenologische Reduktion*[*1926~35*]), S. Luft 편집, 2002.

35. 『철학 입문』(*Einleitung in die Philosophie*[*1922~23*]), B. Goossens 편집, 2002.

36. 『선험적 관념론』(*Transzendentale Idealismus*[*1908~21*]), R.D Rollinger & R. Sowa 편집, 2003.

37. 『윤리학 입문』(*Einleitung in die Ethik*[*1920 & 1924*]), H. Peucker 편집, 2004.

38.『지각과 주의를 기울임』(*Wahrnehmung und Aufmerksamkeit*〔*1893~ 1912*〕), T. Vongehr & R. Giuliani 편집, 2004.

39.『생활세계』(*Die Lebenswelt*〔*1916~37*〕), R. Sowa 편집, 2008.

40.『판단론』(*Untersuchungen zur Urteilstheorie*(*1893~1918*)), R.D. Rollinger 편집, 2009.

41.『형상적 변경』(*Zur Lehre vom Wesen und zur Methode der eidetischen Variation* (*1891~1935*)), D. Fonfaral 편집, 2012.

42.『현상학의 한계문제』(*Grenzprobleme der Phänomenologie*(*1908~1937*)), R. Sowa & T. Vongehr 편집, 2014.

2. 후설 전집에 수록되지 않은 저술

1.『엄밀학』(*Philosophie als strenge Wissenschaft*) in 『*Logos*』 제1집, W. Szilasi 편집, Frankfurt, 1965.
『엄밀한 학문으로서의 철학』, 이종훈 옮김, 지만지, 2008.

2.『경험과 판단』(*Erfahrung und Urteil*), L. Landgrebe 편집, Prag, 1939.
『경험과 판단』, 이종훈 옮김, 민음사, 1997; 2016.

3. *Briefe an Roman Ingarden*, R. Ingarden 편집, The Hague, 1968.

3. 후설 유고의 분류

A 세속적(mundan) 현상학
   I 논리학과 형식적 존재론
   II 형식적 윤리학, 법철학
   III 존재론(형상학〔形相學〕과 그 방법론)
   IV 학문이론
   V 지향적 인간학(인격과 환경세계)
   VI 심리학(지향성 이론)
   VII 세계통각의 이론
B 환원
   I 환원의 길
   II 환원 자체와 그 방법론

옮긴이의 말

후설 현상학은 이해하기도 쉽지 않지만 단절된 도식적 틀 속에 집어넣어 해석당하는 등 근거 없는 오해를 오랫동안 받아왔다. 예를 들어 의식의 본질을 지향적으로 기술하는 단계(기술적 현상학)에서 출발해 현상학적 방법을 통해 선험적 주관성을 추구하는 단계(선험적 현상학)를 거쳐 구체적 경험으로 주어지는 생활세계를 해명한 단계(생활세계 현상학)로 나아갔다는 견해나, 의식과 대상의 상관관계에 대한 정적(靜的) 분석에서 시간을 통한 발생적(發生的) 분석의 단계로 서로 무관하게 단선적으로 발전해갔다는 주장이 그것이다.

후설이 『위기』(1936)에서 생활세계를 분석한 것은, 그 제3부 A의 제목에서도 명백하게 드러나듯이, 선험철학에 이르는 단지 하나의 길이다. 그런데도 혹자는 '생활세계가 후설 현상학에서 통과점인가 도달점인가' 하는 외국학자의 뜬금없는 논의를 마치 탁월한 견해처럼 버젓이 소개한다. 주관적 속견(doxa)의 생활세계는 객관적 인식(episteme)만 추구한 실증적 자연과학이 망각한 의미의 기반으로, 『엄밀한 학문』(1911)에서 공허한 단어분석을 버리고 '사태 그 자체로' 되돌아가라는 직관적 경험세계를 구체화한 것이다.

또한 후설은 '1904~1905년 강의'(『시간의식』)에서 시간적으로 발생하는 모든 의식체험의 지향적 지평구조와 침전된 역사성을 해명할 기초를 확보했다. 그런데 후설이 1920년경 작성한 유고의 모호한 논의를 꼬투리 잡아 그가 정적 분석에서 발생적 분석으로 전환했다는 주장도 한다. 발생적 분석이 강조된 시기를 왜 1904~1905년이 아니라 1920년경으로 잡는지 전혀 공감할 수 없을 뿐만 아니라, 정적 분석에서 완전히 벗어나 발생적 분석으로 발전해갔다면 발생적 분석이 등장한 후에는 정적 분석이 사라져야 당연하다. 그러나 그러한 모습을 어디에서도 전혀 찾을 수 없다.

이 책의 원전은, 1928년에 발표된 부분만으로 볼 때, 후설의 다른 저술들에 비해 비교적 적은 분량이다. 하지만 시간의식의 미세한 변화와 구분을 치밀하게 분석하고 있고, 더구나 여러 가지 형용사나 부사를 합치고 변용해 하나의 의미를 강조하는 용어로 사용하기 때문에 무척 난해한 책으로 정평이 나 있다. 그렇지만 이 문헌은 40여 년이 넘게 부단히 발전을 계속한 후설 현상학의 총체적 모습을 파악하는 데 없어서는 안 될 중요한 자료다.

나는 박사학위 논문을 준비하면서 이 책과 제법 오랜 시간, 객관적 시간과는 무관하게 내적 시간의식의 흐름 속에 깊이 파묻혀 씨름했다. 그러는 가운데 너무 어려워 몇 번이나 포기했지만, 또 다시 읽으니 이해할 수 있는 부분이 조금씩 늘어갔다. 후설 현상학의 총체적 모습과 현대적 의의를 밝히려면 이 책을 반드시 번역해야 한다는 생각도 커져갔다. 그렇게 시작했지만 적절한 번역어를 선정하고 문장을 다듬으며 옮긴이주를 다는 일 등 온통 힘든 문제들뿐이었다.

그러나 이 책의 영역본은 옮긴이주가 전혀 없고, 군데군데 오역이 있으며, 원문도 간간히 빠뜨렸기 때문에, 그것보다야 낫다고 판단했다. 여러모로 궁색한 변명이다. 다른 한편 후설의 세계를 열어주신 은사님들께 최소한 학문적으로 보답할 수 있다고도 생각했다. 이렇게 합리화해서 발표한지 20여 년이 지나면서 많은 문제를 발견해 전면적으로 다시 번역하겠다고 다짐해왔다. 정년을 앞둔 지금이 마지막 기회라고 여겨 개정판을 내게 되었다.

끝으로 항상 깊은 가르침과 관심을 베풀어주신 은사님들께 감사드리며, 어려운 출판여건에도 불구하고 이 책의 개정판 출간을 결단해주신 한길사 김언호 사장님과 편집부 여러분, 특히 김광연 씨에게 고마운 마음을 전한다. 그리고 학문적 능력이 부족한데도 이제껏 공부할 수 있게 도와준 아내 조정희와 그동안 무척 힘든 시절을 굳게 견디어준 윤상이와 윤건이도 잊을 수 없다.

2018년 9월
이종훈

찾아보기

지은이 에드문트 후설

에드문트 후설(Edmund Husserl)은 1859년 오스트리아에서 유대인 상인의 아들로
태어났다. 20세기 독일과 프랑스 철학에 큰 영향을 미친 현상학의 창시자로서
마르크스, 프로이트, 니체와 더불어 현대사상의 원류라 할 수 있다. 1876년부터 1882년
사이에 라이프치히대학교와 베를린대학교에서 철학과 수학, 물리학 등을 공부했고,
1883년 변수계산에 관한 논문으로 박사학위를 받았다. 1884년 빈대학교에서 브렌타노
교수에게 철학강의를 듣고 기술심리학의 방법으로 수학을 정초하기 시작했다. 1887년
할레대학교에서 교수자격논문 「수 개념에 관하여」가 통과되었으며, 1901년까지
할레대학교에서 강사로 재직했다. 1900년 제1주저인 『논리연구』가 출간되어 당시
철학계에 강력한 인상을 남기고 확고한 지위도 얻었다. 많은 연구서클의 결성으로
이어진 후설 현상학에 대한 관심은 곧 『철학과 현상학적 탐구연보』의 간행으로
이어졌으며, 1913년 제2주저인 『순수현상학과 현상학적 철학의 이념들』 제1권을
발표해 선험적 관념론의 체계를 형성했다. 1916년 신칸트학파의 거두 리케르트의
후임으로 프라이부르크대학교 정교수로 초빙되어 1928년 정년퇴임할 때까지
재직했다. 세계대전의 소용돌이와 나치의 권력장악은 유대인 후설에게 커다란
시련이었으나, 지칠 줄 모르는 연구활동으로 저술작업과 학문보급에 힘썼다.
주저로 『유럽학문의 위기와 선험적 현상학』 『데카르트적 성찰』 『시간의식』 『엄밀한
학문으로서의 철학』 등이 있다. 후설 현상학은 하이데거와 사르트르, 메를로 퐁티
등의 철학은 물론 가다머와 리쾨르의 해석학, 인가르덴의 미학, 카시러의 문화철학,
마르쿠제와 하버마스 등 프랑크푸르트학파의 비판이론에도 지대한 영향을 미쳤다.
아울러 데리다, 푸코, 리오타르 등 탈현대 철학과 프루스트, 조이스, 울프 등의
모더니즘 문학에도 많은 영향을 주었다.

옮긴이 이종훈

이종훈(李宗勳)은 성균관대학교 철학과와 같은 대학교 대학원에서 후설 현상학으로 박사학위를 받았다. 춘천교대 명예교수다. 지은 책으로는『후설현상학으로 돌아가기』(2017),『현대사회와 윤리』(1999),『아빠가 들려주는 철학이야기』(전 3권, 1994~2006),『현대의 위기와 생활세계』(1994)가 있다. 옮긴 책으로는『형식논리학과 선험논리학』(후설, 2010, 2019),『논리연구』(전 3권, 후설, 2018),『순수현상학과 현상학적 철학의 이념들』(전 3권, 후설, 2009),『유럽학문의 위기와 선험적 현상학』(후설, 1997, 2016),『시간의식』(후설, 1996, 2018),『현상학적 심리학』(후설, 2013),『데카르트적 성찰』(후설 · 오이겐 핑크, 2002, 2016),『수동적 종합』(후설, 2018),『경험과 판단』(후설, 1997, 2016),『엄밀한 학문으로서의 철학』(후설, 2008),『제일철학』(전 2권, 후설, 2020),『상호주관성』(후설, 2021)이 있다. 이 밖에『소크라테스 이전과 이후』(컨퍼드, 1995),『언어와 현상학』(수잔 커닝햄, 1994) 등이 있다.

HANGIL GREAT BOOKS 19

시간의식

지은이 에드문트 후설
옮긴이 이종훈
펴낸이 김언호

펴낸곳 (주)도서출판 한길사
등록 1976년 12월 24일
주소 10881 경기도 파주시 광인사길 37
홈페이지 www.hangilsa.co.kr
전자우편 hangilsa@hangilsa.co.kr
전화 031-955-2000~3 **팩스** 031-955-2005

부사장 박관순 **총괄이사** 김서영 **관리이사** 곽명호
영업이사 이경호 **경영이사** 김관영 **편집주간** 백은숙
편집 노유연 김지연 김대일 김지수 최현경 김영길
관리 이주환 문주상 이희문 원선아 이진아 **마케팅** 정아란
디자인 창포 031-955-2097
CTP출력·인쇄 예림 **제본** 경일제책사

제1판 제1쇄 1996년 10월 20일
제1판 제5쇄 2011년 11월 5일
개정판 제1쇄 2018년 10월 31일
개정판 제2쇄 2021년 4월 26일

값 25,000원

ISBN 978-89-356-6472-6 94080
ISBN 978-89-356-6427-6 (세트)

● 잘못 만들어진 책은 구입하신 서점에서 바꿔드립니다.
● 이 도서의 국립중앙도서관 출판시도서목록(CIP)은 서지정보유통지원시스템 홈페이지(seoji.nl.go.kr)와
국가자료공동목록시스템(www.nl.go.kr/kolisnet)에서 이용하실 수 있습니다.
(CIP제어번호: CIP2018031484)

한길그레이트북스 인류의 위대한 지적 유산을 집대성한다

●한길그레이트북스는 계속 간행됩니다.